美国民主输出政策批判

Critical Analysis of U.S. Democratic Export

张一萌◎著

社会科学文献出版社

SOCIAL SCIENCES ACADEMIC PRESS (CHINA)

目　录

导　论

　　"二战"结束后及冷战开始初期，作为世界上唯一拥有核武器的超级大国美国，具有任何其他国家无法与之抗衡的军事能力。在这一时期，美国拥有通过武力实现其外交目标的能力，同时也有这方面愿望。这明显地体现在美国对该时期的主要对手苏联实行的围堵、制裁、军事威胁等政策上。20世纪六七十年代，苏联军事实力飞速增长，先后出现所谓"轰炸机差距"和"导弹差距"。美国越来越感到传统军事威胁无法遏制苏联领导的社会主义阵营的扩张，因此开始另辟蹊径，加大了从内部摧毁苏联的力度。主要是利用国际研究与交流协会等机构以学术交流为幌子向苏联灌输民主思想，从理论思想领域把苏联搞乱。从后来历史发展实际情况看，这种做法十分奏效。

　　这一时期及此后一段时间里，美国学术界产生了一批国际关系理论，如"软实力""巧实力""文明冲突论""制度主义""建构主义"等。民主和平论和民主输出论堪称是这个理论大花园中的两朵奇葩。特别是"9·11"事件以后，非传统安全问题成为国际关系中的新课题，而使用传统武力根本无法解决恐怖主义、环境、能源等造成的新威胁。许多美国人认为，通过民主输出似乎可以改变美国潜在敌对国家的政治性质，因此有可能从根本上解决武力无法解决的问题。对美国政府来讲，民主和平论和民主输出论不仅有理论价值，而且有很强的实用价值。为了便于民主输出，美国政府专门成立了以美国国家民主基金会为首的若干有强烈政府背景的非政府组织，由前政府政要亲自挂帅，通过国会直接拨款和国务院国际开发署、国防部等机构间接拨款，笼络西方伙伴国家，动员国际和地区相关组织机构，在世界各地推进民主，引发了一系列国家政权更迭。在一些地区引发了所谓各种颜色的"革命",从而导致地区动乱。直观上看,对美国来讲,民主和平论和民主输出论取得了很大成功。在今后一段时间里,美国将继续推行这两个理论。两论已成为并将在未来相当长一段时间里成为美国全球安全战略中非常重要的组成部分。同时,由于美国在民主输出中受到很多挫折,它也在不断反思。今后美国虽然仍将坚持其民主输出战略,但在策略和具体实践方式上会有所改变。

一 概念界定

本书所指的"民主"是西方学界和政治界主流派定义的民主,既包括作为价值观的民主,也包括作为制度的民主。作为价值观的民主包括平等、自由、制衡等。作为制度的民主涉及政党、竞选、政府具体权力分配等。本书谈的西方民主重点谈民主制度。"和平"即指"未发生战争",既包括未发生战争的状态,也包括没有发动战争的愿望。"输出"主要指的是美国政府及受政府指示或指导的相关机构和人员利用政府资助在国外推行民主的有计划、有具体目的和措施的行为,既包括民主价值观的输出,也包括民主制度的输出。"民主和平"是指根据历史经验和研究数据,民主国家从来或很少相互发动战争。"民主输出"指的是把西方国家的民主意识和民主制度通过强制手段或推销方式移植到对象国。民主和平论和民主输出论的关系是,民主和平论偏重理论,是民主输出论的前提和依据;民主输出论是对民主和平论的实践。本书所指的批判包括两方面的含义。一是客观的批判,即指出和分析两论的学术和实践两个层次的问题。通俗地讲,就是从两论的本体论和认识论角度分别进行分析,从而指出两论"错"在哪里。二是站在中国立场上的批判。从美国立场看可能没错,但妨碍了中国某种利益,因此也须加以批判。

尽管美国一些学者、政治家对两论津津乐道,但许多相关问题没有解决,或者原本就没打算解决。这些问题既有本体论问题,也有认识论问题,甚至还有更重要的实践问题。和平的本质是什么?和平真的是由民主制度带来的吗?作为和平对立面的战争是由制度引起的吗？民主作为思想似乎可以输出，但作为制度能够自由地、随心所欲地输出吗？更广义地讲，任何社会制度可以不顾生产力发展阶段性而随意输出吗？民主是因其固有价值从而值得输出吗？美国民主输出本意究竟是为了被输出国家更好地发展，人民过上更好的日子，还是另有目的？民主输出的结果客观上真的如美国所说给被输出国家带来福音了吗？

对上述问题的回答本身固然涉及理论问题，但绝不仅是理论问题了。它已经涉及世界各国的安全问题、政权稳定问题甚至具体的民生问题。对中国来讲，两论涉及中国和平发展能否实现、中国共产党政权能否稳固、中国主权能否保持完整、中国整个社会思想能否稳定、中国政治经济资源在未来一段时间如何分配、如何维护中国国际形象、中国的"和谐世界"主张、中国梦是否会实现等一系列问题。

因此，美国民主和平论和民主输出论在理论上存在很大问题，需要加以澄清。同时其对我国未来发展影响重大，因此成为一个必须认真对待的课题。

霍夫曼说过，国际关系理论是一门美国的学科。民主和平论和民主输出论可以说是这一说法的典型例证。世界上民主国家很多，但很少有国家像美国这样对民主输出如此热心。

随着中国的崛起和参与世界事务程度加深，我国迫切需要建立自己的国际关系理论。打破美国对国际关系理论的垄断是中国建立有中国特色国际关系理论的必经之路和必然结果。本书对民主和平论和民主输出论的批判即是这种尝试。

批判一个理论要建立在彻底厘清该理论来龙去脉的基础之上。这是本书花费一定篇幅描述两论的原因。

当今世界上发生的许多矛盾和冲突几乎都同美国民主制度输出有着直接或间接关系。因此对民主和平论和民主输出论批判的现实意义更加明显。它有助于抓住当前国际问题的核心，了解整个国际局势走向；有助于对世界各地发生的民主事件进行合理解释；有助于加深对美国整体国家战略意图和做法的认识；有助于对这一战略的发展前景进行预测；有助于认识和应对美国推行民主的手段。最后，有助于积累政治经验、制定相关政策、摆脱西方在民主和人权领域的话语禁锢及摆脱西方强加给我国的"极权、专制、不民主"等荒谬标签。

二 文献综述

民主和平论在国际关系理论中是产生相对较晚的一个理论。原因之一在于民主国家在 19 世纪末之前仍很少见。但从 20 世纪60 年代有学者提出该理论到现在也已经有 50 多年历史。在西方学术界，已有不少学者对民主和平论进行了深入研究。西方国家及政府已广泛接受民主和平论，甚至运用于外交政策制定。不过，民主和平论在学界和政界还有很大争议。相比之下，我国对民主和平论的研究起步很晚，至今只有 20 多年时间。

(一) 国外文献

国外学者关于民主和平论的主要著作有：塔拉克·巴卡维（Tarak Barkawi）和马克·拉斐（Mark Laffey）编辑的《民主、自由主义和战争：重新思考民主和平的争论》（*Democracy, Liberalism, and War: Rethinking the Democratic Peace Debate*），迈克尔·布朗（Michael E. Brown）、思安·林·琼斯（Sean M. Lynn-Jones）及史蒂文·米勒（Steven E. Miller）编辑的《争论民主和平》（*Debating the Democratic Peace*），布鲁斯·卢塞特（Bruce Russett）的《理解民主和平》（*Grasping the Democratic Peace*），凯伦·拉斯勒（Karen Rasler）的《民主和平谜团：理论、地缘政治和世界政治的转型》（*Puzzles of the Democratic Peace: Theory, Geopolitics and the Transformation of World Politics*）等。

国外学者关于民主和平论的争论有以下著作。

支持民主和平论的主要代表人物及著作有以下方面。民主和平论最早可追溯到 18 世纪启蒙主义政治时代。瑞士学者威廉·古德温（William Godwin）在《政治正义解读》一书中系统地阐述了国内民主状况与国际和平的关系。1795 年康德的论文《论永久和平》提出制度与和平的关系，可视为民主和平论的哲学基础。1963 年，迪安·巴布斯特（Dean Babst）首先从学术角度对民主与和平的关系进行了研究，其研究成果发表在 1964 年的《威斯康星社会学家》(*Wisconsin Sociologist*) 杂志上。他对 1789 年到 1941 年 116 次战争进行分析后指出没有一场战争发生在通过民主选举产生政府的独立民族国家之间。他的研究在当时并未引起重视。1983 年迈克尔·多伊尔 (Michael Doyle) 对民主和平论做了长篇系统讨论。他分析了 300 年来世界发生的主要战争之后，认为宪制稳定的自由国家还没有互相发动过战争。20 世纪 90 年代发表文章支持民主和平论的还有戴维·卢梭 (David Rousseau)、埃里克·加兹克 (Erik Gartzke)、布鲁斯·卢塞特 (Bruce Russett) 等。1992 年齐韦·毛兹 (Zeev Maoz) 和布鲁斯·卢塞特 (Bruce Russett) 都发现在控制数个可能的研究变量后，民主与和平之间的相关关系相当明显。1996 年戴维·卢梭 (David Rousseau) 发现民主和平很大程度上都发生在一对国家之间，即民主国家较少可能互相打仗。1998 年埃里克·加兹克 (Erik Gartzke) 发现两国如果关系密切可以作为民主和平现象的解释变量。1999 年约翰·奥尼尔 (John Oneal) 和布鲁斯·卢塞特 (Bruce Russett) 经过对 1885 年到 1992 年 100 多年的历史研究发现康德变量 (民主、经济上互相依赖、国际组织成员身份) 确有降低两国军事冲突的可能性。1999 年布鲁斯·麦斯奇塔 (Bruce Bueno de Mesquita) 等对民主与和平的关系进行全面分析，试图为该现象建立理论基础。总的看来，支持民主和平论的学者通过大量数据分析检验认为民主和平论可以成立。

　　质疑或批评民主和平论的有以下方面。20 世纪 70 年代中后期，梅尔文·斯莫尔 (Melvin Small) 和戴维·辛格 (David Singer) 提出他们发现国家性质与介入战争频率没有必然关联，民主国家之间缺乏战争并没有任何统计上的显著性。他们的研究引发了其他学者的批判愿望。1999 年珍娜·高娃 (Joanne Gowa)、2000 年托马斯·施瓦兹 (Thomas Schwarz) 和凯伦·斯金纳 (Kiron K. Skinner) 都对民主和平论进行反驳。他们认为民主与和平之间的关系是站不住脚的，仅仅是偶然发生的。克里斯托弗·莱恩 (Christopher Layne) 和戴维·斯皮罗 (David Spiro) 都以详细案例分析、过程跟踪来检验民主和平论，认为民主和平论没有统计学意义。现实主义学者如肯尼思·沃尔兹（Kenneth Waltz）和克里斯托弗·莱恩（Christopher Layne）认为民主和平论不能解释很多民主国家之间的严重危机；民主国家之间的战争并不像民主和平论者说得那样少；人类历史上民主国家本来就很少，所以通过统计学和概率论推测民主国家打仗的次数就会少。对于现实主义者，和平的原因不是民主，而是其他一些条件。卡内基梅隆大学的约翰·帕蒂（John Wiggs Patty）、罗伯特·韦伯（Roberto A. Webber）也提出军事冲突的象征模型并以此为民主和平提供理论基础。他们从经济学和博弈论两个理论角度出发对民主和平论进行解释。他们认为民主和平不一定非要局限在民主国家之间，提出可考虑的其他因果因素包括两国国家媒体、两国建交时间长短、政府领导稳定与否、两国文化和经济交流等。2003 年 11 月芝加哥大学的塞巴斯蒂安·罗萨托（Bastian Rosato）发表了题为《民主和平论的错误逻辑》（"The Flawed Logic of Democratic Peace Theory"）的文章。他从因果逻辑角度出发，经过分析认为当民主国家利益发生冲突时，他们无法使用解决冲突的国内规则，也不信任和尊重对方。他还认为公开政治竞争不能保证一个民主国家避免与其他国家发生冲突。他认为民主国家之间有和平的可能，但是和平并不是源于这些国家的民主性质。近年来由于民主与限制外交、鼓励全球竞争、影响国际冲突之间关系的证据很难搜集，因此民主和平的因果关系研究渐渐转向实地调查和实验。2012 年迈克尔·汤姆斯（Michael Tomz）的研究试图解释美国公众舆论机制作用使得民主国家更倾向和平。

总的来说，国外文献中对民主和平论的批驳主要集中在以下两点。第一是经验研究与发现中的争论，学者对研究发现的经验上的强度优势表示怀疑，特别是对检验假设、变量衡量、民主和平论的替代性解释的研究设计和方法有质疑。第二是直接指向该理论，批评者质疑一个有说服力的理论论证是否有被发展成解释政治竞争的民主政治体制、规范如何影响政治领导的外交政策选择的可能，也可引申扩大为解释国内政治体制与国际冲突的关联上。

美国关于民主输出政策的主要著作、文章有：波拉·多布兰斯基（Paula J. Dobiransky）的《通过外交促进民主》（"Promoting Democracy Through Diplomacy"），亚瑟·施莱辛格（Arthur Schlesinger）的《美国历史的循环》（*The Cycles of American History*），迈克尔·麦克福（Michael McFaul）的《作为世界价值的民主促进》（"Democracy Promotion as a World Value"），希拉·赫林和史蒂夫·拉德利（Sheila Herrling and Steve Radelet）的《美国 21 世纪对外援助》（"U. S. Foreign Assistance for the Twenty-first Century"），戴维·弗西斯（David P. Forsythe）的《人权与美国外交》（*Human Rights and American Foreign Policy*），霍华德·外阿达（Howard Wiarda）的《拉美民主革命：历史、政治与美国政策》（*The Democratic Revolution in Latin America：History，Politics and US Policy*），约翰·艾坎伯雷（John Ikenberry）的《美国民主输出》（"American Democracy Promotion"），等等。

国外学者关于民主输出论的争论有以下著作。

支持民主输出的代表作有：1991 年乔舒亚·穆拉夫切克（Joshua Muravchik）的《民主输出：完成美国的天赋使命》（*Exporting Democracy：Fulling America's Destiny*），1991 年亚伯拉罕·罗文萨（Abraham F. Lowenthal）编辑的《输出民主：美国和拉美》（*Exporting Democracy：The United States and Latin America*），2002 年彼得·莎拉德（Peter J. Schraeder）编辑的《输出民主：宣传与现实》（*Exporting Democracy：Rhetoric Vs. Reality*），2004 年纳坦·夏兰斯基（Natan Sharansky）的《论民主——以自由的力量征服暴政和恐怖》（*The Case for Democracy：the Power of Freedom to Overcome Tyranny and Terror*），1991 年萨缪尔·亨廷顿（Samuel P. Huntington）的《二十世纪后期的第三次民主化浪潮》（*The Third Wave Democratization in the Late Twentieth Century*），拉里·戴蒙德（Larry Diamond）的《民主的精神：在全世界建立自由社会》（*The Spirit of Democracy：The Struggle to Build Free Societies Throughout the World*），弗朗西斯·福山（Francis Fukuyama）、拉里·戴蒙德（Larry

Diamond）和马克·普拉特纳（Marc F. Plattner）编辑的《贫穷、不平等和民主》（*Poverty，Inequality，and Democracy*），哈佛大学思安·林·琼斯（Sean M. Lynn-Jones）的《为什么美国传播民主》（"Why the United States Should Spread Democracy"）；约翰·艾坎伯雷（John Ikenberry）的"为什么输出民主"（"Why Export Democracy"）。

反对声主要来自以下几位学者。罗伯特·卡普兰（Robert Kaplan）认为民主输出影响了对象国民族和平、社会稳定及经济发展。法里德·扎卡里亚（Fareed Zakaria）认为在没有自由价值观的国家推行选举制度其实是对自由的巨大威胁。乔治·卓娜斯（George Jonas）认为输出民主就是输入麻烦。2013 年威廉姆·布拉姆（William Blum）的《美国可怕的输出：民主》（*America's Deadliest Export：Democracy*）谴责了美国外交政策的道德缺憾。

讨论民主输出对全球各地影响的有以下著作：《东亚的民主和平建立与安全：冷战后分析》（*Democratic Peace Building and Security in East Asia：A Post-cold War Analysis*），《北美民主和平：加拿大战争、安全机制建立的缺失》（*The North American Democratic Peace：Absence of War and Security Institution-building in Canada*），《欧洲民主和平：神话还是现实》（*Democratic Peace for Europe：Myth or Reality*），《拉美民主的悖论：十国分裂与反弹案例研究》（*The Paradox of Democracy in Latin America：Ten Country Studies of Division and Resilience*），《战后：拉美民主化及内战》（*In the Wake of War：Democratization and Internal Armed Conflict in Latin America*），《非洲民主和发展：非洲国家战后挑战》（*African Democracy and Development：Challenges for Post-conflict African Nations*）。大部分书籍都讨论了该书所涵盖地区的民主化后带来的问题和挑战。

美国政府关于民主输出的官方文件：主要有 1987～1988 年里根政府，1990～1991 年、1993 年布什政府，1994～1998 年、2000～2001 年克林顿政府，2002 年、2006 年小布什政府，2010 年奥巴马政府的《美国国家安全战略》报告，以及历年美国支持人权和民主的记录等。此外，美国总统和政要在各种场合发表的讲话有许多涉及两论。

　　总的来说，国外文献中对民主输出表现出很大热情，有些甚至有强烈的宗教、使命等色彩。而批驳主要集中在民主输出的局限性、实用性以及对美国的国内、国际环境的影响等。

（二）国内文献

　　据笔者所知，国内关于民主和平论的完整中文著作目前还没有，可收集到的中文期刊文章从 1995 年到 2015 年共有 36 篇。1997 年发表最多，当年发表了 4 篇。

　　民主和平论在 20 世纪 90 年代传入中国。1995 年中国社会科学院发起了一场关于民主和平论的学术研讨会，会后重要论文刊登在 1995 年第 4 期《欧洲》上，题目为《关于"民主和平论"问题讨论发言摘要》。刘军宁、刘北成、金灿荣、肖元恺、刘立群等在会议上从不同侧面对民主和平论进行了批判。李少军在该期杂志上也发表了《评"民主和平论"》，他认为民主和平论有助于思考和平模式问题。除了盟国关系和意识形态的影响，民主和平论肯定还存在着更深层的东西。他的看法为进一步探讨该问题提供了思路。

　　期刊文章中综合梳理民主和平论的有：2000 年邱建群的《从威尔逊的国际"新自由"到"民主和平论"——二十世纪西方国际政治思潮演进初探》，龚泽宣 2001 年在《世界经济与政治》上发表的《论"民主扩展论"对康德"民主和平论"思想的价值背离》，2009 年熊文驰在《外交评论》上发表的《民主和平与战争状态问题——再谈"民主和平论"与现实主义之争》，倪春纳在 2013 年《外交评论》上发表的《民主能产生和平吗？——对"民主和平论"的批判及其回应》等。

　　从历史角度入手：王逸舟在 1995 年第 6 期的《欧洲》上发表《国际关系与国内体制——评"民主和平论"》一文。他对围绕战争与和平问题的国际关系与国内体制的联系做了多层次的探讨。他认为，国际和平与国家间战争一样，取决于国际关系和国内体制的多种因素，其决定过程是复杂、多变的。民主和平论忽略了很多重要因素。朱利群、王妙琴的《评"民主和平论"——民主和暴力关系的历史回顾》从西方民主政体形成和发展过程中的暴力作用和冲突谈起，认为随着西方民主政治的成熟及经济依赖程度的加深，暴力与冲突发生了变化与转移。他们认为从两次世界大战不能得出民主国家不会发生战争的结论。朱峰、朱宰佑在1998年《欧洲》上发表了《"民主和平论"在西方的兴起与发展》，吴强、梅文革发表了《难以超越的历史——从康德到当代的民主和平论者》，何冠一在2009年《外交评论》上发表了《从鳕鱼战争看"民主和平论"的疏漏》。

从逻辑推理方面入手：1996年苏长和的《驳"民主和平论"》认为民主和平逻辑推理存在重大谬误，经验论证存在很大缺失；1997年潘忠岐发表了《"中国威胁"：现实抑或神话？——从"民主和平论"的缺失谈起》；2005年梁涛、丁亮在《国际关系学院学报》发表《民主和平理论的负面影响》。

从经验证据角度入手：1997年张健雄《也评"民主和平论"》认为民主和平论的经验证据不充分，民主体制对政府战争行为的约束在现实中作用十分有限；2000年马德宝《从"民主和平论"看民主与和平的关系》认为民主和平论不符合历史事实；2004年龚泽宣在《政治学研究》上发表的《"民主国家"之间的利益冲突与战争——民主和平论存疑》通过对大量历史事实重新考察，从实证考据的角度结合理论分析指出民主和平论本身所存在的谬误。

从美国外交战略入手：倪世雄、郭学堂1997年在《欧洲》上发表《"民主和平论"与冷战后美国外交战略》，吴艳君2005年发表《试论民主和平论与冷战后的美国民主推进战略》，肖平2005年发表《"民主和平论"对布什政府对外政策的影响》，2008年王艳、郑易平发表《民主与和平关系的思考——结合美国外交政策谈民主和平论》。

总的来说，国内多数学者对民主和平论持批判态度，认为其在理论上证据不足、在实践中有害。但已有的讨论与批判似乎并未从理论层面真正驳倒"民主和平论"。甚至有个别学者对民主和平论给予积极评价，如刘军宁认为民主政治是避免战争的法宝，这在人类的历史经验中得到了有效的验证等。目前很少有学者系统分析民主和平论产生的历史原因和时代背景。就美国国内对民主和平论有不同意见的政客、学者背后到底隐藏着哪些社会利益关系的分析也十分罕见。

关于民主输出论的中文著作代表作有：2006 年刘国平的《美国民主制度输出》，该书以马克思主义为指导，从文化和价值观的角度，对美国的民主制度以及美国民主制度的输出进行了深入解读；2009 年罗艳华的《美国输出民主的历史与现实》，该书梳理了民主输出的基本概念，并提出输出民主在美国国际战略中的地位大大提高，成为美国国家安全战略的核心内容，因而无论从内容、形式到手段都有了很大的发展，出现了许多新的特点；2013 年刘建飞著有《美国"民主联盟"战略研究》一书，该书探讨了美国推进民主战略过程中的发展变化及"民主联盟"影响及前景。

关于民主输出的中文期刊文章从 1995 年到 2015 年一共 65 篇，2012 年、2013 年发表最多，各 8 篇。其中主要的文章如下。

从地域角度总结民主输出实践的有：王晓德在 1995 年第 2 期《美国研究》上发表的《关于美国向拉美"输出民主"的历史思考》；王晓德 1995 年在《拉丁美洲研究》上发表的《试论美国向拉美"输出民主"的实质》；闫文虎 2005 年在《西亚非洲》上发表的《美国对中东"民主化"改造战略》；岳汉景 2007 年在《阿拉伯世界研究》上发表的《美国在中东的"输出民主"战略》；许崇温 2006 年发表的《中亚的颜色革命与布什的输出民主战略》；缪开金、汪舒明 2006 年发表的《试析美国输出民主战略的区域差异》；孙士庆 2007 年在《美国问题研究》上发表的《从美国"全球民主化"战略的推行看中美关系》；张宇权 2009 年发表的《论美国对华文化交流中的意识形态输出及我国的对策》；林超 2010年发表的《美国对伊拉克民主输出困境与"利益集团耦合度"概念的提出》；马方方 2012 年发表的《美国对华民主输出战略对中国经济主权安全的影响》；2014 年李翠婷发表的《"阿拉伯之春"的历史后果——兼论美国对阿拉伯世界的民主输出》。

探讨民主输出思想动因的有：王晓德 1995 年在《世界经济与

政治》上发表的《试论冷战后美国对外"输出民主"战略》；门洪华1999年在《国际政治研究》上发表的《美国"输出民主"战略浅析》中提到福山的历史终结论、亨廷顿的文明冲突论、约瑟夫·奈的软权力理论及布热津斯基的美国有无比吸引力的论述都有推广民主价值观的烙印；布庆荣2008年发表的《美国"价值观输出"的历史考察》；孙德立2008年发表的《美国对外输出民主根源探析》。

探讨美国输出民主的局限性的代表文章有：门洪华2001年发表的《美国的"输出民主"战略》，张建成的《"美式民主"输出的普世价值质疑——兼论国际关系民主化的基本原则》。

讨论民主输出形式变化的有：罗艳华2005年在《国际政治研究》上发表的《试论冷战后美国"输出民主"战略的新发展》；郭锐敏2006年发表的《全球化背景下美国民主输出的特点及影响》；赵绪生2008年在《现代国际关系》上发表的《试析民主援助》；马跃、曹雪梅2009年发表的《论美国民主输出战略》，总结了美国国家民主基金会的性质、下属机构及资金来源；2010年刘国柱在《美国研究》上发表的《当代美国"民主援助"解析》，在《浙江大学学报》（人文社会科学版）上发表的《全国民主基金会与美国民主援助》；李凯2011年在《江南社会学院学报》上发表的《跨国公司向发展中国家输出民主的交易成本分析》；阚道远2011年发表的《美国民主输出的信息化战略及其应对策略》，2012年发表的《网络时代政治输出的新途径——美国对发展中国家的信息技术援助及影响》；2013年廖胜刚发表的《后冷战时代美国输出民主、人权意识形态战略臆想病及其本质》。

总的来说，国内关于民主输出的文章数量较多、研究相对深入、观点基本一致，即反对民主输出，批判角度雷同，都集中在美国输出民主的思想文化根源、现实利益考虑、历届政府的政策实践以及其负面影响及局限性上。

（三）马克思主义理论文献

本书中涉及的马克思主义文献基本上是出现在2012年人民出版社出版的《马克思恩格斯选集》四卷本中的文章。根据作者的阅读学习结果，其中涉及本书主题的文章至少有23篇，108处。作者对这100多段论述做了完整笔记，并在此基础上做出综合性的总述。其中重要的文章有：列宁：《卡尔·马克思》，马克思和恩格斯：《费尔巴哈》，马克思：《政治经济学的形而上学》，马克思：《道德化的批判和批判化的道德》，马克思：《〈政治经济学批判〉序言》，马克思：《哥达纲领批判》，恩格斯：《反杜林论》，恩格斯：《自然辩证法》，恩格斯：《家庭、私有制和国家的起源 就路易斯·亨·摩尔根的研究成果而作》，恩格斯：《路德维希·费尔巴哈和德国古典哲学的终结》，马克思和恩格斯：《书信》等。

通过阅读国内外文献可看出以下三个特点。第一是西方学者，主要是美国学者，尽管在民主和平论和民主输出论上有不同意见、观点，但基本上持支持态度。第二是国内学者关于民主和平、民主输出论的研究基本发表在期刊上，比较零星，反对的态度统一且明显。国内研究似乎仍处于起步阶段，深入研究的成果有限。涉猎此问题的硕博士论文不多。国内博士论文三篇：刘建华的《美国跨国公司与"民主输出"研究》（复旦大学博士论文，2007），孙德立的《冷战后美国输出民主战略研究》（北京大学博士论文，2007），王聪的《冷战后美国民主输出战略研究》（吉林大学博士论文，2010）。硕士论文有九篇：王朋的《论20世纪以来美国的民主输出》（山东大学硕士论文，2007），刘建昌的《布什政府输出民主战略评析》（辽宁大学硕士论文，2009），林侬侬的《论小布什政府的输出民主战略》（上海外国语大学硕士论文，2009），沈晓非的《美国民主输出战略与中国特色社会主义民主政治建设》（北京邮电大学硕士论文，2010），郑欣欣的《冷战后美国"输出民主"战略研究》（青岛大学硕士论文，2010），曾卓的《冷战后美国输出民主战略研究》（中南大学硕士论文，2011），张茜的《冷战后美国民主化战略评析》（南京师范大学硕士论文，2012），刘俊清的《争论中的民主和平理论》（吉林大学硕士论文，2013），唐蕊蕊的《美国民主输出的实施及其影响》（辽宁大学硕士论文，2013）。总的来看，国内学者很少有人全面论述两论，也很少有人系统地从马克思主义理论视角从根本上批判民主和平论和民主输出论。第三是民主和平论虽较多存在于学术领域，但民主输出论在美国的外交实践中已经相当成熟、完善；相比之下，我国批判民主和平论还停留在理论阶段，与外交实践结合较差。

三　本书结构与结论

（一）总体结构

本书的总体结构由以下几部分构成。

理论梳理：对民主和平论和民主输出论的产生背景和发展脉络进行研究。为了对民主输出论进行有效的批判，首先必须弄清两论的主要内容。为此，作者花了大量时间在国内外收集了与两论有关的书籍和资料。接着，作者又对繁复的资料进行了分类整理，力求使读者对两论的主要内容和发展的来龙去脉有一个清楚、完整的认知。

政策回顾：梳理美国政府民主输出的理论依据、战略设想和操作手法等。和其他大多数国际关系理论不同，民主输出论不完全是学者在象牙塔中构建的理论，而是通过实践进行总结并不断返回实践的非常实用的理论。

后果分析：分析两论在世界各地实行的不良后果和危害。由于民主制度并非万能的灵丹妙药适用于所有国家，因此强行的民主输出为许多国家带来了负面影响。俄罗斯在接受民主制度以后国际地位明显下降。伊拉克、阿富汗等国实行民主制度以后也很难说是达到了各界的预期。美国对中国的民主输出更是严重干扰了我国的政治经济发展战略大局。

理论批判：对西方学者就两论的批判进行梳理；以马克思主义哲学辩证唯物论、历史唯物论和政治经济学为理论工具，分析批判两论的唯心主义本质。

（二）主要结论

民主和平论和民主输出论的产生有其历史必然性。民主输出论出现较晚，其理论成型大体在20世纪80年代。这当然与冷战结束有直接的关系。此后，恐怖主义的泛滥使美国民主输出的劲头有了强势的增长。

美国学者与政客鼓吹两论有两个不同动机。许多美国学者和政治家都在谈民主输出，但出发点有很大差异。有些学者确实相信民主输出是一个正确的选择，对美国和被输出国都有利。美国的民主输出实际上是帮了其他国家的忙。但也有学者特别是政客对民主输出的理论部分不感兴趣，感兴趣的只是民主输出的结果。对这些人来讲，只要对美国的全球利益有利，民主输出就是一种正确的政策选择。这种输出对对象国有什么影响不是美国需要考虑的问题。

冷战后期开始，美国历届政府均以非常大的力度推行民主输出。近代美国各届政府都毫无疑义地实行了民主输出战略，主要的分歧是在输出的对象和手段等方面。大体来讲，民主党政府往往重视意识形态方面的民主输出，希望"说服"世界各国民众接受美国的输出。而共和党政府往往通过武力进行霸王硬上弓式的强行民主输出。本书重点介绍了里根政府、克林顿政府、小布什政府和奥巴马政府的民主输出战略。研究结果表明，各届政府在民主输出问题上有很大的共识并投入了非常大的精力。

美国民主输出对对象国造成了相当大的危害。本书重点讨论了民主输出对苏联和东欧前社会主义国家、非洲国家、中东西亚国家和我国本身造成的危害。

民主和平论违背了马克思主义关于存在与意识关系的论断。根据马克思主义基本原理，存在决定意识，因此和平并非是民主制度带来的，而是由有关国家在某一时期的国家利益决定的。

民主输出论违背了马克思主义关于经济基础决定上层建筑的基本论断。根据马克思主义基本理论，上层建筑是不能随便输出的。它和经济基础有密切的关系。不考虑对象国的经济基础而随意进行民主输出必然带来严重的负面后果。

四　研究方法与创新

（一）研究方法和工具

本书主要通过对马克思主义哲学和政治经济学中的相关思想

和理论进行阐述，以此为标尺，说明民主和平论和民主输出论的荒谬之处。

2016 年 5 月 17 日，习近平总书记在哲学社会科学座谈会上指出，中国的哲学和社会科学研究必须以马克思主义为指导。他说，"我国哲学社会科学坚持以马克思主义为指导，是近代以来我国发展历程赋予的规定性和必然性。""在我国，不坚持以马克思主义为指导，哲学社会科学就会失去灵魂、迷失方向，最终也不能发挥应有作用。正所谓'夫道不欲杂，杂则多，多则扰，扰则忧，忧而不救'。"

本书开始写作的时间虽然在习总书记发表讲话之前，但出发点完全符合总书记所阐明的思想。

作者选择以马克思主义为理论工具对两论进行批判主要出于三个理由。

首先，作者认为马克思主义的主要哲学、政治经济学理论和思想依然是正确的。习总书记在座谈会中指出，"马克思主义尽管诞生在一个半多世纪之前，但历史和现实都证明它是科学的理论，迄今依然有着强大生命力。"总书记进一步指出，"社会上也存在一些模糊甚至错误的认识。有的认为马克思主义已经过时，中国现在搞的不是马克思主义；有的说马克思主义只是一种意识形态说教，没有学术上的学理性和系统性。"作者认为，马克思主义诞生于一个半世纪以前。从那时候至今，世界环境发生了很大变化。许多情况是马克思在他那个时代无法预计的。因此，马克思主义中的部分内容，特别是有关时代特征的部分今天看了可能不完全准确。但是，马克思主义的精髓部分，即它的主要思想体系和科学论断绝没有过时。马克思主义提倡历史唯物论。对马克思主义本身也要通过历史唯物论进行评价和观察。

第二个理由是，马克思主义在观察和分析国际关系理论时依然是有力的武器。习总书记指出，"世界上没有纯而又纯的哲学社会科学。世界上伟大的哲学社会科学成果都是在回答和解决人与社会面临的重大问题中创造出来的。"我们使用马克思主义理论分析国际问题不是为了时髦，而是因为这种理论确实为我们提供了一种良好的工具。马克思主义作为工具的有效性，在马克思主义诞生时期就有良好的体现。马克思对资本主义制度进行了深刻的批判，他的理由是，从政治经济学的角度出发，资本主义的生产力和生产关系不和谐。一方面是生产力极大发展，一方面是财富过于集中。广大工人阶级极度贫穷，而生产过剩会导致资本主义社会周期性经济危机。资本主义制度的这种不合理性，使马克思得出资本主义必然灭亡，必然为更先进的社会制度所取代的结论。恩格斯在批判杜林的错误思想时充分利用了马克思主义哲学中物质是第一性的、精神是第二性的这个基本原理。恩格斯在《反杜林论》中指出，杜林在哲学上鼓吹先验论，认为先有模式、原则和范畴，然后才通过这些模式、原则和范畴产生了自然界和人类社会的现实世界，这是完全错误的，是本末倒置。马克思和恩格斯的这些批判方法，为我们今天对民主输出论之类的错误理论的批判提供了良好的范例。

第三个理由是，民主输出论确实是错误的。这是我们批判它的前提。必须指出，西方国际关系理论是西方学者多年来通过努力取得的成果，是人类整个知识库中的重要组成部分。对此我们需要加以肯定，而且需要努力研究和学习。与此同时，我们也应该冷静地看到，任何理论都与其作者的世界观有千丝万缕的联系。西方学者绝大多数是有宗教信仰的。对这个问题我们没有任何理由质疑，因为每个人都有信仰自由。但宗教的信仰往往会导致学者唯心主义的倾向。特别是在这种倾向的指导下理论推广到实践，影响到世界各国成千上万人的利益时，我们就没有理由继续克制了。民主输出论是一个很好的例子。许多西方人认为，世界上存在某种普世的东西。基督教认为，上帝就是先知先觉、永远正确的。而民主也是一种普世价值，因此可以适用于任何时候和任何地点。这样民主输出也就有了根据。作者认为，根据马克思主义的基本原理，这种普世的看法是形而上学的唯心主义思维方式，因此是完全错误的。

除了马克思主义理论，本书还使用文献综述法对国内外有关民主和平论和民主输出论的研究成果和现状进行综述和概括；使用概念分析法，对本书所涉及的基本概念、分类等进行尽可能准确地概括和界定；使用案例分析法对典型案例进行深入分析与解释。

(二) 特色和创新点

本书将力求体现以下特色和创新点：

基础性：本书将力求对一些基本概念进行厘清；对本选题所涉及的基本概念等问题进行必要的论述，以夯实研究的基础。本书针对的主要是民主输出论，但本书所用的方法对其他西方国际关系理论同样不同程度地适用。

学术理论性：本书研究的对象本身就是国际关系理论。同时本书主要运用马克思主义理论对两论进行了分析。通过一般理论对特殊理论进行分析使本书具有较强的学术倾向。

应用性：本书既重视理论，也强调其实践性，力图通过系统研究对中国国家安全战略的制定和外交决策提供某种参考。正如习总书记指出的那样，"坚持以马克思主义为指导，必须落到研究我国发展和我们党执政面临的重大理论和实践问题上来，落到提出解决问题的正确思路和有效办法上来"。

第一章 民主和平论和民主输出论 产生的时代背景及思想渊源

几乎所有国际关系理论的产生都源于现实世界的需求。19 世纪末，马汉根据帝国扩张的需要提出"海权论"，强调为了获得最大国家利益，沿海强国必须建立一支强大的舰队。这个理论被当时的美国奉为圭臬，帮助美国实现了一百年的霸主地位。同样是19 世纪，欧洲的政治经济形势极不稳定。德国有强烈的扩张愿望。为了给军事扩张提供理论依据，德国一批学者提出并发展了地缘政治学说。

民主和平论和民主输出论也是基于美国国家利益的需要在 20 世纪七八十年代形成的一套理论。这一章将讨论两论产生的背景、思想渊源以及历史实践依据。

第一节 两论产生的时代背景

美国的国家利益和战略与国际大背景变化有密切关系。两论产生前，国际形势的一个非常重要的现象是，随着一系列事态的发展，战争作为一种实现政治目标手段的作用日益下降。导致这一变化的原因很多。比较明显的有美苏力量对比变化、经济全球化导致经济相互依赖、军事武器不断进化、人类道德提升、非传统安全问题出现等。数千年来，战争一直是政治的继续。但 20 世纪中期以来，随着上述国际背景的变化，战争爆发的可能性越来越小，从而迫使美国不得不开始认真考虑战争以外的其他手段。这就为民主和平论和民主输出论的出现铺平了道路。

一 美苏力量对比的变化

"二战"后到冷战结束前，美苏军事力量对比的演变过程总的说来就是美国从拥有压倒性优势到相对均衡，再到劣势的过程。而苏联则相反，从处于绝对劣势的地位不断上升，在不同领域接近、赶上甚至超过了美国。冷战结束后，美苏力量对比则发生又一次大的变化。苏联解体导致国力衰败，而美国成了唯一的超级大国。对美国来讲，对苏力量相对变弱和突然变强都被视为两论产生和发展的理由。

在第一阶段，由于美国是第二次世界大战中唯一本土没有遭到战争严重破坏的大国，而且利用大战中的有利地位发了战争横财，因此在经济上一跃而居资本主义世界首位。军事上的优势更加明显。在若干年间，美国是世界上唯一拥有核武器的国家，其常规力量也无人能够匹敌。强大的综合国力，使美国成为不可一世的霸主。

苏联虽然也是"二战"的战胜国，但是它遭到严重的战争破坏，元气受到很大损伤。苏联的军事力量同美国相比也处于明显劣势。它虽然有一支数量上同美国大体相当的常备军，但武器装备远不如美国。海军、空军无论是数量还是质量均明显落后于美国，战略核力量更是望尘莫及。

由于拥有绝对的军事优势，冷战初期，美国对苏态度非常强硬。杜鲁门曾亲自把美国成功爆炸了第一颗原子弹的消息告诉斯大林。表面上在通报情况，实则在进行战争威胁。冷战初期，美国遏制苏联的主要手段是军事手段。其他手段基本处于从属地位。

然而战后苏联的经济增长速度远远快于美国。从1951年到1979年这29年里，苏联的几项主要经济指标的增长速度都高于美国一倍以上。结果，苏联同美国的经济差距逐步缩小。与此同时，苏联有二十多种重要工业产品的产量也超过美国，居世界首位。苏联的军事力量则以更为迅猛的速度追赶美国。苏联首先在常规军事力量方面超过美国，而后20世纪70年代初又在战略核武器的数量上赶上并超过了美国，转而同美国展开了以提高命中精度、机动性和发展多弹头分导导弹为中心的质量竞争，并取得了很大进展。据西方计算，苏联的军费自 1972 年以来一直高于美国，而其中的武器装备购置费更是大大超过美国。因而苏联能以比美国更大的规模发展军备，扩充军事实力，使苏联同美国的军力对比一直朝着有利于苏联的方向发展（见表 1）。

表 1 1964～1982 年美苏战略武器力量消长对比

年份	运载工具		弹头（枚）		负载（百万吨）	
	美国	苏联	美国	苏联	美国	苏联
1964	2416	375	6800	500	7500	1000
1966	2396	435	5000	550	5600	1200
1968	2360	1045	4500	850	5100	2300
1970	2230	1680	3900	1800	4300	3100
1972	2230	2090	5800	2100	4100	4000
1974	2180	2380	8400	2400	3800	4200
1976	2100	2390	9400	3200	3700	4500
1978	2058	2350	9800	5200	3800	5400
1980	2042	2490	10000	6000	4000	5700
1982	2032	2490	11000	8000	4100	7100

资料来源：Gerards Segal, *The Simon & Schuster Guide to the World Today*, Simon & Schuster, 1987, p. 82。

　　苏联的战略崛起使美国产生极度恐慌。美国情报部门不断给出悲观的对比数据。20 世纪 70 年代，美国相继提出了所谓"导弹差距""轰炸机差距"等说法。尽管有不少人认为实际上美苏之间的差距没有那么大，这些都是美国情报部门和军事部门为了"保险"或出于争取预算等其他动机而做出的耸人听闻的预测。但美苏实力接近绝对是不争的事实。

　　军事力量的接近甚至被超过导致的直接后果就是美国依赖军事力量遏制苏联的战略自动破产。不但利用军事力量遏制苏联不可能成功，美国自身的安全都成了问题。为了对抗苏联的挑战，美国必须另辟蹊径。而民主输出战略就成了美国瓦解苏联的新的战略工具。

冷战结束后，苏联解体，美国民主输出的力度并未因此减弱，反而有所增强。一个非常重要的原因是，美国在冷战中为了利用可以利用的一切力量与苏联抗衡，往往会对非民主国家盟友的政治制度的弊病采取视而不见的态度。冷战期间，韩国、菲律宾、越南共和国等国家及地区基本上都是集权政权。但美国对这些政权采取容忍的态度，一切为解决对苏斗争需要让路。冷战结束后，这种需要消失，美国也就不再忌惮，加大了对这些国家的民主输出力度。因此，冷战结束后两论得到迅速发展绝不是偶然现象。

二　经济全球化飞速发展

近半个世纪以来，世界格局的一个重要走向就是全球化。普利策奖获得者托马斯·弗里德曼曾说过："如果你想了解冷战后的世界，一定要知道全球化。全球化不仅影响今天的世界，在一定程度上它是一颗北极星，有力量塑造整个世界的国际体系。"① 全球化不是哪个人或哪个国家设计的，而是追求最大利益的世界经济发展到一定阶段必然形成的结果。

反映经济全球化有若干指标，首先是贸易全球化。这主要表现在世界市场扩大和经济总量增加。20世纪80年代以来，国际贸易总量以两倍于世界国民生产总值的速度增长，且在20世纪90年代呈进一步加快趋势。世界每年生产产品约有1/5进入国际贸易市场。根据世界贸易组织报告，1995年世界贸易总量超过了6万亿美元。国际贸易快速发展，使国家之间利益重叠在一起。2003年中美双边贸易额首次突破千亿美元，达到1263亿美元；2008年这一数字达到了3337亿美元，比两国建交之初增长了130多倍。目前，中国已成为美国第一大进口市场，美国更是中国第二大贸易

① Thomas L. Friedman, *The Lexus and the Olive Tree: Understanding Globalization*, New York: Farrar, Straus and Giroux, 1999, p. xviii.

伙伴国。

其次是金融投资全球化。在经济全球化总体趋势中，国际投资的增长速度超过了国际贸易的增长速度。根据联合国贸发会议统计，全球跨国直接投资额 1970 年为 400 亿美元，1999 年达到 8000 亿美元，1995 年比 1994 年增长了 46%。美国 500 家大企业大多数都已经在中国投资。美国通用汽车、摩托罗拉、朗讯科技、可口可乐、杜邦公司、伊士曼柯达公司、国际商用机器公司（IBM）、施乐公司、惠普公司等在中国的投资都取得了成功。据中国商务部统计，到 2014 年底，美国对华投资项目已近 6.4 万个，实际投入 754 亿美元。

最后是跨国公司成为推进经济全球化的主导力量。"二战"后跨国公司迅速发展。根据联合国贸发会议 1997 年公布的数字，1968 年全球跨国公司为 7276 家，子公司 27000 家，而 1998 年的相应数字分别达到 45000 家和 35 万家，其在全世界的雇员也增长到 7000 多万人。这些跨国公司控制了世界国内生产总值的 40.5%，国际贸易的 80%，对外直接投资的 90% 以上。

贸易、投资和跨国公司扩散的直接结果就是世界各国的经济被紧密地捆绑在一起，出现了世界范围内你中有我，我中有你的局面。以中美关系为例，有人认为，中美两国的经济互补性大于竞争性。作为全球最重要的"世界工厂"之一，中国生产廉价产品出口美国，从中美贸易中得到巨额贸易顺差。然后，中国再把钱借给美国人消费，扩大美国的消费，以便进一步向美国出口。这就像一个食物链一样，任何一个环节的变化，都会引起整个链条的波动。这个链条的起点是中国对美国的出口顺差，在这一点上中国高度依赖美国市场。目前，中美互为第二大贸易伙伴。中国是美国贸易逆差的主要来源国，美国是中国贸易顺差的主要来源国。

美国前财政部长劳伦斯·萨默斯和《华盛顿邮报》专栏作家吉米·霍格兰德将中美之间的经济对抗能力称为"经济恐怖平衡"，正如当年美苏之间的"确保相互摧毁"核战略一样，"经济恐怖平衡"也能保证中美之间稳定的经贸关系，任何一方都不能承受大规模经济制裁的损失。① 当然更无法承受直接军事对抗导致的损失。

国家与国家之间交往增多，利益关系犬牙交错，这使得国家之间利益和命运成为一体。对一些特定的国家来讲，传统的零和理论不再成立。国家之间可以而且必须通过合作获得双赢，而对抗有可能导致双输。特别是战争作为实现国家意志、维护国家利益的手段，其使用的可能性和范围遭到怀疑。一场大规模的战争，可能因断绝了贸易关系而使己方国内经济受到严重损害。国外投资和国外的子公司也将遭受巨大损失。和以往闭关锁国的时代不同，现代战争将会出现自己打击自己的新现象。这就使战争特别是大国之间的战争发生的可能性大幅度降低。

三　武器的进化

人类使用武器的目的有两个：一个是杀伤敌人或猎物，另一个是保护自己不被对方伤害。根据这一原则，人类平行地发展出两套武器系统（当然很多情况下这两套武器系统也被设计在同一种武器上），一类主要用于进攻，另一类主要用于防御。用于进攻的武器主要有长矛、刀剑、弓箭、枪支、手榴弹、炸弹、轰炸机、攻击机、导弹、原子弹等。用于防御的广义上的武器有：盾牌、铠甲、头盔、城墙、沟堑、掩体、碉堡、防化学服、雷达、反弹道导弹等。把二者结合起来的武器有：带护手的刀剑、坦克、铁甲战舰、底部装甲攻击机等。

人们发展武器的动力和使用武器的原则息息相关，即进攻性武器要求威力越来越大。具体讲，就是杀伤力越来越大。一杆长矛通常一次只能刺死一个敌人。一颗手榴弹一次可杀伤几个敌人。满载的 B-52 轰炸机一次攻击可以杀伤成百上千个敌人。所以，在很长一段时间里，武器的研制就是炸弹越做越大，炮弹越打越远。防御方面也是一样，要求其防御的范围越来越大，防御的有效性

---

① 牛新春：《中美关系：依赖性与脆弱性》，《现代国际关系》2009 年第 9 期，第 36～44 页。

越来越好。盾牌和铠甲只能保护一个人。碉堡可以同时保护若干人。装甲战舰需要保护的可能有几百上千人。而反导弹系统要保护的会是整个城市。

战争的意义就在于，通过使用威力越来越大的武器尽可能多地消灭敌人，同时尽可能多地保护自己。有时为了保护自己一方的一些人，不得不牺牲一部分人。因为防御不可能做到密不透风。但这种牺牲被认为是有意义、有价值的。因为只要大多数人活下来，敌人最终被打败，就是胜利。关于活下来多少人可被接受没有确定答案。一般认为，像美国这样的现代强国，主动发动的战争人员伤亡最多几千人。

然而，武器威力的不断发展最终必然会把使用武器的人引入一种困境。"二战"快结束时，盟军对德国进行过一次惨烈的轰炸。1945 年 2 月 13 日，英美空军两千多架轰炸机夜袭了德国的德累斯顿，投下了 3749 吨炸弹和燃烧弹，把城市夷为平地。高温造成强烈的冲天气流，由于火海的中心因燃烧必须吸取新鲜空气，因而形成一股可怕的"火焰风暴"。一位参与轰炸的英国空军飞行员回忆："当时的场景让我完全震惊了，我们仿佛飞行在火的海洋上，炽热的火焰透过浓浓的烟雾闪烁着死亡的光芒。"大火连续烧了几昼夜，130 万居民直接或间接死亡。根据战后调查研究，许多躲在防空地下室的居民也失去生命。他们不是直接死于轰炸，而是因为大火吸尽了氧气，居民因此窒息而死。战后，盟军对德累斯顿的轰炸引起社会广泛而激烈的争论。一些人认为这次轰炸是不顾人道主义原则的"恐怖主义行动"。丘吉尔在其回忆录中写道："如果我们走得太远的话是否也会成为禽兽？"盟军进行反省的一个重要原因是，整个城市燃烧导致的缺氧使人无处藏身，即战争应有的防御一面被彻底剥夺。

德累斯顿轰炸还只是常规战争。"二战"末期，美国研制成功了原子弹、氢弹。1945 年美国在日本的广岛市和长崎市投下两枚原子弹，使这两个城市顷刻间灰飞烟灭。相比之下，德累斯顿就小巫见大巫了。因为在德累斯顿毕竟理论上还可以有幸存者，但在原子弹爆炸中心，任何人绝无生存可能。

美国在日本使用原子弹后多年以来国内批评声不断。许多人认为，美国对日本的核打击缺乏足够的军事理由，而且由于核武器"不做任何区分杀伤"的性质，很多人强烈质疑使用核武器是否道德。

此后，又出现了所谓核冬天理论。目前世界上大约有5万多个核弹头，总威力约200亿吨TNT当量。如果这些核武器被大量使用会发生何种情况？五位美国科学家经过一年半研究，于1983年10月正式提出"核冬天效应"的理论。他们假定美苏只使用其核武库中40%的核武器在北半球打一场核战争。根据数学模型推论：战争可将9.6亿吨微尘和2.25亿吨黑烟抛入空中。这样，整个地球就会变成暗无天日的灰色世界，陆地再也见不到阳光，气温急剧下降，绿色植被冻死，海洋河流冻结，人类生存条件被毁于一旦。没有哪个国家可以储存数年的食物，没有哪个国家可以在核战袭击后还有干净的空气，没有哪个人可以在核大战后活下来。

最新分析表明，即使是小型核战争也会带来类似的全球性灾难。例如，印度和巴基斯坦发生局部核战争会导致相当可怕的后果。如果在对方工业区投放一百枚核弹（仅占全球核弹头的0.4%），就会产生足够的烟尘，导致全球农业瘫痪。即使在地理上远离冲突的国家也免不了会深受其害。

可见，核武器已经由于其破坏力过大而成为只能用来威胁对方的武器，不可能在战争中实际使用。任何国家大量使用核武器都会造成严重后果，本国也不会成为胜利者。任何核战争对整个人类来说都是巨大的灾难。

因此，核武器绝不是威力又增大了一些的炸弹。由于简单的量变导致了质变，核武器成了无法防御的武器。这就违反了前面提到的战争原则。许多人认为，拥有一定数量核武器的大国之间已经不可能发生全面战争了。美国放心地打伊拉克，但对入侵朝鲜十分谨慎，部分原因是后者有了核武器。

战争因为不能打，因此不再是政治的继续。大国为了继续维持国家利益，必须寻找其他办法。

四　人类道德的提升

随着历史的发展，人类道德水平在不断提升。古人比想象中残酷很多。过去发生暴力事件的次数远多于现在。虽然现在生活的年代并不平静，但这一时代是历史上最和平的年代。一万年前地球上的人类过着游牧生活。即使是在最为"友善"的一个部落，死亡率也要远远高于欧美 20 世纪的死亡率，并且后者已经包括了两次世界大战中的死亡人数。再看看几百年前的例子。在十五六世纪，一些今天只会处以罚金的罪行，那时候就会招来挖舌、割耳、挖眼乃至死刑等惩罚。至于使用奴隶作为廉价劳动力在那个年代更是司空见惯。更残忍的还有以虐待奴隶为乐。根据近几十年的数据，1945 年以来，在欧洲以及北美，国内战争、部族暴乱、政变等事件发生的频率呈直线下降趋势。在全球范围内，国内战争发生的频率也直线下降。即使仅看最近十年的数据，也能发现暴力发生的频率正呈现下降的趋势。自冷战结束以来，国际范围内出现的内战以及种族战争发生的频率都明显在减少。

中国春秋战国时期发生过无数次战争。战争的理由往往是扩大领土、掠夺财物。孟子说："春秋无义战。"无数人因战争颠沛流离。但人们似乎对战争的不道德性并不质疑，反而认为掠夺是正常现象。到 20 世纪末伊拉克入侵并占领科威特，结果遭到全世界一致谴责，最后被联合国部队赶出了科威特。可见今天民众在道德上的水平比我国春秋时期的民众高很多。

道德的与时俱进使越来越多普通民众对战争或者暴力产生厌恶情绪。美国领导人早就清楚地感觉到，要想说服民众支持海外战争绝不是一件易事。所以，道德的提升导致发动战争越来越困难。

五　非传统安全问题的出现

冷战期间，军备竞赛、军事入侵、种族冲突以及边界纠纷等传统安全问题吸引了人们在安全方面的注意力。因此，当时安全问题的重点是如何防止国家之间的军事冲突和战争，防止国家领土被侵犯。冷战结束后，随着人类整体经济发展的不平衡，各种非传统安全问题逐渐出现在人们的视野中。主要的非传统安全问题包括恐怖主义、武器扩散、生态环境安全、资源短缺、疾病蔓延、食品安全、信息安全、科技安全、经济安全、非法移民、走私贩毒、有组织犯罪、海盗、洗钱等。非传统安全问题往往是政治安全、军事安全、经济安全和社会安全等问题相互交织、相互影响的结果。这类新的安全问题严重威胁到世界各国国家的安定和国家之间关系。

和传统安全问题相比，非传统安全有其明显的特点。一些学者对这些特点进行了各种分析，大体结论如下。一是威胁的来源和行为主体与传统安全不同。传统安全问题中的行为主体和来源相对比较明确，一般都是来自主权国家之间的利益冲突与纷争，是国家和政府行为的结果，因而是典型的国际问题。非传统安全问题的行为主体更具多样性。许多非传统安全都不是国家行为直接造成的，而是各类非国家行为体活动的结果。在大多数情况下，这些问题的出现并非是国家意志的结果。相反，这些问题往往违背国家政策和法律导向。二是非传统安全问题具有更强的跨国性和全球性。由于非传统安全问题同特殊社会群体的个人行为直接相关，随着特定人群活动范围的扩大，非传统安全问题就很容易超越国家之间的各种政治、地理、文化界限，从一个国家和地区向其他国家和地区蔓延，使个别国家的问题演变成全球性问题。三是非传统安全问题治理难度大、过程长、综合性强。许多非传统安全问题根植于各国的社会、经济、文化的深层土壤中，一旦成势就具有很强的惯性，非短期内能够化解，也非靠少数国家的努力能够解决。四是使用传统安全的手段无法解决非传统安全问题。由于恐怖主义者行踪不定，很难通过大规模军事行为将其剿灭。面对走私贩毒者，巡航导弹和航空母舰更是无能为力。

上述五个方面形势的新发展尽管在本质上非常不同，但有一个共性，就是这些发展都使传统军事力量的作用下降，使发生战争的可能性下降。

在这种情况下，美国政府和学界都认识到美国在继续加强与苏联在政治、经济、军事上抗衡的同时，必须另辟蹊径，寻找新的与苏斗争乃至同任何国家抗争的方法。一方面，具有浓厚现实主义思想的美国领导人如尼克松、美国前国务卿基辛格等做出重大战略决策，同中国发展关系，以便通过传统的均势战略对美苏力量进行再平衡。另一方面，许多美国人开始考虑在对外政策中使用军事力量以外的其他手段。

正是在这种情况下，在美国国内理论思想界产生了一大批关注软实力、文明、全球治理等新方法的学者和政治家。"软实力"是美国哈佛大学教授约瑟夫·奈最早提出的。根据其说法，硬实力是一国利用其军事力量和经济实力强迫其他国家就范的能力。而软实力则是"一国透过吸引和说服别国服从你的目标从而使你得到自己想要的东西的能力"。约瑟夫·奈认为一个国家的软实力主要存在于文化、政治价值观与外交政策这三种资源中。美国政治价值观中非常重要的一部分就是其引以为豪的民主制度。把这种原本设计用来处理国内问题的思想和制度应用到外交领域是一种创新。民主和平论和民主输出论就是在这种情况下应运而生的。

第二节　两论的思想渊源

两论的产生有一定的思想根源。这些思想根源有些是来自哲学、宗教等，也有些是来自美国自身的特殊意识。

一　"民主和平论"雏形

许多学者在谈到民主和平论时都认为它和康德的永久和平论有某种传承关系。康德是德国古典哲学创始人。他在 1795 年写的论文《论永久和平》中提出了"永久和平"的安全模式：具有民主和法治精神的共和国组成不断扩大的共同体可以在国际法的原则下最终达到"永久和平"。尽管康德的"永久和平论"并没有确立外交政策或国际关系学说中民主与和平不可分离的关系，但大部分学者依然认为康德的思想是民主和平论的源头。[①]

---

① 朱峰、朱宰佑：《"民主和平论"在西方的兴起与发展》，《欧洲》1998 年第 3 期，第 19 ~ 21 页。

而比康德更早的源头是受 18 世纪欧洲启蒙运动影响的瑞士学者古德温（William Godwin）。古德温的国际关系理论成型于 18 世纪末期，他提出了"君主和独裁的国家天性好战，民主国家在本质上是爱好和平的观点"，并指出"只有当两个民主国家共享一条边界时，民主的和平特性才能表现出来"。①

古德温认为民主国家在本质上是和平的原因是大部分民众会竭力避免战争。君主们也许相信通过战争可以得到一些利益，但大部分民众知道战争会带来死亡和破坏，在战争中最终是民众付出生命和金钱的代价。民主国家的和平本质在启蒙运动晚期的理论中很有特色。古德温不像大部分国际关系理论家一样仅仅谈论理论，他仔细观察国际事务发现民主国家和非民主国家表面上看起来是一样好战，但他认为民主国家偶尔会与非民主国家作战，因此很难直接发现民主国家的和平本性。古德温得出了两个重要结论：一是民主国家的和平本质只能通过其对另一个民主国家的行为才能被发现，二是很多地理上邻近的民主国家在国际社会中会构成一个民主区域。②

二 特殊使命感

民主输出固然有时出于战略考虑，有时出于对外经济扩张的考虑，但也与美国白人的思想观念有非常密切的关系。其根源是美国受上帝之托对人类发展和命运承担一种特殊责任。理查德·哈斯说过："支持民主对我们是一个原则问题。它是我们这个国家的精神和民族特色所在。"③ 历史上也有把自己的政治模式强加给其他国家的例子，但像美国这样坚持的寥寥无几。

美国的"使命"观在美国文化中由来已久，根深蒂固，当第

① 林宏宇：《西方国际关系理论史探析》，《现代国际关系》2009 年第 12 期，第 53 页。
② Torbjorn L. Knutsen, *A History of International Relations Theory*, Manchester Univeristy Press, 1997, pp. 122–123.
③ Joshua Muravchik, *Exporting Democracy：Fulfilling America's Destiny*, Washington, D. C.：AEI Press, 1991, p. 8.

一批移民踏上北美大陆时，他们便把固存于自己思想中的命定论与开拓一个新世界的神圣计划结合在一起，在这里播下了美国使命"神话"的种子。"上帝的选民""山巅之城""希望之乡"等说法便是他们在尘世履行上帝赋予他们一种特殊使命的表达。① 新教徒自认为是上帝的选民，本身就带有对世界承担责任的"使命感"。在他们看来，北美大陆是上帝恩赐于他们实现自己的宗教理想和拯救人类的"净土"。早期移民的宗教领袖约翰·温斯罗普说："我们将成为整个世界的山巅之城，全世界人民的眼睛都将看着我们。"② 面对拓荒时代的艰苦生活，清教徒的宗教观成为把移民们凝聚在一起的无形力量。随着北美大陆的开拓，这里成为追求自由者躲避旧大陆迫害的理想之所。优越的地理位置，丰富的自然资源使一些人开始意识到北美大陆的特殊性以及来到这块土地上的人们所承担的使命。"由于土地肥沃，资源丰富，气候宜人，北美就像上帝隐藏起来的希望之乡，现在即将由上帝的选民所占有，在神的指导和保护下，他们将致力于把光明和拯救带给世界其他地区。"③

19 世纪 40 年代，"天定命运"这一扩张主义的新的同义词及其理论被创造出来。④ 在美国扩张的整个过程中，美国例外论在天定命运中最为明显，美国运用它来攻击印第安部落，撕毁同印第安人的协议。那些真诚地相信天定命运的人把侵略、占用和兼并西部土地看作天定命运的结果，而不是美国政府的行动。⑤

国内扩张完成以后，美国思想扩张的使命开始扩大到国外。在我国清朝时期，很多美国传教士来华宣传基督教思想，也在中

---

① 王晓德：《美国"使命"观的历史和文化起源》，《史学集刊》1998 年第 2 期，第 45 页。
② 丹尼尔·布尔斯廷：《美国人：开拓历程》，中国对外翻译出版公司译，美国大使馆新闻文化处出版，1987，第 3 页。
③ 爱德华·伯恩斯：《美国的使命观：国家目的与命运的概念》，拉特格斯大学出版社，1957，第 30 页。
④ 周琪主编《意识形态与美国外交》，上海人民出版社，2006，第 140 页。
⑤ 周琪主编《意识形态与美国外交》，上海人民出版社，2006，第 148 页。

国散播美国的其他基本理念和思想。

历史证明美国人的这种宗教使命感与美国的对外扩张是紧密地联系在一起的。毕生研究威尔逊的美国学者阿瑟·林克曾把威尔逊总统的外交政策称为"传教士外交"。所谓传教士外交的含义是指威尔逊的外交受到"帮助"其他国家的愿望的促动,他利用手中的权力传播基督教文明。在履行宗教使命方面,比威尔逊更胜一筹的是美国著名外交家、国务卿杜勒斯,他将美国传教士式的"世界使命感"运用于美国对外关系中,他认为美国外交政策是美国国家意志在国外的具体化。在冷战中,杜勒斯反苏反共的倾向对他来说不仅是意识形态,而且是一种宗教信仰。①

三 完美无缺论

在许多美国人眼中,美国的政体"完美无缺",因此应该是其他国家效仿的榜样。美国是典型的资产阶级民主共和政体。它出现在北美大陆绝非偶然,它与欧洲启蒙思想的传播以及资本主义发展联系密切,两者通过有机结合在北美大陆上结出了政治果实。美国早期资产阶级革命领袖如杰斐逊、潘恩等以"天赋人权"说为宣传武器,向北美人民大声疾呼摆脱英国的殖民统治,逐步形成了指导北美大陆独立的革命理论。1776年大陆会议通过《独立宣言》,奠定了资产阶级民主共和政体的基础。独立战争胜利后,1787年召开的制宪会议通过了《美利坚合众国宪法》,民主政体完全确立。1791年美国国会通过宪法前10条修正案,从法律上保障了人民的民主自由。在美国白人看来,他们的祖先为了寻求自由来到美洲,经过数世纪的奋斗,终于在北美大陆上形成了有别于世界任何其他政体的体制。美国采取了世界上能够保证资产阶级民主自由的最好制度,以这种"自由与开明"的制度为基础去实现其复兴和拯救世界的梦想,就成为美国白人文化中的一个重要组成部分。乔舒亚·穆拉夫切克(Joshua Muravchik)说过:"我们传播民主首要的原因就是同情人类,民主不能使每个人幸福,但

---

① 董小川:《20世纪美国宗教与政治》,人民出版社,2002,第224～225页。

它能传递一种承诺——让大家追求幸福。"①

四　理想主义影响

美国很多政客、学者认为，美国输出民主背后有理想主义的驱动。一般来讲，理想主义对国家利益的解释是广义的，即认为美国的利益除了现实主义强调的经济、安全利益外，也包括向全球传播美国的理想。理想主义有下面一些原则。第一，理想主义不关注世界实际怎样，而关心世界应该怎样。专制制度对内压制本国人民，对外崇尚暴力扩张，这在道德上是难以被接受的，因此是不应允许存在的。战争的根本原因在于专制集团为了权力而进行的你争我夺。第二，理想主义强调国际法、国际秩序与规范，但很难要求专制国家遵守国际法与国际秩序。第三，理想主义重视国际合作，但和专制国家很难合作。第四，理想主义认为客观公正应该是可以达成的目标。而民主制度就是这样一种客观的公正。第五，理想主义认为人性本善，人类在进步过程中可逐步消除战争思想。

理想主义最有代表性的人物就是美国总统威尔逊。受其宗教思想、政治理念和性格的驱动，威尔逊认为推动美国国家利益的最好的方法是建立一个准世界政府。威尔逊的逻辑是：国内事务和国际事务本质上有相通的地方。美国总统是民选的，因此如果建立某种类似世界政府的制度，通过国家之间的民主选举，也可以选出世界的领袖。当然这首先需要各国本身实行民主制度。很难想象民主国家和专制国家一起公平选举世界领袖。

因此，威尔逊主义最重要的一个概念是在世界范围内推广美国民主价值是美国的重要国家利益。因为全世界人民都渴望和平并追求美好生活，在世界范围内推广民主、自由不仅符合美国的利益，也符合世界人民的利益。

---

① Joshua Muravchik, *Exporting Democracy*: *Fulfilling America's Destiny*, Washington, D. C. : AEI Press, 1991, p. 8.

第三节　美国民主输出历史依据

美国提出民主和平论和从事民主输出的实践不完全是从理论出发，而是有一定的历史实践依据。"二战"结束后，美国占领了联邦德国和日本，其间向这两个国家输出民主思想并帮助建立民主政治体制。这个过程取得了一定成功。尽管有些学者对这种成功提出质疑。特别是日本，尽管建立起了民主体制，但自民党长期执政，受到国际政治学界的一致诟病。但不可否认，政治体制的改造加上其他的一些经济方面的因素，导致这两个国家迅速从废墟中站立起来，重新加入世界大国的行列。

"二战"刚结束时，欧亚大陆满目疮痍，战胜国面临的中心任务之一就是从根本上废除专制体制、防止德国和日本法西斯复活。对德国，美国利用军事占领的机会，对其制定了有针对性的政治、经济改革措施，从体制上对其进行改造。德国和欧洲民主国家有相似的基督教传统和文化价值观，此外德国政府还经历过15年的魏玛共和国的民主自治。实际上1918年革命后魏玛体制就代替了独裁。德国民主的建立面临很多困难，其中最大的问题有两个：德国人因战败而意志低落；同盟国表面上声称德国民主化是他们的目标，实际上他们下定决心不让德国再次崛起。"二战"后国际形势的变化为德国民主化提供了一次转机。随着美苏两个超级大国对抗不断升级，德国在欧洲政治的地位变得更加重要。

美国政府开始着手积极对德国进行民主输出。美国为了去纳粹化，要求德国各级官员都要由有强烈民主思想的德国人担任。彼得·默克尔描述当时的过程："上千的纳粹党人及有纳粹思想的精英被开除公职，代替他们的是可靠的民主党人。被同盟国占领初期承认的新政治精英们将长期居领导地位。"[①] 另外美国还指导

---

① Peter H. Merkl, "The Impact of the U. S. Occupation on the Domestic Development of Western Germany," Paper prepared for the Conference on Patterns of U. S. Occupation Policies, sponsored by the Hoover Institution and Stanford University, May 14 – 17, 1986, p. 14.

德国人制定新宪法。在起草阶段，由不同的同盟国政府代表组成的议会理事会商议撰写。美国向德国输出美式宪法主要是为了巩固它在德国的军事存在，在美国占领区德国土地宪法于1946年通过。在德国巩固美式民主的抓手还有选举制度，美国改变了德国之前魏玛共和国时期的多党制，引导德国实行两党制。美国认为这样更公平，能减少极化带来的不稳定。新选举制度规定只有达到一定选民人数的政党才能参选，因此联邦宪法把纳粹和共产党都排除在外。

美国在占领阶段还开展教育改革，清洗大量参与过纳粹活动的老师，出版上百万册新课本，删除所有带有纳粹色彩的课文。美国人还帮助德国建立了柏林自由大学，法国人帮助建立美因茨大学和萨尔布吕肯大学。美国政府还建立了很多美国文化中心、阅读室，赞助电影、新闻短片、广播、杂志、报纸，宣传民主，任用亲民主人士为媒体主管。卡尔·弗里德里希说："同盟国占领德国最积极的政治遗产也许就是让大部分德国人遵守民主宪法，而这个巨大转变应归功于美国。"[①] 美国结束对德国占领后，德国处于新的地缘政治秩序中，它已经成为美国主导的西方联盟的一员，对之后的德国思维和行动产生深远影响。彼得·默克尔说："德国与西方世界的认同感可以说是占领后产生的强大影响。"[②]

值得注意的是，德国不是被动接受美国的民主输出，而是在研究分析了德国的历史与现状的基础上自主设计的。他们重建政党政治，强化政党民主主要是为了避免重蹈纳粹法西斯政党的覆辙。德国建立新型政党体制从消除政党之间的意识形态障碍开始，随后建立活跃的多党制，逐渐巩固稳定三党制，然后再形成稳定的议会民主制度。

"二战"后初期的民调显示：当时德国人对民主政治非常冷

---

① Carl J. Friedrich, "The Legacies of the Occupation of Germany," *Public Policy*, Vol. 17, 1968, p. 13.

② Peter H. Merkl, "Allied Strategies of Effecting Political Change and Their Reception in Occupied Germany," *Public Policy*, Vol. 17, 1968, p. 102.

漠，反而眷恋之前的威权政治体制。① 20 世纪 70 年代后期，德国新的民主政治制度已为普通公民所接受。1978 年的民调显示：79% 的德国人认为政党竞争对民主是必不可少的，90% 的人认为政党竞争确实在联邦德国发挥了作用。总之美国采取各种措施，从政治、经济、军事、文化等方面影响德国人。

日本是美国认为其在亚洲进行民主输出的成功案例。今天日本的政治体制是美国在"二战"结束后占领期间建立的。麦克阿瑟说过："我们在日本之前，从未以军事占领战败国的方式取得成功。"② 美国人非常重视日本的民主化，美国人称要最大限度地确保日本不再是世界和平及安全的威胁。美国人认为达到这个目标的最好办法就是改变日本的政治制度。美国对日本的占领持续了 6 年 8 个月，而对日本的政治改革主要是在前两年进行的。早在 1947 年 3 月麦克阿瑟将军就建议："时机到了，我们必须和日本谈和平的事了。在占领期间重塑日本政治的阶段已经快结束了。"③ 1948 年下半年，占领政府开始撰写报告回顾其行动历程，也意味着占领任务彻底完成。④ 罗伯特·沃德曾说过："美国计划之所以重要是因为激发、加强、指引日本发展的方向。"⑤

此时期美国向日本输出民主制度主要有三个步骤。第一步是直接军事占领。同盟国军事占领日本期间设置由 11 个相关同盟国组成的远东委员会作为最高决策机构，主要的统治机关则为 1945

---

① Christopher S. Allent, ed., *Transformation of the German Political Party System*, Berghahn Books, p. 69.

② Douglas MacArthur, Address to Members of the Allied Council for Japan, April 5, 1946, in *A Soldier Speaks*: *Public Papers and Speeches of General of the Army Douglas MacArthur*, ed. Major Vorin E. Whan, Jr., New York: Praeger, 1965, p. 166.

③ Ambassador William J. Sebald, with Russell Brines, *With MacArthur in Japan*: *A Personal History of the Occupation*, New York: W. W. Norton, 1965, p. 244.

④ Supreme Commander for the Allied Powers, Government Section, *Political Reorientation of Japan*, *September 1945 to September 1948*, Washington, D. C.: U. S. Government Printing Office, n. d..

⑤ Robert E. Ward, "Presurrender Planning: The Treatment of the Emperor and Constitutional Changes," in Robert E. Ward and Sakamoto Yoshikazu, eds., *Democratizing Japan*: *The Allied Occupation*, Honolulu: University of Hawaii Press, 1987, p. 38.

年 10 月 2 日成立的盟军最高司令官总司令部，并设有对日理事会作为总司令的咨询机构。进驻日本的盟军以美军为主，加上少部分以英国为首的英联邦占领军。名义上，同盟国对日本的军事占领事务是由战时与日本相关的国家共同负责，但实际上都是由美国主导。第二步是修改日本宪法，这是最重要的一步。日本宪法规定："一切国民在法律面前一律平等。""保障集会、结社、言论、出版及其他一切表现的自由。不得进行检查。不得侵犯通信秘密。""保障学术自由。""财产不得侵犯。"另外植入美国宪法中的主权属于全体日本人民、实行议会制、行政权由内阁执行、内阁对国会负责、保证公民自由等精神。这些基本精神，为美国进行民主制度输出打下基础。第三步是依照新宪法进行社会改革，主要包括经济制度、政治制度、社会教育制度、社会结构等。具体来说，占领军的改革涵盖：解散财阀；农地改革，改变生产方式，促进多元主义的发展。经过一系列民主化改革，战后日本摆脱了法西斯主义、军国主义，经济迅速发展，经过 20 年的快速发展，日本跻身世界最发达国家行列。

有学者说过："战前的日本是独裁的政体，战后的日本以任何现实的评判标准来看都是民主的。转变是巨大的。"[1] 但日本封建传统源远流长，与美国社会制度基础和文化传统大相径庭，所以尽管美国统治者在向日本输出民主制度上有着一致性，在输出民主过程中依然遇到很多困难，如日本民主进步主要是自上而下地推动的，天皇及其象征的皇国国体地位和观念并未被从根本上动摇。战后，尽管美国已经对日本的政治体制进行了大力修改，日本也由一个天皇领导的封建社会转变为现代意义上的民主社会。从政党制度上来说，日本已经变为一个多党制国家。让美国始料不及的是尽管日本有数个政党，但"二战"后，一直是自民党一党独大，时间长达 50 多年。因此有人质疑如果在选举中总是由一

---

① Robert E. Ward, "Conclusion," in Robert E. Ward and Sakamoto Yoshikazu, eds., *Democratizing Japan: The Allied Occupation*, Honolulu: University of Hawaii Press, 1987, pp. 392 – 393.

党获胜，那么这种民主选举意义何在。不过也有学者为日本辩解，指出尽管自民党长期处于执政地位，但其党内领导即首相人选在不断变化，这种变化体现为自民党内部派系的斗争。这种一党内的派系之争也有民主化的意味。但一般认为，美国对日本的民主化改造不如对德国的民主化改造彻底。

总之，美国对德国、日本两国的民主输出方法、路径、内容和结果不完全相同，美国照顾到了两国各自的特点。比如德国并不是照搬美国总统制、两党政治，而是推行政党国家体制，建设联邦制。日本保留了天皇的象征性地位，实行内阁制。民主输出后的民主制度是更加适合两国土壤的制度，符合它们的历史沿袭、现实状况。在美国向这两个国家输出民主意识和民主制度之前，这两个国家已经在经济上进入资本主义发达阶段。因此，这两个国家都具备了实行民主制度的经济基础。美国的民主输出正好迎合了这两个国家的政治需要。在德国、日本建立民主制度，一直是美国宣扬其民主输出可行性、普适性的重要历史证据。但在美国的宣传过程中，恰恰有意无意忽视了德国、日本当时的经济基础。

第二章　民主和平论和民主
输出论的主要内容

两论的基本概念非常简单。民主和平论认为，民主国家由于其内在的爱好和平的倾向和体制的制约，有厌恶战争，追求和平的倾向。而民主输出论的依据是，民主国家越多，战争爆发的可能性就越小。不过，以这些基本概念为基础，两论也产生了较复杂的论证。本章将对这些逻辑论证进行一些梳理。

第一节　两论的基本观点

一　基本定义

要想正确地认识两论，首先要罗列一些基本定义。主要问题是什么是民主，什么是民主国家，什么算是战争，什么情况可以说是和平，等等。西方学术界并没有关于这些定义的统一认识。很多情况下都是根据自己研究的需要进行定义，因此在争论时经常出现各说各的现象。

（一）关于民主和民主制度

对民主最为实用的定义是把民主当成一种工具。按这种定义，只要是某种决策通过多数人赞成的方式产生，都可以被称为民主。这种民主的定义非常中性，没有价值色彩。

大多数政治学中或与两论有关的对民主的定义不包括生活中的决策，而是专门讨论国家层次上的民主。《简明不列颠百科全书》中将民主政治内涵解释为：由全体公民按照多数裁决程序直接行使政治决定权的政府形式，通常称为直接民主；公民不是亲

自而是通过由他们选举并向其负责的代表行使政治决定权的政府
形式，通常称为间接民主或者代议民主；在以保障全体公民享有
某些个人或集体权利为目的之宪法约束范围内行使多数人权力的
政府形式，通常称为立宪民主；任何一种旨在缩小社会经济差距，
而产生的政治或社会体制。

西方学者谈民主往往有不同的侧重点。大多数学者把民主和选
举制度联系在一起加以讨论。约瑟夫·熊彼特（Joseph Alois
Schumpeter）在《资本主义、社会主义与民主》中说过，民主是为
达成政治决定而进行的制度安排：通过竞争人民手中选票，个体得
到做出决定的权利。也就是说，他认为民主与竞争选举密切相关。

有些学者强调参与和竞争。萨缪尔·亨廷顿认为，民主体制
意味着集体决策者，也就是国家和地方领导人，是经公平、诚实
和定期的选举产生的。在选举中，候选人可以自由竞争，几乎所
有成年人都具备投票资格。根据这种定义，民主包括竞争和参与
这两个维度。

有些学者把重点放在选举的社会环境上。罗伯特·达尔
（Robert A. Dahl）认为，一个完善的民主制度，必须包括言论、出
版、集会、结社这些作为政治争论和竞选之必要条件的公民自由。
这接近了民主意识。

戴维·辛格（David Singer）在达尔的基础上又增加了一个议
会。他把民主国家定义为一个具备以下特征的国家：①有定期的
选举，反对党和执政党都有参与选举的自由；②允许至少 10% 的
成年人投票；③有一个能够控制政府执政部门，或是享有与执政
部门同样权力的议会。辛格的定义基本上是以美国的政治制度为
基准。他讲的至少 10% 的成年人参加投票也是受早期美国选举的
影响。

鲁道夫·鲁梅尔（Rudolph Rummel）1997 年提出：民主指的
是自由民主制度，即那些执政者是由有竞争的选举以及秘密投票、
广泛的投票权（粗略的定义是包括至少 2/3 的成年男性）所选出；
同时还要有言论自由、宗教自由和结社自由；以及一个宪法架构
下政府服从的法律体制，并保障人民平等的权利。

学者对于民主政治应该满足的标准众说纷纭。民主政治可以有多种分类方式，没有任何一种分类法具有绝对性。英国伦敦经济与政治学院教授戴维·赫尔德（David Held）曾按历史发展先后将民主国家分成九种类型：古典（城邦式）民主、共和主义民主、自由主义民主、社会主义（共产主义）民主、竞争式精英民主、多元主义民主、法治民主、参与式民主及自主式（世界主义）民主。现代最常见的分类方式则是把民主国家分为直接民主国家与代议民主国家。直接民主制是一种自古存在的民主体制，常被认为首见于原始社会。在这种体制中，每个公民直接参与所有政策的制定，例如全民公投便是其中一种实践直接民主的方式。完全的直接民主体制要求所有公民为政策做决定，例如古希腊的公民大会制。现代的马达加斯加乡村社区（Betafo）不管做什么决定都须得到当地 10000 人经协商后的批准。代议民主制也称为间接民主制，它是由公民以选举形式选出立法和执行机关的成员，并代表其行使权力。除了在选举时期外，选民和被选者并无约束关系，即被选者在议会或国家行政机构中的行为未必真正反映选民的意愿，但其表现直接影响下次选举中选民的投票取向。代议民主制是现代西方国家普遍实行的制度。

政治学中国家层次的民主有两层意思。一是制度层，二是观念层。所谓制度层，大体是指一个国家的政治制度，即政党、选举、国会的产生和运行、权力的分配等。所谓观念层，是指一个号称民主的社会的普通民众必须具备一定的民主理念和素质。在关于民主和平的讨论中，民主主要指的是民主制度，所谓民主和平指的是实行民主制度的国家较倾向于和平。而在民主输出的讨论中，除了输出民主制度以外，美国也十分重视培育被输出国民众的民主意识。

（二）关于民主国家

由于民主的定义过于多样化，因此对民主国家的定义也非常多元化。两论拥护者和质疑者对民主国家的定义常常有非常大的差别。基本上是根据自己需要随意定义民主国家。司本思·维尔特（Spencer R. Weart）认为 1812 年美英战争时，参战的美国和英国具备了某些现代民主国家的特征，但用 21 世纪政治参与的标准来衡量这些特征，它们当时还算不上现代民主国家，因此在统计民主国家之间发生战争时，当时的美英战争没有被计算在内。

对民主和平极端信仰的学者思维有些简单、固执，即只要两个国家发生过战争，至少当时得有一个不能算民主国家。这在逻辑上有点本末倒置。不是民主导致和平，而是和平定义了民主。

（三）关于战争

由于和平不太好定义，因此大多数学者倾向于定义战争。只要把战争的定义搞清楚，非战争状态就可以被认为是和平状态。

关于什么是战争貌似不言而喻。但在实际操作时也会意外地产生困难。很多学者认为，至少伤亡人数达到一定标准，才算战争。维尔特认为战争是一种冲突，冲突中某些政治单位越过边界进行武装战斗，至少有 200 人因战斗而死亡。其他学者则根据需要把伤亡人数定为 500 人、1000 人等。如鲁道夫·鲁梅尔使用的是来自一个数据库的统计方法，即战争是有至少 1000 人战斗死亡的冲突。

二 民主和平论的提出

民主和平论的基本思想简单说就是在现代国际关系体系中，民主国家之间几乎不打仗。这一论点的提出和发展经历了如下路径。一些学者最开始在学术研究中"偶然"发现民主国家之间很少发生战争。此时的民主和平论可以说是基于经验。当这一论点引起学术界广泛关注后，就有大量学者参与进来。这些学者的主要目标就是论证为什么民主会导致和平。这种研究达到一定规模后，另一批学者就开始提出反对的观点。双方因此展开激烈争论。这种争论一时不会有决定性的结果。政府则开始另辟战场，对民主输出进行实践。

民主和平论最早出现大体是在 20 世纪 60 年代。美国的社会学家和犯罪学家迪安·巴布斯特（Dean Babst）是第一个系统研究这个主题的学者。他 1964 年写了一篇学术论文，刊登在《威斯康星社会学家》（*Wisconsin Sociologist*）。他在文章中对 1789 年到 1941 年发生的 116 次战争进行了分析，指出没有一场战争发生在通过民主选举产生政府的独立民族国家之间。八年后他又在《工业研究》（*Industrial Research*）上发表了一个更简易、普及的版本。但这两个版本最初都没受到太大重视。

鲁道夫·鲁梅尔是夏威夷大学政治学教授。他是民主和平论的早期研究者之一，时间上仅次于巴布斯特。他认为民主政府是最不会随意残杀其人民的政府，同时民主国家之间也从来不会（或几乎不会）互相争战。他发现在 1816 年到 2005 年，非民主国家之间总共发生了 256 次战争，非民主国家与民主国家之间则有 156 次战争，但民主国家之间一场战争也没有发生过。他用的民主定义是"拥有政治权力的人是透过认真的选举选出的，选举有不记名的投票、拥有投票权的人口比例广泛（大致上可以归类为有至少 2/3 成年男性参与选举），拥有言论自由、宗教自由、结社自由，政府受到宪法架构的限制，并且保障人民的同等权利"。除此之外，一个民主国家还应该"有稳定基础"。关于战争的定义，他使用的是来自一个数据库的统计方法：战争是有至少 1000 人战斗死亡的冲突。同其他国家相比，民主或自由主义国家的战争倾向较弱。

到了 20 世纪 70 年代，热衷于定量分析的国际问题学者戴维·辛格和彼特·沃勒斯坦（Peter Wallenstein）在检索历史上各类战争行为与国家战争倾向之间的关系时，曾比较早地触及民主和战争的关系问题，并由此得出一种推断，民主国家可能较为不易发动战争，但无法确定。这种推断纯粹是从研究数据中推导出来的结果，如一位学者所言："民主国家之间没有战争是国际关系中的经验定律之一。"[1] 1976 年，戴维·辛格还和梅尔文·斯莫尔在《耶路撒冷国际关系杂志》（*Jerusalem Journal of International Relations*）上发表《民主政权的战争倾向》（"The War-proneness of Democratic Regimes"）一文，他们分析了 1816 年到 1965 年的战争数据，描述了民主国家之间无战争的经验现象，但同样并未进行

---

[1] Jack S. Levy, "Domestic Politics and War," in Robert I. Rotberg and Theodore K. Rabb, eds., *The Origin and Prevention of Major Wars*, Cambridge：Cambridge University Press, 1989, p. 88.

明确、有说服力的理论概括。

20 世纪 80 年代情况开始发生变化。1983 年，鲁梅尔在研究国内政治和战争及国际暴力之间的关系后声称，一个国家拥有的自由较多，它的对内和对外暴力就较少。史蒂夫·陈（Steve Chan）的研究结论似乎也为民主促进和平提供了某些依据。他在分析了影响国际战争与暴力的有关变量后认为，排除有些大系统战争（extrasystemic wars），国际战争和暴力与民主的程度有关，民主国家比非民主国家更为和平。鲁梅尔和陈的研究依然是基于数据的推测。

真正以学术研究成果的形式把民主国家不打仗，因而民主就是和平这句话明确提出的是迈克尔·多伊尔。他在 1983 年发表了题为《康德、自由主义的遗产和外交政策》的论文，首次以学术研究成果的形式提出民主意味着和平。多伊尔首先对自由主义做了总结，认为成功的西方民主国家都具有自由主义的传统。正是自由主义民主在这些国家产生了法治、稳定的政治和社会秩序、得到保障的个人权利和负责任的对外政策。他认为自由民主政府（liberal regimes）的四个标准是：市场和私有资产经济、有效主权单位、享有司法保障人权的政府、代议制共和政体。其次，他采取类似于戴维·辛格的方法，列举了近 300 年来世界发生的主要战争并进行分析。最后，多伊尔得出结论：民主的国家不打仗。"虽然自由国家卷入过无数次与非自由国家的战争，但宪制稳定的自由国家还没有彼此发动过战争。"

1986 年，迈克尔·多伊尔发表《自由主义和世界政治》一文，再次发展了他个人有关民主和平的理论。他认为由于民主国家在"二战"后不打仗，已在世界建立起"隔绝的和平"（separate peace）。多伊尔认为，由西方民主国家组成的阵营已经为和平建立了封闭的"岛屿"，这一和平的"岛屿"成为世界和平的基础和保障。未来随着"岛屿"的不断扩大，最终会实现世界范围内的普遍永久和平。

在多伊尔之后，一些美国学者撰文支持民主和平的观点，使得民主和平成为探讨当前国际关系中战争与和平问题的一种由弱变强的理论。民主和平的研究结论和主张，成为站在新自由主义立场反对新现实主义理论的国际关系学者对世界和平走向看法的标牌产品。20世纪80年代后期到90年代，西方国际政治学界对"民主和平"在国际安全问题上的研究逐步达到高潮，其研究方法不断完善，理论的奉行者和支持者队伍也不断扩大。20世纪90年代初，随着冷战结束，民主和平的讨论更加激烈。西方普遍认为冷战的胜利是自由民主制度的胜利。因此，民主和平论更受青睐。布鲁斯·卢塞特1995年提出民主和平的现象早就存在，随着民主国家数量增加，民主国家互相不打仗的论述得到了很大的关注和认可。

三 对民主和平论的证明

问题提出并得到广泛关注后，支持民主和平论的学者开始积极地从各个角度证明为什么民主会导致和平。据玛格丽特·赫尔曼和查尔斯·凯格利的统计，学术界对"民主和平论"的解释多达29种。[①] 其中影响力比较大的，大致有以下几种观点。

（一）建构主义的逻辑

用建构主义对为什么民主会导致和平进行解释是许多人容易想到的。因为建构主义和民主和平论的出发点都是上层建筑。建构主义代表人物温特认为国际关系中最重要的因素是国家认知。他认为国际体系是一种由不同共有知识形成的文化结构，其核心内容不是物质分配而是一种观念（文化）的分配，而民主制度也是一种观念，而且是非常重要的观念。温特认为，物质只是国际体系的表层结构，观念才是具有决定性意义的深层结构。根据文化认知，世界可以被划分为许多不同的状态。温特称之为霍布斯文化、洛克文化和康德文化。

所谓霍布斯文化顾名思义是指霍布斯在《利维坦》中所描写

---

① Margaret Hermann and Charles Kegley, "Rethinking Democracy and International Peace: Perspective from Political Psychology," *International Studies Quarterly*, Vol. 39, No. 4, 1995, pp. 511–533.

的那种文化状态。此时民主国家还没有出现。世界是一片丛林，不同国家相互敌对，随时准备用无限制的暴力消灭对方。一国的生存意味着他国的死亡。国家为了生存只能自助。自助的方法是不断壮大自己的实力。任何其他人都指望不上，也无法信任。在这种状态下，和平只是幻想。建构主义认为，霍布斯式的国际体系并不是当今国际关系的主流现实，而是在民族国家出现之前的一种自然状态，即古代体系状态。这种模式总体上讲在人类社会历史中已成为过去式。但在个别国家之间仍留有痕迹。

洛克文化则是脱离了自然状态的文明社会的对抗。而文明社会在许多人眼里是初步实现了民主的国家。在洛克文化中，国家不再以消灭对方为目的，最多只是想从对方手中拿走一部分利益。各国相互承认对方的生存权利。国家之间既对抗又竞争，既竞争又合作。国家之间形成一种有限的互信度和共识，并在此基础上建立起主权制度。温特认为，洛克文化是当今国际社会的主流，是自 1648 年威斯特伐利亚体系以来国际体系的主导文化。

在康德文化中，国家自助模式彻底让位于集体认同。这里指的应该是当代西方发达民主国家。国家之间是盟友，因此不再相互使用暴力，并相互帮助。在一方安全受到第三方威胁时，双方将共同作战。康德文化的理想状态是世界大同。这是一种理想的国际体系模式，虽然还没有在当今国际政治中占据主流地位，但已经初显于北美、欧洲地区的民主国家之间，也就是多伊尔所谓的"民主岛"。

在当今社会中，越来越多的国家开始进入康德文化。由于在建构主义者看来，康德文化是人类发展的最高阶段，处于这一最高级别的民主国家不言而喻地热爱和平，厌恶战争。而民主输出论的理由也可以得到说明，即通过民主的输出，民主国家数量的扩大。而民主国家数量的扩大也就是康德文化的扩大。所以在建构主义者看来，民主输出代表了人类进步的正确方向。如果国际体系中的民主国家数量不断增长，一些潜在的冲突可能不会升级为战争。虽然民主国家和非民主国家之间的战争还会持续一段时间，但从长远来看，民主国家组成的国际体系将是一个和平的世界。最起码不断增加的民主国家的数目将逐步扩大民主的"和平区"。[①]

（二）理想主义的逻辑

理想主义认为，人性不一定是恶的。而且通过教育和进化，人类素质会得到改善。民主之所以会导致和平，是因为民主国家是进化程度较高的国家，民主国家的人们对是非的认识已经上升到一个新阶段。现代西方国际关系理论的哲学奠基人洛克就对人类社会的发展持一种进化论的观点。他认为人会依照自己的理性，逐步朝着越来越好、越来越进步、越来越和谐的方向发展。[②]

前面提到的伊拉克战争是一个很好的例证。我国古代发生过无数次战争。通常人们对一个国家为什么发动战争不做道德上的质疑。扩大领土、增加人口、掠夺财富甚至农作物成熟都可以作为发动战争的理由。这种情况到 20 世纪以后发生了很大改变。伊拉克入侵科威特一事和我国古代魏国吞并吴国和蜀国并无大异，但在 20 世纪，伊拉克的入侵行为遭到了世界各国特别是西方民主国家的强烈反对，结果以美国为首的盟军很快把伊拉克赶出了科威特。

一般来讲，战争往往和"野蛮"有某种联系。而"文明"程度较高的国家，往往倾向于通过较为理性的政治手段解决问题。这一点在人们日常生活中也看得出来。社会层次比较低的人群中，暴力发生的概率也较高。而大学教授或国会议员之间，动拳脚的情况就比较罕见。人类社会这种文明发展是不可逆的。因此，像"民主和平"这种过去难以想象的现象，随着人类整体理性思维的进步，今后发生的可能性越来越大。

（三）习惯派的逻辑

有相当一部分学者强调民主国家之所以倾向于使用和平手段

---

① Sean M. Lynn-Jones, "Why the United States Should Spread Democracy," Discussion Paper 98-07, Center for Science and International Affairs, Harvard University, March 1998, pp. 5 – 11.

② 秦亚青:《自由主义国际关系理论的思想渊源》，载秦亚青主编《理性与国际合作：自由主义国际关系理论研究》，世界知识出版社，2008，第 12 ~ 13 页。

而不是战争手段解决问题是出于习惯。这种习惯来自国内政治。

约翰·麦克米兰和约翰·欧文等学者认为民主国家会尽可能地外化它在国内政治发展中的行为、国内政治过程及制度的相关特征，如宽容、和解和司法裁决等价值规范，并且会将这些规范延伸至其对外关系中。[①] 民主国家的政治文化，诸如民主规范、惯例、观念以及社会风气等，最终会使适用于国内和平解决问题的方法适用于解决与其他国家的关系。[②]

欧文把自由主义的概念引入民主和平论。他认为民主国家的公民具有自由主义意识形态。他们习惯于言论自由、常规选举替换政府、自由主义外交政策、民主政治制衡的机制等。由于对这种意识形态已经非常熟悉，因此民主国家的公民在处理国际问题时也会习惯地采取这种非暴力的方法。对民主国家来讲，政治竞争中的非暴力是一种原则。选举中失败的一方体面地屈服，他知道下次竞选还可以重新再来。选举中胜出一方也不会压迫失败一方，因为他知道下次不一定还会成功。因此，政客们被训练成避免用暴力手段来解决他们之间的政治分歧。合作的标准方式就是谈判和妥协。两个民主国家有着共同的政治文化，因此，他们会自然期望他们之间的分歧用类似的办法解决。

齐韦·毛兹和布鲁斯·卢塞特把这种习惯称为"规范/文化模式"。根据这种模式：①民主国家解决冲突时习惯用妥协、非暴力、对权利的尊重等民主原则；②民主国家希望用这些国内政治原则来解决与其他民主国家的冲突，并希望其他民主国家和其想法一样；③一个国家的民主制度越稳定，这些民主原则就越会被用来处理与其他民主国家的关系。

---

① John Macmillan, "Liberalism and the Democratic Peace," *Review of International Studies*, Vol. 30, No. 2, 2004, pp. 179 - 200; Michael Mousseau, "Democracy and Militarized Interstate Collaboration," *Journal of Peace Research*, Vol. 34, No. 1, 1997, pp. 73 - 87; John M. Owen, "How Liberalism Produces Democratic Peace," *International Security*, Vol. 19, No. 2, 1994, pp. 87 - 125.

② 李少军：《评"民主和平论"》，《欧洲》1995 年第 4 期，第 5~6 页。

经济习惯也会影响民主国家民众的思维。有学者特别强调经济发展所催生的契约文化有助于民主政治文化和价值观的培育，因而可以有效地规避双方之间爆发激烈冲突。其代表性学者为迈克尔·穆索。穆索的研究证实，生成于契约规范的民主价值是发达市场经济国家所特有的。在发达的市场经济国家中，契约文化普遍盛行，个人尊重他人的选择和重视法律的平等适用逐步形成了协商与妥协的政治文化。[1]

(四) 制约派的逻辑

毛兹和卢塞特还提出了所谓"结构/制度模式"。在结构/制度模式中，①民主政治延缓了冲突向战争升级的进程。政府权力分立、相互制衡、重大决策公开讨论，这些民主机制延缓了战争决策出台。②选举制度约束领导人和执政党对战争的决策。为了进行战争，政府必须进行足够的国内动员以获取相应的合法性支持及各种物质资源，因此政府要说服民众相信：这场战争在道义上是行得通的，通过战争获得的收益大于代价。毛兹的这些论断的核心思想是，民主国家比非民主国家发动战争要更为"困难"。

持制约派观点的学者认为，民主制政治结构的特征诸如行政选择、政治竞争和外交决策过程的多元性等具有制衡作用，会使国家受到较大制约。战争决策往往很难获取公众普遍的纵向支持，同时，横向的制衡与问责机制等也对领袖发动战争造成了实质性的限制。[2]

民主国家的决策人周期性地受到选举原则限制，他们在选举中会因冒险主义的外交政策或仅仅因为与其他国家斗争花费过大而受到惩罚。不管他们在与其他国家的争夺中是否取胜，选民只

---

[1]　Michael Mousseau, "Market Prosperity, Democratic Consolidation, and Democratic Peace," *Journal of Conflict Resolution*, Vol. 44, No. 4, 2000, pp. 472 – 507; Michael Mousseau, "The Social Market Roots of Democratic Peace," *International Security*, Vol. 33, No. 4, 2009, pp. 52 – 86.

[2]　Zeev Maoz and Bruce Russett, "Normative and Structural Causes of Democratic Peace, 1946 – 1986," *American Political Science Review*, Vol. 87, No. 3, 1993, pp. 623 – 638.

记得经济损失。民主国家的政治家清醒地意识到有可能被惩罚，为了避免惩罚保持其执政地位，他们就有避开这些问题的倾向。他们常借助其他组织（如立法机构）的授权来发动战争。他们还需要国内高度的共识来获取战争的资源。除非一个民主国家确实被袭击了，否则它很难得到国内的支持。在任何情况下，政治家常常要花大量时间来培养此类支持。可以肯定地说，民主国家的决策者需要比独裁国家的领导在处理外交政策中涉及的战争和胁迫时更谨慎。最终，他们会因大众不喜欢冒险、死亡和经济牺牲而被限制。

这派学者中有人特别强调民主国家决策的透明度。透明度关注的是民主国家掩盖其真实意图的困难之处。在民主国家中，有战争风险的外交决策是公开讨论的，这意味着战争的代价对于公众和决策者来说都是敏感的。维尔特指出，从结构上看，宪法的规定、需要国内政治支持及向选民负责使得领导人尽量避免把民主国家引向战争。决策人如果试图发动战争，就必须参与公众对战争动机及意图的讨论。一旦被曝光，秘密安排或者公开欺骗都会自食恶果，导致公众的选举惩罚。因此民主国家必须在宣布其意图时更公开化，他们发出的信号必须是真实的。而对手当然会知道这些信号的含义，这使得发动战争特别是有时非常必要的突然袭击变得非常困难。①

（五）维持现状派的逻辑

维持现状派强调民主国家更有可能支持现状而非变革。在当今世界上，民主国家很多都是发达、富有的国家，他们可以说是现有国际结构安排的受益者。在一定程度上，民主国家的经济互相依赖，他们更看重维持现有结构安排，因为这样最能维护该国利益。国家动荡危及财富、稳定、和平和社会。因此民主国家不太可能是破坏和冲突的代理人。换句话说，民主国家之所以倾向于和平是因为他们不愿意惹是生非。

---

① Rasler, Karen and William R. Thompson, *Puzzles of the Democratic Peace: Theory, Geopolitics, and the Transformation of World Politics*, 2005, p. 7.

（六） 逆向因果派的逻辑

有些学者认为，民主与和平之间存在互为因果的关系，即民主对战争产生了消极影响，而和平也有利于民主国家的产生和成长。持这种解释的学者包括帕特里克·詹姆斯和埃里克·索伯格等。[①] 这派学者认为，民主国家有自然的和平倾向。而长期的和平环境，有利于现有民主国家制度的稳定和发展，同时使新民主国家产生变得比较容易。因为在战争期间国家往往需要一定的威权，民众的个人权利也往往因战争的需要受到限制。

有些学者走得更远，甚至认为和平对民主的促进要比民主对和平的影响更为显著。对这些人来讲，民主和平论应该叫作和平民主论才对。这派人比较重视外部威胁对民主的影响，他们认为在一定程度上民主到和平的这种关系需要反过来。缺少相对的外部威胁有益于民主实践的最初成长。而外部威胁频频会鼓励等级制度、集权化的滋生。个体和少数派的利益会因战争需要被搁在一边。因此，有一个专制的邻国会影响民主化的发展。此外，外部威胁也影响经济发展，因为国家要增加保证国家安全的实际成本和机会成本。[②] 所以如果好的邻国会促进、支持民主的产生及巩固，那么，好的邻国能在多大限度影响民主带来的和平？答案是从完全到零，大部分可能性是在中间。

奥托·辛泽（Otto Hintze）提出，国家内部政治结构会受到外部因素的高度影响，这种影响造成了一个选择过程，解释了为什么某些国家变成了民主国家而另一些国家却没有。诸如20世纪初的英美之所以能产生具有古典益格鲁—美利坚自由主义传统的国家政治结构，是因为不存在需要强大政府机器基于安全目的而调动资源的近在眼前的外部威胁。相反，那些处于高度外部威胁环境里的国家之所以比较可能选择国家主义乃至集权主义结构，恰

---

① Patrick James, Eric Solberg and Murray Wolfson, "An Identified Systemic Model of the Democracy-Peace Nexus," *Defense and Peace Economics*, Vol. 10, No. 1, 1999, pp. 1 – 37.

② Rasler, Karen and William R. Thompson, *Puzzles of the Democratic Peace: Theory, Geopolitics, and the Transformation of World Politics*, 2005, p. 8.

恰是因为国家安全的利害需要一个强有力的调动国家权力资源的
工具。一个国家所面对的外部威胁越大,它的外交决策过程越专
制,它的政治结构则越中央集权化。①

四　对民主输出的辩解

美国政界和学界有许多人都是推广民主的狂热者。他们在维
护美国民主理想和价值观方面表现得非常激进。著名学者弗朗西
斯·福山预言将出现一个人类社会共同的发展模式,人类的历史
将是一部"以自由民主为指向的人类统一的世界史"②。萨缪尔·
亨廷顿认为,"人类今后最大的分歧及冲突将主要来源于不同文明
的歧义,不同文明的对立与斗争将主宰世界格局"。他呼吁西方国
家"提倡实力、凝聚力和它在一个文明世界的文明持久力","保
护和扩大他们共同持有的利益、价值和文化"。③

1967 年,美国众议员但丁·福赛尔提议创立国际研究交流协
会,他认为在美苏意识形态斗争中应该建立一个机构向苏联输出
美国的民主思想。"单边主义"推行者和"新保守主义者"沃尔福
威茨是输出美式民主的积极鼓吹者。他在 20 世纪 80 年代里根政府
时期担任过美国驻印度尼西亚大使。当时他常常在公众集会上回
答提问并公开宣扬政治开放和民主价值。2005 年美国加州民主党
籍众议员蓝托斯和弗吉尼亚州共和党籍众议员沃尔夫共同起草、
推动了一项议案,在美国国务院成立专门的办公机构,以推行布
什总统的政策,在世界范围内传播民主,结束暴政。该项议案还
要求时任美国国务卿赖斯每年公布世界民主进程的报告。蓝托斯
和沃尔夫是美国国会人权委员会的共同主席。蓝托斯的发言人表
示,国务院设立的民主运动与转型办公室将与各个国家的民主运
动接触,宣扬民主是美国外交政策的基本价值观。2014 年,美国
众议院外交委员会主席罗伊斯提出了一个 4490 法案,希望通过加

---

① *International Security*, Vol. 19, No. 2, Fall 1994, pp. 44 – 45.
② Francis Fukuyama, *The End of History and the Last Man*, New York: Random House Inc. , 1992.
③ Samuel Huntington, "The Clash of Civilization," *Foreign Affairs*, 1993, p. 22.

强美国思想的国际传播来支持公共外交。其中包括以各种主要方言对中国进行广播，目的让中国人民特别是年轻一代能够了解民主政治的多元化、包容和人权等。

在对民主和平论进行充分论证的同时，一些学者包括政治家也为民主输出寻找理由。关于民主输出的理由大体可以分为两大类。第一类理由的重点是，民主输出对美国有什么好处，或曰，美国为什么要搞民主输出。要想说服美国民众支持民主输出找出些理由是非常必要的。这类理由往往反映了美国进行民主输出的真实动机。其中有些理由是政府内部的默契，对外轻易不说。后面将专门用一节来讨论这个问题。第二类理由是说给美国人以外的其他国家人听的，特别是那些美国民主输出的对象国人民。这种广告宣传式的理由是这里要重点讨论的问题。其主要内容如下。

（一）民主比任何其他制度更优越

许多美国人强调，美国之所以要搞民主输出，是因为民主制度优于其他政治制度，和其他政治制度相比，民主制度有更大的先进性。美国人认为其民主制度作为政治上层建筑为美国发展提供了适宜的政治和社会环境。它不但极大地促进了美国先进科学技术和社会生产力的发展，而且它还不断对生产关系和全部社会关系进行变革，为生产力的更大发展提供了广阔的空间。从建国开始，美国没有发生过激烈的社会动荡，政治的良好记录使美国深信美国的民主制度是人类"发现"的唯一合理的政治形式。因此，其民主制度理应成为全球政府模范的标杆和榜样。美国人认为自己在民主政府下生活质量很高。民主国家的居民与非民主国家的居民相比，享有更大的个人自由。美国人非常看重个人自由和权利，因此推断世界其他国家人民也一定会渴望这种自由和权利。弗朗西斯·福山认为，西方式的自由民主将成为"人类意识形态演化的终点和最后的管理形式"，由此人类将走向"历史的终结"，整个国际关系正在"共同市场化"。① 美国胡佛研究所资深

---

① Fukuyama, "The End of History?" *National Interest*, No. 16, Summer 1989, pp. 3 – 18; *The End of History and the Last Man*, Free Press, N. Y., 1992.

研究员迈克尔·麦克福尔对所谓"普世民主"持乐观态度。他认为："于今作为国际行为准则的民主比以往任何时候都要强势，而民主本身被广泛视为一种理想的政府制度。民主也在全世界分属不同族群、宗教和地区的人们当中有着几乎无所不在的吸引力。""作为一种外交政策目标，促进民主已经越来越为国际社会中的大多数成员所接受。"①

（二）输出民主是道德上的需要

一些美国学者、政客认为输出民主是美国出于其崇高道义和理想的利他行为而应尽的义务与责任。它合乎正义。输出民主在美国有着深厚的历史文化根源。美国自认为是"世界灯塔"和"山巅之城"，担负着拯救全世界的特殊使命。美国信条的核心就是推崇个人自由、民主、人权及保障这些权利和自由的制度。他们认为美国输出民主有利于世界和平和福祉，世界其他国家应欢迎、接受甚至感激美国的民主输出。除了理想主义的利他成分，这种善意动机还包括美国认为自由民主的全球传播有助于全人类从专制和愚昧中解放出来。

（三）民主输出有利于消除暴政

纳坦·夏兰斯基在其所著的《论民主——以自由的力量征服暴政和恐怖》（*The Case for Democracy：The Power of Freedom to Overcome Tyranny and Terror*）一书中强调了三大观点：第一，必须在世界上消灭强权政治；第二，民主是反侵略行径的最大保险和保证；第三，世界已真正分化为善良与邪恶。夏兰斯基表示，民主可以消除中东的"暴政"。他承认向中东国家输出民主将面临传统、文化和宗教等方面的障碍，但坚信输出民主的目标仍可实现。② 这正是布什的想法。因此，布什在第二任期就职演说和国情咨文中，也重点吸取了该书的一些观点。

---

① Michael McFaul, "Democracy Promotion as a World Value," *The Washington Quarterly*, Winter, 2004–05, p. 148.
② Natan Sharansky, Ron Dermer, *The Case for Democracy：The Power of Freedom to Overcome Tyranny and Terror*, New York：Public Affairs, 2004.

（四）民主输出有利于维持世界和平

新保守派乔舒亚·穆拉夫切克 1991 年出版了一本题为《民主输出：完成美国的天赋使命》的著作，其中说道：冷战结束改变了美国继续传播民主的方式，军事占领和秘密行动是传播民主的高效方式，但是他们是战争和冷战的副产品。促进民主事业可以成为最为有效的美国外交政策，不仅在道义上如此，而且从美国利益来说也是如此，因为世界上的民主国家越多，美国所处的环境就越好，世界上民主国家越多，世界就越趋于和平。[①]

（五）民主政权较善良

一些学者声称民主国家不太可能对本国人民使用暴力。民主国家的公民一般不大可能遭受暴力而死在本国政府的屠刀下。美国政治学家罗伯特·达尔在《论民主》一书中提出：民主有助于防止残酷统治和凶残的独裁者；保障公民一系列根本权利；确保更为广泛的个人自由，激励人的发展；培育更高水平的政治平等；促进和平，导致繁荣；等等。鲁梅尔发现民主国家在 1900 年到 1987 年只有 0.14%（平均）的人口死于内部暴力。独裁政权和极权政权的相应数字分别为 0.59% 和 1.48%。[②] 鲁梅尔也承认，尽管民主国家几乎从来没有大规模屠杀本国公民，但他们在战时杀戮了很多外国平民。美国和英国对德国及美国对日本的轰炸，就是明显的例子。[③] 民主国家不会对自己的人民施加暴力的原因非常明显：民主国家的领袖是由本国人民选举出来的。如果政权屠杀本国人民，就很难指望以后当选。而且民主政府不需要屠杀反对自己的人，可以通过常规程序解决分歧。[④]

---

① Joshua Muravchik, *Exporting Democracy: Fulfilling America's Destiny*, Washington, D. C. : AEI Press, 1991, p. 221.

② R. J. Rummel, *Power Kills: Democracy as a Method of Nonviolence*, New Brunswick, N. J. : Transaction Books, 1997, pp. 87 – 88.

③ Rudolph J. Rummel, "Power, Genocide, and Mass Murder," *Journal of Peace Research*, Vol. 31, No. 1, February 1994, pp. 1 – 10.

④ Samuel Huntington, *The Third Wave: Democratization in the Late Twentieth Century*, Norman: University of Oklahoma Press, 1991, pp. 28 – 29.

（六）民主制度会带来经济发展

其他国家被告诫说，接受美国的民主输出有一个重要的理由是它们成为民主国家以后经济发展得会更好。民主国家往往在很长一段时间内经济持续发展，因此民主体制下的人民可能获得更大的经济利益。民主并不必然迎来繁荣，但一些观察家声称，与"繁荣"密切相关是民主的一个"突出优点"。① 曼瑟尔·奥尔森指出："所有稳定的民主国家跨越几代人经济上一直强劲，这绝非偶然。"② 相反，专制政权往往很难有令人印象深刻的经济表现。奥尔森指出："历史表明，当相对贫穷的国家碰巧有一个强有力独裁者并碰巧实行了良好的经济政策时经济也可以高速增长，但这样的增长通常只能维持一两个独裁者的统治跨度。"③ 苏联经济曾经有过一段高速增长时期，但无法持续，结果经济崩溃，最终导致国家解体。大多数西方经济专家对中国能否永远保持快速经济增长持怀疑态度。经济学家贾格迪什·巴格沃蒂认为："没有人可以长期保持这样的增长率。中国迟早将不得不重返人类。"④

为什么民主国家比专制国家经济上有更好的表现呢？学者们给出了一些原因。民主国家尤其是自由主义的民主国家基本上实行的是市场经济，如美国、西欧、日本、东南亚的四小龙等国家和地区。有研究表明，国家的民主自由程度与经济表现之间有直接联系。自由之家对 80 个国家进行了自由度和经济表现的评估。结果发现，1995～1996 年，世界经济 81% 的增长来自被评为"自由"的国家，虽然他们只占世界人口的17%。⑤ 美国传统基金会的一项研究发现，1980～1993 年，"自由"国家的实际人均国内生产总值增长率为 2.88%（以购买力平价计算），"较自由"的国家增

---

① "The Politics of Peace," *Economist*, April 1, 1995, p. 18.
② Mancur Olson, "Dictatorship, Democracy, and Development," *American Political Science Review*, Vol. 87, No. 3, September 1993, pp. 572–573.
③ Mancur Olson, "Dictatorship, Democracy, and Development," p. 572.
④ Barbara Crosette, "The 21st Century Belongs to…," *New York Times*, October 19, 1997, Week in Review section, p. 3.
⑤ Joshua Gordon, "Asian Growth Needs Democracy," *Wall Street Journal*, Interactive Edition, August 12, 1996.

长率为 0.97%，"不太自由"的国家增长率为 - 0.32%，而"压抑"国家的增长率为 -1.44%。① 美国前联邦储备委员会主席艾伦·格林斯潘说过："自由市场机制离不开权利法案，离不开一个公正的司法体系以便对规则强制执行。"② 也就是说，要想经济在自由市场的基础上持续发展，必须要保持一个稳定的经自由和公平选举产生的政府，从而维护自由主义经济发展的基本原则。曼瑟尔·奥尔森指出："经济发展所需要的是持久的民主，包括公平的司法体系和对个人合法权益和财产的保护和尊重。"③

一些民主国家，如菲律宾、希腊等，经济表现并不好。但一般来讲，学者对这些国家采取了避开的态度。

（七）民主国家很少发生饥荒

经济学家阿马蒂亚·森指出："历史事实表明，没有哪一个民主国家和新闻相对自由的国家发生过实质性的饥荒。"④ 许多不民主的国家在近几十年都经历过严重的饥荒。民主国家不会出现饥荒首先是因为政府有责任防止大规模饥荒，否则将难以向公众交代，从而影响政府的连任。而极权和专制政权不需要对公众负责，即使发生饥荒，政府也不用担心会因此付出政治代价。其次，民主国家媒体和信息的自由性较好，可提早为政府提供信息，事实上成了防止饥荒的早期预警系统。印度独立前后的情况表明，民主法治是防止饥荒的一个关键因素。1947 年独立之前印度饱受饥荒的困扰。成为独立和民主国家以后，该国在 1968 年、1973 年、1979 年、1987 年虽因严重的农作物歉收导致粮食短缺，但并没有严重到发生饥荒的程度。⑤

总而言之，对一个不民主的国家来讲，民主有其先进性、优

---

①　Kim R. Holmes and Melanie Kirkpatrick, " Freedom and Growth," *Wall Street Journal*, Interactive Edition, December 16, 1996.

②　Fareed Zakaria, "The Rise of Illiberal Democracy," p. 34.

③　Mancur Olson, "Dictatorship, Democracy, and Development," p. 572.

④　Amartya Sen, "Freedoms and Needs," *The New Republic*, January 10 and 17, 1994, p. 34.

⑤　Amartya Sen, "Freedoms and Needs," *The New Republic*, January 10 and 17, 1994, p. 34.

越性。美国鼓吹自己是个道德高尚、慷慨大方的国家。既然发现优于其他制度的民主制度，就希望推广以便世界其他国家分享。所以美国无法理解为何有些国家会不接受民主制度。

第二节　美国鼓吹两论的实际动机

民主和平论引发的民主输出论被认为是美国外交政策乃至国家战略的重要组成部分、美国对外政策的基石、美国外交的最优先议程。那么，美国为何热衷于向世界输出民主？是为了前面提到的促进别国民主，还是为维护自身利益？美国鼓吹两论的真实动机到底是什么？

前面已经谈到不少美国人认为应该搞民主输出的理由，这些大都是善意的动机，是可以公开宣扬的。不过也有不少人认为，上述善意的动机说辞只是表面现象。作为美国民主输出对象国的俄罗斯和中国更是有很多人对美国的动机持怀疑态度。他们认为，美国鼓吹两论绝非如其所说的那样是在为人类造福，而是另有打算。这类打算通常不会出现在美国关于两论的公开表述之中。有学者指出，按现实主义鼻祖摩根索的逻辑，今天美国的民主输出政策完全是为了自己。最终都是为了自己国家的利益。当然，摩根索认为利己也并无不妥，不能说只有利他才是道德行为。因为"采取成功的政治行为本身就是基于国家生存的道德"。[1] 即使是理想主义者也不是不重视利益，而是有自己的方法。威尔逊总统说过："在追逐利益方面，我们和全世界没什么两样。"[2] 因此，即使美国在民主输出问题上另有自私的打算也是正常的。

所以，输出民主固然能在美国白人文化中找到它的痕迹，但当这种价值取向在外交中与美国的实际利益结合在一起时，就完

---

① 汉斯·摩根索等：《国家间政治：寻求权力与和平的斗争》，中国人民公安大学出版社，1990，第16页。

② "Democracy and Efficiency," *Atlantic Monthly*, LXXXII（March 1901）.

全转变成实现美国政治、经济、安全等利益的一种有效手段。① 概括起来讲，美国输出民主背后不大愿意表明的真实动机大体包括以下几个方面。这些方面大体是中国学者自行分析总结的结果。

一　维护美国霸权地位

美国民主输出最重要的目的之一就是通过民主输出改变整个世界的政治结构，使之向有利于美国的方向发展，从而维持冷战后美国超级霸权的地位。对中国学者来讲，这个结论是普遍适用的。换句话说，对很多中国人来讲，美国政府所做的一切都是为了维持其霸主地位。

改变国际体系有两种方法。一种是靠硬实力强行推进美国的国家利益。另一种则是在维持加强硬实力的同时利用所谓"软实力"。在世界逐渐向多极发展的总趋势下，美国虽然保持着世界霸主的地位，但其独自行动能力已不如从前，因此，必须利用一切可以利用的力量。约瑟夫·奈指出："当前的时代是一个国际事务受软权力影响越来越大的时代。如果一国的文化和意识形态有吸引力，则其他国家会更愿追随其领导。"首倡人权外交的美国前总统卡特就说过："什么时候道德和保卫自由民主的决心在我们的外交政策中得到最为明确的强调，什么时候我们的国家就最为强大而有效。"② 美国的民主制度和民主文化当然是美国意识形态的重要组成部分。布热津斯基说过，"美国文化……有无比的吸引力"③，因此必须加以充分利用。美国前副国务卿劳伦斯·伊格尔伯格明确将自由与民主视作美国版"世界新秩序"的"两大支柱"。④ 总之，美国民主输出对世界形成了一股强大冲击波，这些因素对美国实力具有加权作用，

---

① 王晓德：《试论冷战后美国对外"输出民主"战略》，《世界经济与政治》1995
　　年第 12 期，第 48～49 页。

② 〔美〕吉米·卡特：《忠于信仰》，新华出版社，1985，第 166 页。

③ Joseph Nye Jr. , "Soft Power," *Foreign Affairs*, 1990, pp. 168 - 170.

④ "New World Order: Democracy, Freedom From Aggression," USIA Wireless Specil
　　File, March 1, 1991, p. 14.

美国如果能充分地利用这些有利因素，就可以继续领导世界。①

具体来讲，民主输出逻辑上的直接结果是独裁的减少。美国认为，民主国家越多，亲美势力越浓，美国霸权越稳定。美国前国家安全事务助理莱克指出："民主共同体的扩大符合美国的深远利益，因为民主力量越大，我们就越是安全和繁荣。"② 为此，美国希望把一些非民主国家扼杀在摇篮里，也就是鼓励这些国家通过民主化改朝换代。随着民主国家不断增加，不民主国家内的民主化压力就会不断增强。这些压力有可能体现在民主国家外交政策实践中，也有可能体现在它们创建和控制的国际制度中。国家与体系的螺旋式逆转效应就会发生。

民主输出还可以有效地增加美国盟国的数量。斯皮罗发现，民主国家有强烈的结盟倾向。冷战后，美国虽然成了唯一的超级大国，但力量远远不够。美国必须依靠其他盟国的帮助。只有向其他国家移植美国式的民主，这些国家才能成为美国可靠的战略小兄弟、盟友或合作伙伴，从而实现美国统治下的和平。多伊尔说过，大国如果在自己周边创建了一个能与其和谐共存的政权，就会容易对这个政权施加压力或与它进行合作。资本主义制度的国家一直就是这么做的，尤其是冷战后的美国。③

所以，美国输出民主绝非像它表面上说得那样是一种无私的利他行为。西方著名学者奥奴弗和皮内德一针见血地指出，美国民主输出战略其实是新形势下的帝国主义行径，其目的完全是维护或加强美国在现有国际体系中的权力或特权，使原本就不平等、不公平的国际社会体系进一步向美国利益的方向倾斜。

---

① Joseph Nye Jr., "The Changing Nature of World Order," *Political Science Quarterly*, 1990, pp. 181 – 182.

② Margot Light, "Exporting Democracy," in Karen E. Smith and Margot Light, eds., *Ethics and Foreign Policy*, Cambridge University Press, 2001, p. 85.

③ First Report of the Empire and Democracy Project by the Carnegie Council on Ethics and International Affairs: *Multilateral Strategies to Promote Democracy*, New York: Carnegie Council, 2003, p. 38.

二　瓦解强大对手苏联

20 世纪 70～80 年代，尽管美国同苏联相比在力量上的优势渐渐消失，但为了维护美国国家利益、成为世界上唯一的超级大国，美国想要瓦解苏联的目标更加明确。苏联军事力量不断增长，美国逐渐感到其本土安全开始受到威胁。由于在军事上继续与苏联对抗代价太大，美国开始另辟蹊径，即试图通过文化、价值观、制度、意识形态等的输出瓦解苏联。

为此，美国政府和民间基金会出资建立了一系列智库，并展开一系列对苏项目。其中最重要的机构是所谓国际研究交流协会（IREX）。冷战中，国际研究交流协会是美国规模最大的智库之一。该智库从美国政府（包括国务院、国防部等）直接领取资金，此外还从多达 60 多个基金会或其他机构及个人处获取赞助金。该机构的主要领导人和工作人员大都具有苏联问题或东欧问题背景。如波兰裔的马图祖夫斯基长期担任该协会的主席。绝大多数工作人员以俄语为工作语言。由于有了强大的预算，该协会可以同时开展大规模的对苏项目。

国际研究交流协会主要做法包括以下几个方面。一是邀请大量苏联学者和政客访问美国。协会每年为一大批年轻学者提供奖学金，使他们能够来美国进入各个大学深造。当然，所选的学者全部经过精心挑选。大多数是已经在苏联各个关键部门的关键岗位上工作的年轻人。而所学课程也都是政治学、经济学、安全军事等方面的文科课程。美国认为，让苏联的青年精英了解美国，了解民主思想和制度非常重要。美国对自己的民主制度非常自信，认为只要这些年轻人接触到美国的民主，通过把在美国学到的东西和共产主义进行比较，就会明白孰优孰劣，从而成为未来的亲美派。

二是邀请苏联著名学者访美进修和讲学。费用全部由美方提供。除了提供往返机票和食宿费用以外，美方还经常为来访学者提供高额演讲费。由于苏联当时的学者收入有限，被邀请访美等于发了一次小财，因此候选者非常踊跃。后来苏联出现的一批不同政见者中有许多都是到美国高访过的专家、学者。这些人为苏联社会带来了西方的理念，特别是民主思想。

三是向苏联派出大批美国学者。表面上是进行学术交流，其实骨子里是宣传美国的民主思想。

四是利用各种媒体包括无线电广播、书籍、杂志等宣传美国的民主思想和自由理念。美国民主精神在苏联的传播为苏联最终倒台打下了基础。莫斯科市政府的前民主派领导人伊拉·萨斯拉夫斯基（Ilya Zaslavsky）承认说苏联经济改革创始人不是戈尔巴乔夫而是里根。美国对苏联的民主输出将在后面美国民主输出后果一章再详加论述。

三　遏制潜在对手中国

中国自改革开放以来，经济发展取得巨大成就，国际影响力不断提升，美国逐渐感到其在亚太地区受到中国的威胁和挑战。中国现代国际关系研究院前院长崔立如说过："西方对中国崛起的担心已经延续了近20年。20世纪90年代，'中国崛起'还只是个预言。美国享受着冷战后的'和平红利'，霸权地位进一步加强，华盛顿有一些人大谈'中国威胁'为的是树立一个替代苏联的敌人。……进入21世纪，美国新保守派的代表人物主导外交政策，决心要打造新世纪的'美利坚帝国'。中国经济持续高速增长，崛起初见端倪，一时被华盛顿的鹰派视为要遏制的主要潜在敌人。"[1]人民大学国际关系学院的金灿荣也在采访中提到："仅就经济规模而言，外部世界，尤其是美国对于中国的崛起必然会有非常强烈的反应，无论是主观上的还是客观上。"[2] 美国学者诺姆·乔姆斯基认为："美国总是有一种意识形态的攻势，这种攻势是先树立一

---

[1]　崔立如：《中国和平崛起与国际秩序演变》，《现代国际关系》2008年第1期，第2页。

[2]　段皓文：《中国崛起背景下的中美关系——专访中国人民大学国际关系学院副院长金灿荣教授》，《领导文萃》2012年第11期，第12页。

个幻想出来的恶魔，然后对他发动进攻，将它粉碎。"① 从历史上看，在对别国，特别是对那些美国人眼里的非西方国家采取军事干涉时，一些美国人总是习惯于通过对后者的"妖魔化"以寻求一种伦理和道德上的合法性。综观美国历史，无论是在"文明"旗号下对"野蛮"的印第安人的种族灭绝以及在上述旗号下对"低等"的亚洲菲律宾人的血腥殖民镇压，还是历史上对拉美地区的借"民主"之名而行统治之实，都证明了美国式民主的暴力和压制。②

冷战中，美国对中国主要是通过军事手段进行围堵和遏制。为此，美国在中国周边部署了所谓新月形包围圈，北起日本，经中国台湾、菲律宾、印尼、南越，直到南亚。美国在这些地区部署了强大的军事力量，包括在上述地区的驻军和海军力量。此外，美国利用各种国际机制对中国的技术和经济发展进行限制和管制。企图通过围堵扼杀中国。冷战后，中国的崛起被视为是对美国的新的威胁。为此，在美国，所谓"中国威胁论"逐渐盛行。美国认为中国的专制制度是"中国威胁论"的核心。因此，"中国威胁论"成为美国向中国输出民主的重要理由。"中国威胁论"的始作俑者伯恩斯坦和芒罗说："美国的目标不是一个贫弱的中国；它是一个稳定而民主的中国，那就不会打乱亚洲的权力平衡，并且可以在贸易与防止武器扩散的事务中发挥作用。唯一最重要的变化就是一下子消除了与美国发生冲突的紧张局面；对中国而言，就是走向世界的民主潮流。只要北京对自己人民的需求做出敏捷的反应，只要其追求的政策被切实地监察与讨论，中国对其他国家的利益就会少一些威胁。我们并不是要所有的敌对情绪消失，而是想着民主的国家在产生相互的摩擦时通常能够尊重本国人民不愿打仗的意愿。"③

所谓"走向世界民主潮流"，就是西方世界倡导的朝向自由民

① 〔美〕诺姆·乔姆斯基著《新自由主义和全球秩序》，徐海铭、季海宏译，江苏人民出版社，2001，第204页。
② 施爱国：《"民主和平论"剖析》，《现代国际关系》2002年第9期，第2页。
③ Richard Bernstein and Ross H. Munro, *The Coming Conflict with China*, New York: Alfred A. Knope, 1997, p. 204.

主的政治转型。伯恩斯坦和芒罗认为，过紧控制的权威主义不能维持自由市场的资本主义体系，他们希望中国能在某一天接受"已经成为全球规则的西式自由民主，它加强了该政权的抵制能力，使其能够运用来自经济改革的财富和权力缓解政治变革与外国压力"[①]。美国希望利用民主、人权的软武器，强化对中国的民主输出，引导中国朝着美国心目中的方向发展。

为了遏制中国这个潜在对手，扩大美国社会制度、文化等方面的在华影响，美国采取了如下做法。

第一，美国利用各种非政府组织、半官方机构、智库和基金会为中国年轻学者提供赴美学习的机会。美中交流全国委员会、美中国际关系委员会、福特基金会、富布莱特基金会等一大批美国非政府机构为中国政府各个关键部门的青年学者提供了赴美学习，获取硕士、博士学位的机会。

第二，扩大中美学术交流。除了青年学者，美国对中国成年专家学者也十分重视。美国各个大学和基金会为中国有些名气的学者提供了大量访美进修和学术交流的机会。后来的事实表明，这部分学者中有一些人确实改变了自己对民主的看法，在中国鼓吹西式民主。

第三，利用各种半官方机构和非政府组织设立与民主自由有关的项目。美国国家民主基金会是这类组织的先锋。

第四，打着民主自由的旗号支持中国的"东突"分裂势力、达赖集团分裂势力、内蒙分裂势力。

第五，打造独立工会、支持独立新闻媒体、支持各类民间组织。美国对中国的民主输出不止限于政治领域，其他领域例如艾滋病人群、妇女、青年、下岗民众等弱势群体都是美国紧盯的目标。

以上只是略微罗列了一些领域。美国对中国的民主输出将在后面美国民主输出机构一章另外详加论述。

---

① Richard Bernstein and Ross H. Munro, *The Coming Conflict with China*, New York: Alfred A. Knope, 1997, p. 101.

实践表明，美国对中国的民主输出力度非常大，范围广泛，资金投入庞大，效果显著。许多美国政客对中国民主输出的最终目标是把中国搞乱，最好使中国频繁发生 1989 年政治风波，最终走苏联解体的老路，从而使美国失去一个重要的竞争对手。对美国的中国民主输出战略，必须加以重视，绝对不能掉以轻心，否则难免步苏联之后尘。

四 控制战略要地

美国民主输出的另一重要目的与其维护在世界战略要地的利益息息相关。有人说，威尔逊时代也进行民主推广，但其动机不好分辨。因为威尔逊向全世界推广民主过程中对推广的国家没有做出明确区分。但现代版的美国民主输出完全不同。例如布什政府的民主输出在国别上有非常明确的选择。他所关心的国家都是与美国国家利益生死攸关、有战略需要的地区。这就明显地可以看出美国的真实意图。显然，美国的民主输出有深刻的地缘政治考虑。例如，中东地区因其资源和地理位置的重要性一直是大国争夺的重要地区。"二战"前，由于美国孤立主义思潮及有限的实力，美国对中东的影响很有限。"二战"后，美国与苏联在中东地区展开了激烈争夺，争相培养和扶植在这一地区的代理人。美国很快取代了英国、法国在这些地区的影响。冷战结束后，美国加大了对中东争夺的力度。同时也改变了争夺的手法。美国期望用民主改造中东。一方面，美国通过军事占领强行推行民主。另一方面，美国通过民主输出扶持亲美势力，为美国控制这一地区的战略目标打下基础。从前些年的"颜色革命"到近年来的"阿拉伯之春"，美国在"支持民主"的旗号下推波助澜，既有表面上的摇旗呐喊，也有暗地里的倾力相助，甚至公开动用武力支持反对派推翻政府。

东欧也是美国民主输出的重点。苏联解体以后，美国主导北约向东部扩张，不断蚕食原苏联的势力范围。随着一个个东欧和独联体国家变成民主国家并加入北约，美国已经将军事控制线推进到俄罗斯的门口。此后，美国在独联体国家推进所谓"颜色革命"。美国妄图巩固在这些国家取得的成功，使这些国家民主成色加深，进一步收紧束缚俄罗斯的绳索。美国这一系列行动已经把俄罗斯推到绝路。最近的乌克兰危机可以看作是俄罗斯的反击。

中国的周边也是美国重视的重要地缘战略地带。冷战中，美国为了遏制中国，在中国的周边建立了所谓新月形包围圈。反恐战争告一段落以后，美国开始战略东移，重新打造遏制中国的包围圈。打造新的包围圈的手段之一就是在中国周边输出民主，培养亲美实力，使中国逐渐被孤立。与冷战中新月形的"半个"包围圈不同，这次美国打造的是一个完整的包围圈。除了冷战中的原有伙伴以外，美国大力扶植缅甸和泰国的民主势力，在伊拉克、阿富汗建立民主政权，积极在中亚扶植民主势力，同时推动蒙古国向民主国家方向发展。美国这一系列行动已经把中国完全包围。其下一步行动就是把地缘包围圈一步步缩紧。

五 打击恐怖主义

"9·11"事件以后，美国认识到恐怖主义的威胁才是美国必须首先面对的。为此，美国通过阿富汗战争和伊拉克战争迅速取得了在这一地区的主导地位，而后希望在这两个国家建立和美国几乎完全类似的民主制度。美国试图通过宣传美国的思想文化抵御伊斯兰极端思想，从思想上根除恐怖主义。

"9·11"事件后，以新保守主义"预言家"纽特·金里奇为首的新保守派就曾要求布什迫使世界上所有国家做出一个简单选择：支持美国还是支持恐怖主义。"9·11"事件的发生是一个转折点，布什政府2002年抛出了大力推进反恐战争、制止毁灭性武器扩散、先发制人以及推行提升中东民主的一系列外交政策。①

2001年10月，美国发动阿富汗战争，理由是当时塔利班政权控制阿富汗大部分地区，且庇护发动"9·11"事件的"基地"恐怖组织。美国军事和阿富汗当地反抗塔利班的"北方联盟"军队

---

① 潘锐：《冷战后的美国外交政策——从老布什到小布什》，时事出版社，2004，第358页。

共同推翻了塔利班政权。

2003 年 3 月，以美国、英国军队为主的多国部队发动伊拉克战争。美国开战的理由是萨达姆政权拥有大规模杀伤性武器及伊拉克政府践踏人权的行径。美国希望通过这场战争销毁伊拉克境内的大规模杀伤性武器及恐怖分子、建立自治政府、提供人道主义援助。

此前，美国新保守派给布什总统写信要求美国通过武力民主改造伊拉克实现其具有最重要战略意义的目标。[①] 布什政府的目的是希望通过发动阿富汗和伊拉克战争，向两国输出美国式民主，并在中东树立样板，起到榜样作用。

六 谋求经济利益

随着以自由市场经济为主要动力的经济全球化的加速发展，美国更加注重在全世界推广美国式的民主，以谋求更大的经济利益。对利润的追求是美国输出民主的强大动力。美国在掠夺国外市场方面，由于殖民地基本被瓜分完毕，于是美国采取的办法主要不是抢占殖民地，而是采取制度输出的办法，直接从经济上、政治上把一些国家变成自己本土的延伸。民主其实是美国谋取经济利益的外衣。[②] 输出民主有利于美国占领海外市场。通过输出民主在海外建立同美国国内相同或相近的自由企业制度，美国就可以通过自由投资方式占领技术、资本和商品市场。通过输出民主在其他国家建立与资本主义市场经济相适应的法律、制度等为美国海外投资提供政治、法律和制度的保护。输出民主可以在其他国家扶持亲美的政治代理人上台，可以为美国进入该国市场攫取特殊优惠条件。通过输出民主，也在一定程度上有助于其他国家改善政治治理结构，促进资本主义发展，中产阶级出现和国内市场扩大，为美国提供更大的资本投资和商品销售市场。[③]

---

① *Foreign Policy in Focus*，March 24，2003.

② 罗会钧：《美国输出民主的理论逻辑及其实质》，《高校理论战线》2010 年第 11 期，第 56 页。

③ 罗艳华等：《美国输出民主的历史与现实》，世界知识出版社，2009，第 37 ~ 38 页。

美国打着"人权""反恐""大规模杀伤性武器"等旗帜对伊拉克进行的军事行动至今也没有提供合法化依据，而美国在占领伊拉克后却迫不及待地将石油销售的结算货币由欧元换成美元，确保美元与石油的直接挂钩。有学者指出，美国不是为了制止核扩散、保护当地人权、推广民主，而是为了保卫美元、争夺油资源。

七 干预他国内政

美国民主输出的真实动机其中还包括干涉他国内政。美国将美式民主奉为普世价值，竭力将其推广到世界各地，其中在东欧等地推行的"颜色革命"、在中东推行的"大中东民主计划"，结果往往没有在当地建立民主政权，而是让这些国家陷入经济发展低潮甚至动荡之中。有的还削弱了当地政府的执政力、领导力。可见民主输出这个冠冕堂皇的理由其实都是美国干涉他国内政的借口。

有美国学者认为"民主和平论"只不过是被用来证明西方政治制度比其他制度更为优越，用来掩盖西方特别是美国外交政策在"民主"的名义下所犯下的罪行。有人提出，如果西方的民主制度真的具有制约对外使用武力的作用的话，那么为什么它不体现在民主国家和其他非民主国家的关系上呢？结论只能是民主国家并不对非民主国家采取平等的态度，而是将其视为"异类"。① 还有美国学者提出美国所谓民主到底是"谁的民主?"他指出，世界各国社会和文化是多样的，"没有历史的和理论上的证据显示更民主的国家比别的国家真正地更尊重国际正义"。冷战后的今天，西方的"普世民主"论其实是以美国为首的一部分西方国家实现霸权和干预非西方国家内政的工具。②

---

① Mary Caprioli, "Why Democracy?" in John T. Rourke, ed., *Taking Sides*: *Clashing Views on Controversial Issues in World Politics*, Eighth edition, Guiford, Connecticut, The Dushkin Publishing Group, Inc., pp. 255 - 263.

② Daniele Archibugi, "Cosmolitical Democracy," *New Left Review*, July/August 2000, pp. 137 - 150.

　　大卫·钱德勒指出，冷战后，美国在"民主"和"国际正义"旗号下所奉行的"新干涉主义"外交政策是西方在国际关系中对公认的国家主权平等原则的践踏以及强者对弱者命运的统治与主宰。① 阿克布基在驳斥了"民主能带来和平"的观点后也指出："悲哀的是，民主的历史留下了侵略的伤疤，殖民主义的历史表明了英国、法国和美国——后两者是以宣称尊重人权而著称的——当它们在自己的国界内日益严格地遵守上述原则的时候，在践踏印度人、北非人或土著美国人的人权时并没有丝毫犹豫。"

　　通过以上的简单分析可以看出，美国的民主输出有很强的实用主义色彩。"美国、英国和法国——这些自夸有着长久的自由、民主传统的工业国家——并不能掩盖它们在国际领域中保卫它们自己利益的事实。"冷战后西方"普世民主"旗号下所奉行的"人道主义干预"政策实际上只不过是古老的"战争丛林法则"的延续。②

---

① David Chandler, "International Justice," *New Left Review*, November/December 2000, pp. 24 – 37.

② Daniele Archibugi, "Cosmolitical Democracy," *New Left Review*, July/August 2000, pp. 137 – 150.

第三章　美国政府民主输出的
战略设想及手段

　　美国虽然很早就有向外界输出其思想和制度的想法，但作为国家政策来执行，冷战结束后才开始。美国的民主输出战略的形成和发展经历了几个阶段。大体上讲，可以分为准备阶段、起步阶段、高峰阶段和反思阶段。这些阶段和当时的国际形势及美国的国家利益有非常密切的关系。

第一节　美国民主输出政策的准备阶段

　　在冷战结束前的美国各届政府时期都可以找到与民主输出有关联的思想和政策。这些思想和政策通常比较零散，很多都是个案，基本没有明确打出民主输出的旗号。但这些思想和政策实践与美国日后的民主输出政策有密切的关系。思想上是传承的，手段上是相通的。美国冷战结束后的民主输出政策，正是建立在这些思想和手段之上的。

　　向外输出美国制度在门罗总统时代就初露端倪。门罗主义的出现起因于 19 世纪 20 年代西班牙殖民地掀起的独立运动，拉美各国受西班牙起义影响逐渐开展独立运动并获巨大成功。开始美国承认拉美国家的独立地位，而普鲁士、俄国和奥地利等欧洲国家成立神圣同盟干预拉美国家的独立运动。此时英国不仅担心这些欧洲国家将西班牙殖民地占为己有，不利于其海洋霸权和贸易垄断地位的维持；而且担心美国趁机将势力范围扩大到拉美地区。于是英国和美国协力阻止欧洲国家对拉美的干涉。当时美国总统门罗 1823 年在国情咨文中表明了美国的外交政策立场，即美国所在的西半球不再对欧洲殖民主义者开放；任何欧洲国家试图在拉美建立殖民地或对美洲国家实行政治控制的企图都将被美国看作不友好的行为；美国将不介入欧洲国家事务；而欧洲也不能以任何方式干预西半球独立国家的政局。这项政策就是著名的《门罗宣言》。《门罗宣言》在维持不结盟传统的同时，向世界宣告"美洲是美洲人的美洲"，美国不能容忍欧洲国家对美洲事务进行干涉。

作为"门罗主义"的重要内容，美国非常重视输出其意识形态来影响拉美国家，寻找各种机会向拉美各国输出美国民主制度。具体做法是在这些国家组建亲美的自治政府、建立公共教育制度以便灌输美国的价值观以及输出美国的司法观念。

19世纪末，美国在拉丁美洲进行民主输出尝试的第一个目标是加勒比海地区。美国先对该地区进行军事占领，逐步扶植亲美政府，最后再输出美国民主制度。这种做法被称为"加勒比海版本"，是日后美国向全世界输出民主的模板。这次输出演练成功后，美国在"一战"前瞄准了亚洲的菲律宾，其路径与在加勒比海地区的民主输出方式如出一辙。麦金莱很形象地描述了美国的具体步骤：悬挂星条旗的正式占领、在美直接操纵下建立亲美政府、利用政府力量按美国宪法建立当地的法律和秩序、用美国制度及价值观善意地同化该国。[1]

尽管有在拉美、亚洲民主输出的实践，但直到伍德罗·威尔逊总统时期民主输出才正式出现在美国外交政策中。

威尔逊上台后对拉美继续实施了一系列干涉。如1914~1916年以军事威胁方式干涉墨西哥内政，逼迫墨西哥颁布新宪法，实现墨西哥全民普选。1914年"一战"的爆发可以说是威尔逊总统促进民主、输出民主的转折点。威尔逊在战后提出了著名的"十四点计划"，内容包括签订公开和约、杜绝秘密外交、设立国际联合机构等。[2] 其中"国际联盟"的想法最为重要。美国提出通过建

---

[1] 刘国平：《美国民主制度输出》，社会科学文献出版社，2006，第128页。

[2] Woodrow Wilson, *The World Must Be Made Safe For Every Peace-Loving Nation*: *The Fourteen Points*, January 8, 1918.

立民主国家同盟来保障世界和平，让世界为民主提供更多的安全保障。在他看来，在世界各地支持民主政府是美国在道德上的责任。美国应该在实力许可的情况下在外交上、政治上甚至是军事上干预非民主国家。威尔逊一直强调民主制度比殖民主义统治优越。他认为："美国人民有一种精神能量，这是任何其他民族都无法贡献给人类的，美国具有实现命运和拯救世界的极强的特殊素质。"① "一战"可以说是为美国民主输出提供了新的时机和条件。

1917年4月2日威尔逊在对德宣战演讲中说道：

> 世界应该让民主享有安全。世界和平应建立在政治自由历经考验的基础上。我们没有什么私利可图。我们不想要征服，不想要统治。我们不为自己索取赔偿，对我们将慷慨做出的牺牲不求物质补偿。我们只不过是为人类权利而战的斗士之一。当各国的信念和自由能确保人类权利不可侵犯之时我们将心满意足。在我们面前很可能有旷日持久的战火考验和惨重牺牲。把我们伟大、爱好和平的人民领入战争是件可怕的事。因为这场战争是有史以来最血腥最残酷的，甚至文明自身似已岌岌可危。然而权利比和平更宝贵。我们将为自己一向最珍惜的东西而战——为了民主，为人民服从权威以求在自己的政府中拥有发言权，为弱小国家的权利和自由，为自由的各国人民和谐一致共同享有权利以给所有国家带来和平与安全，使世界本身最终获得自由。为完成这样一个任务，我们可以献出我们的生命财产，献出我们自己以及我们所有的一切。②

威尔逊的思想和实践为日后美国大肆倡导和推广民主奠定了基础。正如陈乐民先生所说："重要的是威尔逊主义先于现实提出

---

① Arthur M. Schlesinger Jr., *The Cycles of American History*, Boston: Houghton Mifflin, 1986, p. 16.

② Wilson, *War Message to Congress*, April 2, 1917.

了美国外交的走向，它的影响不在当时，甚至不在二三十年内，而在于长远。"① 可以说从威尔逊总统开始，美国民主制度输出正式成为美国外交的组成部分。

此后的历任美国总统基本都继承了威尔逊思想精髓，延续了民主输出的政策。尽管在不同时期表现出不同强度和特点，但总体上美国的目的更加明确、手段更加多样、效果也更显著。其中耳熟能详的有罗斯福新政时期的民主文化输出、杜鲁门政府向德日输出民主制度、肯尼迪政府的"和平战略"、卡特政府的"人权外交"政策等。下面对这些政府的做法进行进一步梳理。

1929 年秋爆发的一场空前严重的经济危机席卷欧洲、日本等资本主义国家。美国的经济也受到严重打击。1933 年美国经济进入长时间的"特种萧条"时期。美国社会陷入严重动荡，美国政治制度也面临严峻挑战。

为应对危机，富兰克林·罗斯福以"新政"为竞选口号当选为美国第 32 任总统。"新政"的核心是三个 R，包括复兴（Recovery）、救济（Relief）和改革（Reform）。罗斯福先后整顿了金融、农业、工业等领域。到 1939 年美国基本摆脱经济危机，加强了国家资本主义，调整、巩固并发展了资本主义制度，在一定程度上重新确定了社会经济的发展方向。新政恢复了国民对美国民主制度的信心，为以后美国民主输出提供了新的保障。

1939 年第二次世界大战爆发。1941 年日本偷袭珍珠港后，美国正式对日宣战，美国正式卷入"二战"。1940 年 12 月 29 日，罗斯福总统在美国面临是否继续奉行"中立"政策的关键时刻发表演讲——《民主的兵工厂》。他在谈话中号召美国人民直接参与战争。他说："我国必须成为巨大的民主的兵工厂，对我们来说其迫切性不亚于战争本身。我们必须像亲临战争一样，以同样的决心，同样的迫切感，同样的爱国主义精神和献身精神来投身于我们的工作。"② 罗斯福对美国民主的自信可见一斑。1941 年 1 月，他发

---

① 陈乐民：《西方外交思想史》，中国社会科学出版社，1995，第 188 页。
② Franklin Roosevelt, *The Great Arsenal of Democracy*, December 29, 1940.

表了著名的"四大自由"演说（Four Freedoms），"四大自由"包括言论自由、信仰自由、免于匮乏的自由、免于恐惧的自由。"四大自由"作为罗斯福的宝贵政治思想遗产，丰富了美国自由民主主义思想，也表现出美国在全球各地捍卫民主的决心。

推进美国文化输出是罗斯福关注的重点之一。1940年，美国成立了美洲国家事务局，罗斯福任命洛克菲勒为局长。该机构主要进行美洲的信息交流与技术援助，利用出版物、广播和电影等各种传媒发起文化攻势，在活动过程中突出美洲人民关于民主的共同愿望，希望扩大美国生活方式的影响。罗斯福不满足于在美洲传播美国的文化和价值观，希望美国的文化和价值观在国外更多地区产生影响。1942年，美国建立了战争情报局、战略服务局。其中战争情报局在28个国家组建信息中心，主要进行传播信息和秘密活动，比如出版发行物、开办展览、加强广播能力。其电台每天用近40种语言广播。最为人熟知的"美国之音"即在当时创立。当时"美国之音"成为宣传反法西斯、实现罗斯福《民主的兵工厂》及"四大自由"号召的前沿阵地。

罗斯福政府在民主输出实践中把经济援助作为重要手段。罗斯福时期美国鼓励世界各国向法西斯受害国进行援助，先后成立了红十字会、国外救济和重建活动局等机构。美国援助对象主要是资源丰富或地缘上重要的国家。援助程序是由申请国提出申请、提交美洲国家事务局、国务院及私人组织组成的委员会审议通过、最终由私人组织签署合同履行援助。罗斯福政府还开始重视在国外民众中推广民主，因此援助的很大目的是要解决社会底层群众的基本生活保障问题，帮助他们获得工作能力，改善他们的生活质量。实践表明，这种更注重草根的民主扩展方法在推进民主方面非常有效。

"二战"使国际力量对比发生深刻变化。德国、意大利、日本三个法西斯国家彻底失败，英国、法国两个老牌世界强国受到极大削弱。相比之下，美国在战争中通过兜售军火、物资而发了横财。而且美国本土没有受到战争破坏。因此，美国在"二战"后经济和军事实力空前膨胀，迅速成为世界头号强国；同时苏联经过"二战"洗礼也成为世界强国，这让期望快速称霸世界的美国必须开始重视苏联及其他社会主义国家。"二战"刚结束不久，1946年2月22日，美国驻苏代办乔治·凯南给美国国务院拍了一份长达8000字的电报，对战后苏联的"理论、意图、政策的做法"进行全面剖析，提出了"遏制"苏联的"冷战"政策。1946年3月5日，英国前首相丘吉尔由杜鲁门陪同在美国的富尔敦发表关于"铁幕"演说，宣称"从波罗的海的什切青到亚得利亚海边的里雅斯特，一条横贯欧洲大陆的铁幕已经降落下来"。他呼吁美、英合作，建立军事同盟以对付苏联的威胁，由此揭开了"冷战"序幕。1947年杜鲁门主义的出台标志着美苏"冷战"的正式开始，随后美国对苏联进行全面遏制。作为两个拥有完全不同意识形态的国家，两国价值观背道而驰，而苏联为巩固苏维埃社会制度，积极借助各种媒介，塑造与宣传苏维埃文化，进行反美宣传，让苏联及西方民众认同苏维埃思想、抵制美国文化侵略。作为反制，杜鲁门政府推行的各种外交政策都清晰地带有美国"价值观"输出的烙印。而美国"价值观"输出包括"民主输出"及"文化输出"。杜鲁门政府时期着重实施的便是"民主输出"。

在杜鲁门政府时期，美国进行最成功的民主制度输出实践地区还是"二战"战败国德国和日本。这方面前面已经有详细的论述。美国通过对德国和日本的民主改造使其政治体制与美国趋同，经济在一段时间内恢复发展，使这两个国家又重新站起来，可以说这两个案例是美国推广民主制度较为成功的案例。这两个案例得以成功的一个重要前提是，德国和日本在被输出民主之前都已经具备相当规模的资本主义经济。由于资本主义经济和民主政治制度有密切关系，因此美国才能顺利成功。

杜鲁门在"二战"期间和"二战"后进行民主输出的成功极大地增强了美国在海外传播民主的信心。不过把德日改造成民主国家并不是美国有意策划的战略决策，而是战争发展到后期的一个自然结果。美国事先对此并无详细计划，也没打算在其他国家复制这样的制度输出。

20世纪四五十年代，美国最大的对手苏联实力不断上升，赫鲁晓夫 1953 年上台后改变了斯大林时期对美防御方针，采取积极争霸政策。他加强了同美国的对话，谋求两国合作，外交政策上争取谋取与美国平起平坐的地位。1956 年赫鲁晓夫提出与美国"和平共处"、"和平竞赛"、在第三世界进行"和平渗透"的"三和"政策，希望能缓和僵硬的苏美关系，共同主宰世界。其实际目的是与美国争夺战略空间，特别是在第三世界的影响力。

面对苏联的外交政策转变，1961 年肯尼迪上台后美国对苏政策也进行相应的调整。1961 年，肯尼迪在演说中提出并详细阐述其"和平战略"。肯尼迪的"和平战略"以军事实力为后盾，利用战争与和平两个手段，结合对抗与缓和，强调用和平的方式加强在西方盟国的地位，对苏联等社会主义国家实行"和平演变"，加强对第三世界的渗透与扩张，确保美国在争霸中的主动地位。肯尼迪重视价值观在美国外交政策中的重要作用。他指出："我们保有意识形态上的优势，我们比世界上任何国家都更有条件对外输出《独立宣言》中的革命思想，因而也更有条件领导东西方反对各种帝国主义的民族主义运动。"[1] 肯尼迪进而强调对外援助。他希望使不发达国家和地区认识到，"能够帮助他们获得稳定和发展的不是苏联和中共，而是美国"[2]。肯尼迪政府在民主输出方面做出的最大举措就是创建和平队。

1961 年 9 月 22 日，美国国会通过成立和平队的议案。和平队的宗旨是：为愿意接受和平队帮助的国家和地区提供训练有素的人员，促进各国人民对美国人民的了解，以及促进美国人民对其他各国人民的了解。参加和平队的志愿者没有工资，要和当地人民过一样的生活、做一样的工作、吃一样的食物、说一样的语言。1962 年第一批队员远赴加纳。此后和平队队员几乎走遍世界。和平队在各国的出现对当地人民生产、生活产生了深远影响。通过和平队的活动，很多国家受到帮助，经济得到了很大发展、生活得到了改善。特别是一些第三世界国家改变了对美国的不良印象，

---

① John F. Kennedy, *The Strategies of Peace*, pp. 43 – 44.

② John F. Kennedy, *The Strategies of Peace*, pp. 5, 45 – 46, 53.

被美国的文化价值观吸引，觉得美国社会制度和文化制度有其优越性，并希望他们自己的国家也能拥有这样的文化、社会制度。同时，美国通过派遣和平队也更了解第三世界国家的文化背景，使美国的外交决策更有效果和针对性。和平队实现了作为美国外交政策有机组成部分的既定目标——服务于美国国家利益、传播美国意识形态、输出美国民主制度。总之，美国和平队的出现弥补了美国外交上过硬、不易被他国接受的缺陷。和平队作为美国外交政策中的一支隐形的软力量，不是通过公开宣传、直接资助等直接方式，而是通过看上去利他性的活动，加强美国对第三世界国家的吸引力。

为了与苏联争霸，肯尼迪政府除了在世界范围内派遣和平队实践"和平战略"外，还非常重视在世界各地联系战略重点地区以形成对抗苏联扩张的堡垒。比如，肯尼迪政府在南亚对印度、巴基斯坦提供援助，在中东支持以色列、沙特等。其中肯尼迪关注最多的是拉丁美洲。为了维护美国后院安全、防御共产主义侵入拉美，肯尼迪政府决定在拉美推广美国制度，使直接干涉正当化；用美国价值观教化拉美。1961 年 3 月 13 日，肯尼迪总统正式提出"争取进步联盟"国际合作纲领，旨在促进拉美经济社会发展和在拉美实行代议制民主。美国提供 200 亿美元援助，要求拉美受援国进行土地改革、税收及其他社会经济方面改革。最终该计划没有取得很大成效。随着肯尼迪总统被刺身亡，计划搁浅。

20 世纪 60 年代末 70 年代初，美国在国内外形象大打折扣。美国经济持续衰退、"水门"事件等危机引起美国领导阶层内部冲突及美国人民的普遍不满，美国遭遇政治信任危机。美国侵越战争的失败以及对世界其他地区干涉政策接连受挫，导致在美苏争霸中逐渐形成了"苏攻美守"的态势。卡特上台后，由于苏联的扩张态势逐渐加强，他感到尼克松和福特时期的缓和政策并未能有效地制约苏联，也未能防止美国霸权的进一步衰落，因此他和布热津斯基十分强调"人权外交"，企图恢复美国外交中的所谓理想主义精神，扫除因霸权衰落而带来的悲观主义情绪，增强美国在全球意识形态中的地位。①

人权外交本身并不能等同于民主输出政策。但美国充分认识到，在一个缺乏人权的国家不可能建立起任何民主制度。提倡人权外交，可以说是为民主输出打下基础，或者可以被称为一种变相的民主输出。特别值得注意的是，卡特在推进人权外交时所采取的一系列手段日后对美国民主输出产生了重大影响。里根政府以后，民主输出政策正式成为美国的重要外交战略。美国历届政府都从卡特政府人权外交的实践中汲取了营养。因此尽管人权外交不能等同于民主输出，我们还是对其进行了比较详细的论述，这有利于加强对美国政府民主输出战略的理解。

卡特在 1976 年说："我们要采取步骤加强我国外交政策中的核心主题：对人权的承诺。"② 卡特是自威尔逊以来在外交上理想主义色彩较浓的总统。他在竞选总统过程中就匆匆提出，美国应成为维护国际人权的"灯塔"。就职以后，卡特立即转向带有理想主义色彩的"人权外交"。他在就职演说中宣布："我们的道义感决定了我们明白无误地偏向于那些和我们一样坚持尊重个人人权的社会。"以后他在多次公开讲话中一再强调，"对于人权负有的义务"是"美国对外政策中的基本信条"。③ 这些都和美国日后进行民主输出的理由高度吻合。

卡特政府努力推动人权在美国外交政策中的制度化。人权原则成为确定美国同其他国家保持何种关系的一个因素。美国开始尝试利用国际社会、美国国内都关注的人权问题来争取有力的政治力量和更多的国际舆论支持，让美国在国际事务中获得更多主导地位。当然最重要的是美国期望利用人权的"软"武器反对其在世界上对立的国家，在与苏联争夺世界霸权的斗争过程中，用人权这个表面上正义的力量弥补其硬实力的不足，以实施民主输

---

① 资中筠：《战后美国外交史——从杜鲁门到里根》，世界知识出版社，1994，第778 页。

② Jimmy Carter, Speech Delivered at Notre Dame University, May 22, 1977.

③ 资中筠：《战后美国外交史——从杜鲁门到里根》，世界知识出版社，1994，第787～788 页。

出政策，重夺美国在全球的霸主地位。卡特的这些做法也被后来的民主输出斗士全盘接受。

为了有效开展人权外交，卡特政府先从国内机制改革入手，先后成立了国务院人权委员会、国务院人权和人道事务署、人权研究所等组织机构。一个最重要的工作便是组织撰写年度人权报告：从 1977 年开始，美国国务院每年向国会提交国际人权报告。尽管人权在此后历届美国政府的外交政策中的地位出现了起伏变化，但上述人权的制度性安排并未变化，尤其是一年一度的国务院人权报告制度越来越规范、越来越完善。卡特的上述做法与后面要讲到的里根的做法非常类似。

卡特政府在国外开展人权外交政策的手段多样，其中包括：美国会与其他政府谈话，在它们违反人权时表示美国的关注，如果它们在尊重人权方面有所进步，美国会表示支持；采取有象征意义的行动，如美国总统、政要在本国或国外旅行时会见持不同政见者和因政府侵犯人权而被流放人士；强化国际人权保护体制；经济援助时把人权放在首位，拒绝对严重侵犯人权的政府提供经济援助；不向压制性政府出售武器和军事设备。① 卡特政府的人权外交主要是视国家人权状况来提供安全、经济援助。如卡特政府时期，美国以侵犯人权为由，在一定时间内减少了对阿根廷、玻利维亚、萨尔瓦多、危地马拉、海地、尼加拉瓜、巴拉圭、乌拉圭的安全援助，而这些国家政权都是右翼独裁政权。美国驻菲律宾大使不断警告菲律宾马科斯总统其民主化对缓和美菲紧张关系、促进菲律宾政局稳定必不可少。美国政要还不断批评韩国政府。卡特政府的政策推动了拉美的洪都拉斯、巴西、秘鲁和玻利维亚的选举，改变了阿根廷、智利和乌干达等南美洲各国军政府的政策。

拉美右翼独裁政权曾是历届美国政府的传统盟友，而以往美国政府为了反对共产主义忽视了这些国家内部的人权问题。卡特就任总统后改变了这种情况。"人权"政策用于拉美也有其现实意

---

① 周琪：《美国人权外交政策》，上海人民出版社，2001，第 70 页。

义，因为在卡特上台之前，拉美反独裁斗争高涨，美国战后一直奉行的支持亲美独裁政权的政策，受到前所未有的冲击。[①] 卡特政府取消或消减了对拉美一些亲美军人政府的军援，以"粗暴侵犯人权"为由，大大压缩了给乌拉圭、阿根廷、智利和尼加拉瓜的经济、军事援助，并在给玻利维亚、危地马拉和海地提供的援助项目中加上限制条款。美国对拉美的军事援助，从 1976 年的 2335 亿美元降至 1979 年的 5400 万美元。[②]

卡特的"人权外交"受到拉美的文人政权和持不同政见组织的欢迎，一开始也受到国会的支持。美国以此对拉丁美洲的军事政权施加压力，迫使它们进行选举，向"民主化"过渡。1979 年 8 月，美国拉美事务助理国务卿瓦基访问萨尔瓦多和危地马拉，提出"民主化"具体要求，并以停止军事援助相威胁。同年 10 月，萨尔瓦多军政府拒绝提前大选，美国通过"立宪派"军人发动政变，赶走了军人总统罗梅罗。同时，卡特为拉拢有影响的地区大国，1977 年底到 1978 年 3 月，他访问了沙特、伊朗、印度、尼日利亚、委内瑞拉和巴西六个第三世界国家。他在拉丁美洲放弃了前国务卿基辛格侧重建立的"美国—巴西轴心"，转而着重拉拢委内瑞拉和墨西哥，企图利用它们在发达国家和第三世界国家之间发挥巴西所不能发挥的"桥梁作用"。[③]

卡特用人权外交促进美国民主输出的做法为美国输出民主提供了一条新路径，也取得了一定成效。卡特开创了注重人权的美国外交政策的新时期。他比其前任和后任都较少计较美国在追求人权时付出的代价，因而其人权外交政策中的双重标准问题相对来说也不那么突出。[④]

---

① 资中筠：《战后美国外交史——从杜鲁门到里根》，世界知识出版社，1994，第 798 页。

② 资中筠：《战后美国外交史——从杜鲁门到里根》，世界知识出版社，1994，第 798～799 页。

③ 资中筠：《战后美国外交史——从杜鲁门到里根》，世界知识出版社，1994，第 799 页。

④ 周琪主编《意识形态与美国外交》，上海人民出版社，2006，第 355～359 页。

第二节　美国民主输出政策起步阶段

20 世纪 70 年代，美国硬实力下降、苏联争霸能力逐渐上升。美国推行软性外交策略越来越成为迫切且必要的手段。在这个时期美国民主输出政策开始正式起步。和前一时期相比，民主输出在美国对外政策中的分量明显加大。这一时期美国的民主输出仍然没有一个通用的战略，而是根据不同国家的不同问题来制定不同的政策。通常说来，美国民主输出战略包括六种主要手段：协助自由公平选举；帮助建立强有力、可依靠的政治体制，搭建自由媒体；强化法治；保护人权；帮助建立强大的公民社会。① 每届美国总统都在综合运用多种手段的情况下，有各自的战略倾向和主要手段。而这段时期美国民主输出战略主要包括里根政府时期的"民主计划"和成立国家民主基金会、老布什时期的"世界新秩序"思想及加快民主输出进程、克林顿时期以扩大"民主国家大家庭"为主要内容的"扩展战略"和"参与扩展战略"。

（一）里根政府时期

1981 年 1 月里根总统上台。里根认为共产主义仅仅在顽强挣扎，他强调美国要承担抵抗苏联及由苏联支持的在世界任何地方的侵略的责任，支持反共产主义的起义并击退共产主义，在第三世界建设美国式的民主。与前几位总统如理查德·尼克松、杰拉尔德·福特、吉米·卡特采取缓和政策相反，里根选择强硬与苏联对抗，开展新一波的军备竞赛。他努力进行大规模扩军，提出了主动战略防御计划，后人称之为"星球大战"，以外太空为基础建立导弹防御网，想要用耗费庞大经费的军备竞赛拖垮苏联。

里根也意识到与苏联进行硬实力对抗存在一定风险，未必能收到满意效果，于是除了硬对抗外还突出扩展民主，着重发起意识形态攻势。1982 年 6 月，里根在出访法、意、英、联邦德国四

① Bruce W. Jentleson, *American Foreign Policy*: *The Dynamics of Choice in the 21st Century* (*Fifth Edition*), Duke University, 2014.

国期间于 6 月 8 日在英国议会发表著名演说，直接攻击马克思列宁主义，公开邀请苏联同美国进行思想和价值观的竞争，还公开提出要在全世界推广西方的民主，制订一项"把马克思列宁主义扔到历史的垃圾堆"的向自由和民主进军的长远规划。[①]

1983 年 2 月 23 日，美国国务院向国会提交了一项在全世界"推进民主"的法案。舒尔茨当天在众议院外委会上做了一个说明。舒尔茨明确指出，"民主乃是一种很重要的、革命的力量"，"支持民主的发展是我国人权政策的一个关键部分"，"对民主的支持不应该是隐蔽的"，相反应为提供这种支持"而感到自豪"。这个推进民主计划主要是面向拉美、非洲和亚洲，但同时也针对东欧和苏联，希望促进东欧和苏联向更加开放、富于同情心的人道的社会演变——最终走向民主。这个计划提出了"推进民主"的五个方面：①训练领导人；②贯穿到别国的教育中去；③加强民主的机制和组织；④通过各种途径传播思想和信息；⑤开展美国同他国的个人和机构之间的联系。舒尔茨还说，这个计划"乃是实现里根总统伦敦创议的一个最初的重要步骤"，今后还要制订出一个"持续许多届政府"、"更为全面的方案"，由政府、国会、民主党、共和党以及劳联产联、企业界共同推行。[②]

里根声称要把争取民主、反对专制的斗争扩展到全世界，完成推进扩大自由民主的历史使命。里根在反苏宣传中呼吁："我们伟大的民主拥有特殊的义务给别的民族送去自由，这就是我们的政策。美国人总是乐于为保卫人类的自由付出代价的。"[③] 1982 年 6 月 8 日，里根在英国议会演讲指出："自由民主事业在向前挺进途中将把马克思列宁主义抛进历史的垃圾堆，就像过去已经把别的扼杀自由、禁止人们表达自己的意志的暴君们抛入历史的垃圾

---

① 资中筠：《战后美国外交史——从杜鲁门到里根》，世界知识出版社，1994，第 880 页。

② 资中筠：《战后美国外交史——从杜鲁门到里根》，世界知识出版社，1994，第 881 页。

③ 罗纳德·里根：《里根自传：一个美国人的生活》，东方出版社，1991，第 234 页。

堆一样。"① 1983 年美国国会拨款 6500 万美元，建立新的 "民主项目"，支持海外自由工会和政党，加强电台建设，包括巩固美国之音、欧洲自由电台，组建新的对古巴的马丁电台等。里根还公开支持苏联的持不同政见者，通过娴熟的维护人权、推进民主化进程等手法制造苏联和东欧地区的不稳定。为了让苏联和东欧最终民主化，1982 年春，里根颁布了美国总统第 32 号指令，授权为此进行各种公开与秘密行动。美国国务院举办了 "关于共产党国家的民主化问题" 会议、"关于自由选举" 问题的国际研讨会，提出推进民主法案。1984 年里根政府表示支持戈尔巴乔夫的改革，希望苏联按美国的想法进一步向自由民主方向发展。1988 年 5 月 31 日，里根总统在莫斯科国立大学发表了被视为促进苏联解体、东欧剧变的最重要的国际政治文献的演说。当时戈尔巴乔夫已经进行广泛的政治和经济改革，苏联社会政治状况发生很大变化，对自由民主理念也有了某种程度的宽待和容纳。里根说："自由和民主是这样一种见解，即没有任何一个人，没有任何一个权威或政府能够垄断真理，而每一个人的生命都是无比珍贵的，我们每一个降临到这个世界的人，都有自己的原因和理由，所有人都是平等的。……真理即使手无寸铁也是不可抗拒的力量。今天，整个世界殷切地期待着苏联发生变化，迈向更大的自由。"② 不可否认，里根的民主推进战略加速了苏联的解体。

　　除了在民主输出上紧盯苏联这个铁板，里根政府还竭力在中美洲、中东等地区的第三世界国家扩大其民主制度的影响。例如，美国支持智利、巴拉圭、巴拿马、海地等国的民主进程，支持萨尔瓦多政府镇压游击队，支持尼加拉瓜游击队反对桑迪诺政权，支持阿富汗的自由战士反抗苏联的占领及其扶植的政府。他在这些第三世界国家积极推动民主化进程，手段包括：加强经贸联系，有选择地提供经济、军事援助，为第三世界国家培训人才。

　　里根在民主输出方面最突出的贡献是 1983 年成立了美国国家

① Ronald Reagon, Speech at British Parliament, June 18, 1982.
② Ronald Reagon, Speech at Moscow State University, May 31, 1988.

民主基金会。该基金会是非营利机构，接受国会拨款，在推动全世界民主进程中发挥了巨大作用。里根最初的想法是美国和西方国家应该向苏联学习输出自己的意识形态，培养亲美的民主力量，于是成立了这个提供民主援助、推广民主体制和思想的重要机构。其主要援助领域包括对象国政治多元化建设、民主制度建立、教育文化宣传、研究出版等。

美国国家民主基金会承担的工作过去主要是由美国秘密情报机构中情局计划、实施的。20世纪七八十年代，参议员休伯特·汉弗莱、国会议员但丁·福赛尔和唐纳德·弗雷赛在美国国会中几次提议创立推进国际民主和人权的实体组织，但都未实现。里根总统上台后，美国开始重新发挥在国际上的重要作用。里根总统认为美国应该站得高些，于是美国大量增加武器及情报的支出。1982年6月8日，里根在对英国议会的演讲中提出美国复兴的想法，他预言全球冲突的最终裁判不是炸弹和火箭，而是想法和观念。几个月后，里根总统签署了一项国家安全决议文件建立"民主计划"（Project Democracy），其中包括成立美国国家民主基金会。

1984年美国国家民主基金会成立当年就获得了1800万美元的财政拨款。该款项美国政府指定给美国国家民主基金会四个下属研究机构中的两个，只留给民主基金会一部分让其自行支配。当时美国国家民主基金会的下属机构分别是：美国国际私营企业中心（CIPE），其附属于美国商会；美国国家民主研究院（NDI），附属于民主党全国委员会；美国国际共和研究所（IRI），是共和党下面的机构；美国劳工的自由工会研究所（FTUI）。自由工会研究所是劳联产联的海外机构，比美国国家民主基金会更早成立，以前主要是用劳联产联自己的资金来开展海外项目，1994年被美国国际劳工团结中心取代。其他三个机构与美国国家民主基金会同期建立，它们都是民主项目（Democracy Program）中建议设立的。其中劳联产联的自由工会研究所接受了最多的资金支持。

这样设置机构的想法是由于创建者认为政党、商界及工会是民主社会的基石，这样的机构设置能保证多党参与美国国家民主基金会的任务，使不同选民集团融入美国国家民主基金会的计划。在实践过程中，美国国家民主基金会负责监管四个机构的资金使用状况，但实际上缺乏对这些机构的掌控力。监管四个机构对美国国家民主基金会来说有利有弊：四个机构是民主基金会与国会讨价还价的砝码，同时也是民主基金会照顾的对象，对其造成了一定负担。

作为海外推广民主的机构——美国国家民主基金会成立对消除美国直接民主输出的弊端意义重大。美国国家民主基金会是私人经营，有自己的董事会——其中民主党人士、共和党人士、劳工领袖、学者、政治家都占有一定比例。民主基金会的主要目标是帮助民主主义者，特别是非民主国家的民主主义者。这些民主主义者通常与该国政府意见相左。如果美国与这些国家政府保持外交关系，那么美国就很难直接给予这些政府反对派直接的物质帮助。而美国想要援助的很多民主主义者如果直接接受美国政府的资金支持，他们会感到自己在妥协，然而如果来自美国财政的资金以独立、私人的机构名义发放就更能被对象国反对派接受。[1]最初酝酿美国国家民主基金会时，美国前国务卿乔治·舒尔茨认为该项目非常符合美国利益，他遗憾为何没有早点创办。[2] 其实类似项目已在秘密实施中。从 20 世纪 40 年代到 60 年代中期，美国中情局向政治组织、刊物及有民主倾向的工会提供资金，其过程严格保密。

美国国家民主基金会面对的目标国主要是民主转型过程中的国家、较封闭的国家、民主势力较弱的国家等。

首先是民主转型过程中的国家。美国国家民主基金会认为格林纳达、智利、尼加拉瓜都是民主转型中的国家。这些国家独裁统治已瓦解，格林纳达起因于美国入侵，智利因国内反对派及国外孤立，尼加拉瓜由于经济危机、国内战争等，都处于可以过渡

---

[1] Christopher J. Coyen, *After War: The Political Economy of Exporting Democracy*, Stanford: Stanford University Press, 2007, p. 204.

[2] George Shultz, *Project Democracy*, Current Policy No. 456, U. S. Department of State, Bureau of Public Affairs, Washington, D. C., February 23, 1983, p. 1.

到民主的阶段。

其次，民主基金会在较封闭的国家，即独裁政权依然稳固的国家中活动也很活跃。最封闭的国家包括走强硬路线的共产主义国家古巴、朝鲜、阿尔巴尼亚或尼古拉·齐奥塞斯库倒台前的罗马尼亚。

最后，民主基金会还资助那些处于民主转型过程中但民主根基薄弱的国家，如厄瓜多尔、秘鲁、巴西、哥伦比亚、乌拉圭、巴拉圭和多米尼加共和国。

美国国家民主基金会活动项目主要有支持选举，教育、文化、交流项目，以及对民主主义者的支持。

美国曾出资给菲律宾、巴基斯坦、中国台湾、智利、尼加拉瓜、纳米比亚、东欧等选举的国际观察团队。在选举过程中，民主基金会常常支持一些中立的活动，比如选民登记和动员选举运动。[1] 他们甚至分发 T 恤、标语、圆珠笔、提供到选举站的免费交通方式。

美国国家民主基金会在教育、文化、交流项目的投资花费同样巨大。例如对拉迪欧·南度提的支持、对波兰地下出版物的支持等。[2]

民主基金会最核心的工作就是找到民主主义者并支持他们，它认为只有他们才能真正为民主进行斗争。建立这样的国际是前国家民主基金会主席戈什曼的目标，他说："民主基金会最终的有效性是来源于那些有激情有勇气献身于民主的人士的存在。这些人与民主基金会建立了团结合作的纽带，成为世界上最广泛最有影响力的民主运动的一部分。"[3] 1987 年和 1989 年民主基金会资助了在华盛顿召开的全世界先进的民主主义者都来参加的会议。

---

① Christopher J. Coyen, *After War: The Political Economy of Exporting Democracy*, Stanford: Stanford University Press, 2007, p. 208.

② *The Challenge for Democracy*, Proceedings of a conference on efforts to advance the cause of democracy throughout the world, sponsored by the National Endowment for Democracy, May 18 – 19, 1987, Washington, D. C., p. 68.

③ National Endowment for Democracy, *Annual Report 1988*, Washington, D. C.: NED, 1989, p. 4.

1990 年民主基金会用私人资金创办了一本学术期刊《民主杂志》，涉及全球范围内的民主化议题。

美国国家民主基金会的活动涉及 100 多个国家。它以"推广民主"的名义，收买反对力量企图颠覆其政权。20 世纪 80 年代后，该基金会先后干涉中美洲的巴拿马、尼加拉瓜等国大选，1990～1992 年资助反卡斯特罗组织"古巴美国联合会"从事反对古巴卡斯特罗政权活动，资助委内瑞拉的一些组织和个人破坏大选，促成乌克兰等东欧国家的"颜色革命"，等等。

美国国际共和研究所致力于在全世界推进民主、自由、自治与法治，注重个人自由、机会平等、经济发展。董事会主席是前共和党总统候选人麦凯恩。董事会成员包括国会参议员凯利·阿约特、众议员凯·格兰杰，可见其宣称的无党派倾向不是事实。

美国国家民主研究院官网上这样介绍其机构：美国国家民主研究院是一个独立的非营利性的非政府民间组织，它致力于在世界范围内加强和扩大民主建设。

美国国际共和研究所、国家民主研究院的资金都来自国家民主基金会、国际开发署、国务院、世界银行等国际组织和私人机构。其中美国国际开发署为其提供最多经费，此外石油、防务、造船、交通、金融、饮料、通信等领域的私人公司也为其提供援助。

美国国家民主研究院比国际共和研究所更注重通过"公民社会"项目"推进民主"，如组织妇女和少数民族的政治活动。但建立公民社会的前提是该国家经济运转良好、国力强大，所以非政府组织对公民社会的贡献更倾向于提升公民权利，调动民众的意愿和能力，通过社会运动直接向政府施压，以调整收入分配，增加就业机会，提升住房和教育水平，增加医疗普惠性，以及其他一些积极的社会投资，这实际上是减少国家职能、推进民主制度的前奏。

国家民主研究院与国际共和研究所尽管有着共同的战略利益，但二者在民主输出的战术方面存在分歧。国家民主研究院网站曾公开宣扬其 1992～1996 年在捷克共和国的活动促使捷克形成稳定民主制度、自由市场经济，并成为北约、欧盟及其他"欧洲—大西洋机构"的成员。国际共和研究所则宣称其所实施的"无党派倾向"的海外项目，严守美国的基本原则，如个人自由、机会平等，有助推动经济发展的企业精神等。

国际共和研究所与国家民主研究院快速向海外竞选组织提供资金和人员支持的能力使它们成为国家政策的晴雨表。国际共和研究所更多关注单一政党培训，主要是右翼政党，而国家民主研究院则是"左右通吃"。国际共和研究所愿意聘用美国人从事海外工作，国家民主研究院则大量雇佣外国人，包括目标国的当地人。国家民主研究院海外政党发展项目负责人爱文·杜尔提，曾担任爱尔兰统一党领袖达15年之久。国家民主研究院的办公室有很多外国人，而国际共和研究所的办公室则有很明显的国家和党派色彩，几乎所有的员工都是美国人。

美国国际劳工团结中心又称团结中心（Solidariry Center），其官网介绍强调中心与工人们站在一起捍卫他们的权利、支持他们的组织、倡导建立工人充分表达意见的机制。中心221名专职工作人员在遍布60多个国家的400多个工会、非政府组织、法律援助组织、维护人权组织、妇女协会等机构支持各行各业的工人，帮助他们争取更安全的工作环境、更高的工资、改进保护他们的法律、反对被剥削。[①] 团结中心从国际开发署、国务院和国家民主基金会获得的资助，仍是其海外项目的主要资金来源。

国际私营企业中心向全世界各国推广自由市场经济，非常关注民主、自由市场与私营企业之间的关系，试图通过私人商业活动和以市场为导向的改革促进全球民主。在其网站上，国际私营企业中心声称自身隶属于美国商会（USCC），美国商会网站声称其管理国际私营企业中心。国际私营企业中心主席托马斯·多诺霍和副主席丹尼尔·克里斯特曼同时分别是美国商会的主席和副主席。作为美国商会的附属机构，国际私营企业中心充当美国企业海外政策的执行工具。依照美国商会的介绍，多诺霍将美国商

---

① http：//www. solidaritycenter. org/what-we-do/.

会打造成了一个年度经费 2 亿美元，在全球都具有广泛影响力的游说组织。

国际私营企业中心主要活动包括促进经济市场化、加速经济改革、推动政治多元化、促进民主执政、加强教育文化宣传建设。其推进民主及自由市场主要通过给当地团体组织拨款、建立全球交流项目、打造专业化的发展项目、提供技术支持等方式展开。推动政治多元化主要是加强腐败治理、进行司法改革和法规建设。此外，通过教育文化和宣传提高人民的民主意识和社区参与能力。①

（二）老布什政府时期

老布什政府延续了里根政府的政策。20 世纪 80 年代末之前，美国尽管尽力推行民主制度，但由于实力有限，加之苏联的强大，美国只在部分地区和部分国家推行民主制度。随着冷战结束和苏联解体，国际格局发生了重大改变，美国凭借强大的经济实力成为世界上唯一的超级大国。美国领导人、政要及学者普遍将东欧剧变和苏联解体看成美国"输出民主"战略的重大胜利，美国因此更重视输出民主战略在其外交政策中的地位与作用，此后历届美国政府都把输出民主放在非常重要的战略位置，使"输出民主"战略长期化、体系化、机制化。

1989 年老布什上台后认为美国已经具备足够在全球实现"美国历史使命"的力量。他提出"世界新秩序"构想，即建立一个美国主导的公平、自由、尊重人权的新世界。为了实现该构想，美国政府积极推广西方市场经济及民主制度。1989 年 1 月 20 日，老布什在总统就职演说中说道："在这个时代，未来就像一扇打开的门，人们可以直接穿过，进入一个叫作明天的房间。世界各个大国正在经过通向自由的大门走向民主。全世界的男男女女则经过通向繁荣的大门进入市场。全世界人民正在经过通向只有自由才能赋予的道德与智性满足的大门，奋力争取言论自由和思想自

---

① The Center for International Private Enterprise, *Annual Report*（*1983 - 2003*）, Washington, D. C. : The Center for International Private Enterprise, p. 16.

由。"① 1989 年 5 月 12 日，老布什在德克萨斯农业和机械大学的讲话中正式提出"超越遏制战略"。主要内容包括：让苏联进入国际社会，使苏联参加国际合作；支持戈尔巴乔夫改革，要求苏联社会更为开放，实现永久性的政治多元化，充分尊重人权，保证自由移民；建设一个开放、统一和自由的欧洲，策动东欧剧变；继续奉行"实力"政策，强调在经济、外交、军事方面保持强势。② 1990 年 2 月，国务卿詹姆斯·贝克在国会强调，对美国外交政策的明显挑战是如何"巩固民主"。1990 年 3 月 20 日的讲话中他又说："除了遏制之外，促进民主将是美国外交政策的新原则。"③ 1990 年 3 月，贝克发表题为《民主与外交事务》的讲话，其中详细谈到对外输出民主战略。他认为："民主的目的在于超越遏制。现在，我们正在迅速消灭老的独裁者，建立新的民主制度的时机已经到来。这就是布什总统确定我们的新任务是促进和巩固民主的原因。这是一个施行美国理想、促进美国利益的任务。"④

老布什政府对俄罗斯和独联体国家的外交政策主要包括提供经济、技术援助，鼓励并推动其民主化进程。

20 世纪 90 年代，老布什政府对独联体的政策有：向独联体尤其是俄罗斯提供经济援助、技术援助以及通过其他形式帮助它们渡过难关，完成经济过渡，以促使其稳定；鼓励和支持独联体国家的民主化进程，引导和促使它们发展成为民主国家。⑤ 美国政府之所以主张大力援助俄罗斯及独联体其他国家，首要目的就是要保持其稳定，防止其发生改革失败、社会动乱、核技术失控、难民外逃等混乱局面，从而影响欧亚大陆乃至世界的稳定。美国援

---

① George H. W. Bush, Inaugural Address, January 20, 1989.

② George H. W. Bush, Commencement Address at Texus A&M University, May 12, 1989.

③ David Callanhan, *Between Two Worlds*, *Realism Idealism and American Foreign Policy after the Cold War*, p. 115.

④ James A. Baker, "Democracy and Foreign Affairs," Speech to the Aspen Institute, Berlin, March 30, 1990.

⑤ 潘锐：《冷战后的美国外交政策——从老布什到小布什》，时事出版社，2004，第 86 页。

助俄罗斯也是自身战略和经济利益的需要，美国希望俄罗斯等国能保住改革成果，成为西方的稳定伙伴，同时，建立完全向西方伙伴开放贸易和投资的自由经济，将给美国带来巨大的商品和资本市场。美国国务卿贝克直言不讳地说，美国援助独联体于双方都有利，美国将得到更多的商业和就业机会。①

鼓励和支持独联体国家的民主化进程是美国外交的又一基本方针。《美俄伙伴和友好关系宪章》明确宣布，一个民主的俄罗斯和美国的康乐、繁荣和安全的增进是生死攸关、相互关联的，从而把这一方针提高到一个新的高度。实际上，美国传播其价值观、推动独联体国家的民主化进程是美国一贯的传统，老布什的话就很能说明问题："我们不但要保护自己的人民和利益，还要帮助创造一个新世界。在这个世界上，我们的基本价值观不仅要得到维持，而且要发扬光大。"② 苏联解体时，老布什做出迅速反应。他发表电视讲话，承认苏联各加盟共和国的独立地位并表示"我们的敌人已成为我们的伙伴"。

对于东欧国家，老布什通过经济和技术援助重点国家、加速它们向自由市场经济过渡、扩大与东欧的交流、帮助取得政权的反对派巩固政权、支持它们自由选举和政治多元化。老布什政府从 1990 年开始对东欧进行民主援助，最初建立了"援助东欧民主"项目，在该项目支持下美国逐步将民主制度渗透到东欧国家。苏联解体后，美国政府和国会在《援助自由法》和国防部的"合作减少威胁"项目下，又建立大量援助项目，援助总额平均每年为 20 亿美元。③ 此外，美国还援助拉美刚刚建立民主制的国家，尝试引领拉美出现的民主化运动朝着美国计划的方向发展，以建立一个所谓的"民主化半球"，为美国最终目标——打造美国主宰

---

① 潘锐：《冷战后的美国外交政策——从老布什到小布什》，时事出版社，2004，第 87 页。
② 潘锐：《冷战后的美国外交政策——从老布什到小布什》，时事出版社，2004，第 87~88 页。
③ Thomas Carothers, *Aiding Democracy Abroad*, *The Leaning Curve*, Washington, D. C. : Carnegie Endowment for International Peace, 1999, p. 41.

的西半球自由贸易区奠定坚实的政治基础。得到美国民主援助的主要拉美国家有萨尔瓦多、尼加拉瓜、危地马拉、玻利维亚、巴拿马和秘鲁。20 世纪 90 年代，美国在拉美给予最多民主援助的是海地。1994 年到 1999 年，美国向海地提供了 1 亿美元的援助。1989 年 12 月，老布什政府入侵巴拿马是冷战后美国进行的第一次军事干预。美国以恢复民主政治为由要求巴拿马举行自由选举。老布什政府还继续援助中东地区，根据《戴维营协定》对走向民主化的埃及提供了数量庞大的军事和经济援助。[①]

（三）克林顿政府时期

克林顿政府执政的 20 世纪 80 年代末和 90 年代初，美国的经济、军事在全球范围内已占绝对优势，具备足够的国内条件向外输出民主。1993 年克林顿总统上台。他比老布什政府更加重视向外输出美国民主和价值观。其重视程度从克林顿在任期间的七年《美国国家安全战略》都包含民主和平可见一斑。1990 年的《美国国家安全战略》提出，通过巩固中美洲亲美民主政权，改变古巴现行的政治体制，进一步推进民主化进程，把西半球建成一个"完全民主的半球"。实际上，美国是把促进"世界民主"树为一面旗帜，通过在外交中突出美国的价值观以维护美国"领导地位"。至于为什么要这么做，克林顿曾重申过在美国根深蒂固的两个观念：一是"民主国家互不进行战争"，二是"民主国家在贸易和外交上结成更好的伙伴"。实际上也就是拉丁美洲的稳定和美国式民主体制的确立更有利于美国保护它在本地区的利益。[②] 美国要使这些与其在"共同地理位置的国家"实现"共同的理想"，须有共同的"民主价值观"，也就是美国要帮助拉美国家确立美国认同的民主制度，同意西半球思想意识，为美洲经济圈的实现和顺利运行奠定政治基础。[③]

---

① Casimir A. Yost, Mary Locke, *U. S. Foreign Affairs Resources: Budget and Consequences*, p. 26; David Callahan, *Between Two Worlds, Realism Idealism and American Foreign Policy After the Cold War*, p. 277.

② 王缉思、徐辉、倪峰主编《冷战后的美国外交（1989—2000）》，时事出版社，2008，第 370 页。

③ 王缉思、徐辉、倪峰主编《冷战后的美国外交（1989—2000）》，时事出版社，2008，第 370 页。

1994～1996 年克林顿政府主张："民主国家不太可能对我们利益造成威胁，更有可能与美国合作来解决安全威胁、促进自由贸易和可持续发展。"1997 年和 1998 年的《美国国家安全战略》中用不同的表达方式提出了同样的想法。① 1999 年，克林顿提出："民主的扩展和对法治的尊敬会有助于创建对美国价值观和利益更加热情友好的世界社会。"② 2000 年克林顿更加明确地指出："我们的国家安全是民主扩展的直接受益人，因为民主国家与民主国家发生战争的机会少，民主国家更容易成为和平安全的伙伴，追求以和平手段来解决国内冲突，这样有利于促进美国州内以及地区安全。"③ 由此可见克林顿非常信奉民主和平这一信条，认为输出民主最符合美国国家利益。这一时期恰恰是民主和平论学者们激烈讨论的高潮时期。民主和平论自正式出现以来在 20 世纪 90 年代末才受到特别重视，显示出其暗合美国政治需求的意味。

与之前几任总统由于环境、实力所限只向重点区域传播民主不同，克林顿认为只有向全球更多地方输出民主，才能更有效地维护美国的霸权地位，于是他把"安全、经济、民主"作为其执政的三大支柱，表现出对"民主输出"的高涨热情。他提出了"扩展战略"以及"参与扩展战略"。"扩展战略"主要内容就是扩大"民主国家大家庭"，战略目标是"谋求扩展民主制度"，即美国领导世界上更多国家按照美国模式发展。"扩展战略"主要包括：加强美国与西方盟国之间的联系，以此作为扩展战略的核心；在俄罗斯、东欧等地区帮助促进和巩固新的民主制和市场经济；孤立和打击诸如伊朗、伊拉克之类敌视民主和市场的国家，支持

---

① *A National Security Strategy of Engagement and Enlargement*, The White House, July 1994, pp. i-ii, http://osdhistory.defense.gov/docs/nss1994.pdf（the same language was used on p. i of the February 1995 version and on p. ii of the February 1996 version）. See also *A National Security Strategy for a New Century*, The White House, May 1997, p. 6；and October 1998, p. 2.

② *A National Security Strategy for a New Century*, The White House, December 1999, p. 2, http://www.fas.org/man/docs/nssr-1299.pdf.

③ *A National Security Strategy for a Global Age*, The White House, December 2000, p. 6, http://www.bits.de/NRANEU/others/strategy/nss-0012.pdf.

中国的"经济自由化"政策；以提供援助和帮助推行民主与市场经济的方式实现美国的人道主义亦即人权目标。实际上，"扩展战略"是对美国对外政策"三大支柱"的发展与诠释，也是"三大支柱"尤其是第三个支柱"促进民主"的具体化。①"参与扩展战略"带有鲜明的民主和平色彩。根据莱克的阐述，这一战略包括四个部分：一是加强主要由市场民主制国家组成的大家庭；二是在可能的地方帮助促进和巩固新的民主制和市场经济；三是反抗敌视民主和市场经济的国家的侵略，并支持其自由化；四是对存在严重人道主义问题的地区，美国的人道主义议程不仅包括向这些地区提供援助，而且要帮助建立民主和市场经济以实现生存和发展。除此之外，新干涉主义、北约东扩以及2000年提出的民主国家共同体背后都有民主和平论的影子。②

这标志着冷战后美国对外战略由遏制共产主义转向在全球范围内推广美国的自由民主制度和价值观。在输出民主的手法方面，他更注重使用软性、隐性和渗透性力量。具体做法包括军事干涉、经济援助、国家合作、文化渗透等。

军事干涉主要是通过在目标国驻扎武装力量实现该国的和平，而后协助该国进行建设，引导其建立美国喜好的自由市场经济、自由民主制度。20世纪90年代，美国对他国的军事干涉频繁。美国以执行联合国决议、实施人道主义援助、维护和平、反对侵略及保护美国公民生命财产安全为由出兵多达40多次。经济援助与制裁并用也是克林顿政府常用的民主输出手段。1994年排在美国对外援助前十位的国家是以色列、埃及、俄罗斯、印度、乌克兰、埃塞俄比亚、秘鲁、土耳其、孟加拉国和哈萨克斯坦，其中大部分显然都是美国输出民主战略对象国。同时，美国拒绝向非自由选举产生政府、无自由市场经济的东欧国家提供援助。克林顿政府重视参与国际事务，通过与西方国家合作、支持民主机构、建

① 潘锐：《冷战后的美国外交政策——从老布什到小布什》，时事出版社，2004，第188页。
② 王缉思、徐辉、倪峰主编《冷战后的美国外交（1989—2000）》，时事出版社，2008，第36~37页。

设民主共同体等来促进和支持民主的发展。1994 年《美国国家安全战略》报告中正式提出要建立民主国家共同体。经过几年时间酝酿，2000 年 6 月首届民主国家共同体会议在华沙召开，80 多个国家的外交部部长应邀参加。这次会议正式成立了民主国家共同体，目标是促进世界范围内更多国家接受民主标准、促进民主发展、支持新兴民主国家。克林顿政府还坚持民主党惯用的文化攻势，对输出国进行文化渗透。主要途径包括通过大众传媒，如建立针对对象国的国际电台、图书馆、新闻处等宣传民主，引导对象国公众舆论；发布一年一度的人权报告，对重点国家进行民主干预、渗透，以此施加政治压力；鼓励外国留学生、知识分子到美国留学或做访问学者，为他们提供奖学金，让这些精英接触美国生活方式、价值观念、民主体制。这些输出民主的做法隐蔽性、渗透性强，更易被输入国及人民接纳，最终实现美国输出民主的目标。

克林顿政府时期，除了努力用各种手段向外输出民主，还在美国内部不断建立、完善输出民主机制。克林顿在政府内部增设了很多以促进民主为目标的职位。国务院设立新全球事务助理国务卿，负责协调国务院有关部门和地区机构之间解决民主和人权问题。建立由多个政府机构代表组成的工作小组，负责具体确定对外输出民主的方式、手段和重点。重组国务院人权和人道事务局，该机构扩大职责范围，在世界范围内促进民主、阐明美国人权政策、在与人权相关的劳工问题上协调政策。国防部专设一个助理国防部长职位处理与促进民主有关的事务。国家安全委员会设立一名负责促进民主问题的执行主任。1998 年后又设立专门的民主促进办公室。国务院民主、人权和劳工局在输出民主方面开展了很多工作，如设立东亚和中东地区民主项目。克林顿还推动美国国际开发署促进民主。克林顿政府上述做法将民主因素融入美国外交政策决策的全过程，把输出民主作为美国政府机构基本职能之一，使其逐步机制化、常态化、长期化。

克林顿政府在全球不同地区采用不同的输出民主方式。1993年克林顿上台后倡导北约东扩，对欧美俄外交政策、世界政治格局产生了重大影响。乔治·华盛顿大学的政治学教授詹姆斯·戈德杰（James Goldgeier）指出："克林顿的国家安全顾问安东尼·莱克（Anthony Lake）非常热衷于推动北约东扩，将其作为克林顿政府的扩大民主阵营战略的一部分。克林顿强调民主国家之间不会打仗，因此美国外交政策战略应该注重推进民主。"① 克林顿政府强调北约成员国的美好前景将激励东欧国家民主化改革，还可以扩大和平地区。前美国驻联合国大使吉恩·柯克帕特里克（Jean Kirkpatrick）也说过："对抗侵略只有一个可靠的办法那就是扩展民主。这源于一个简单的事实：真正的民主国家不会侵略其他民主国家……我认为，维持和巩固中东欧的民主国家应该是美国的核心目标和在欧洲的最高外交政策要义。北约的成员国地位会有助于实现这些目标。"②

克林顿政府外交重点之一就是援助俄罗斯，支持叶利钦，防止俄罗斯转向民族主义或社会主义。美国在俄罗斯政坛出现倒叶风波引发政治危机之时，毫不含糊地立即表态支持叶利钦，把叶利钦与俄罗斯改革相联系。为此，克林顿除政治上不遗余力地站在叶利钦一边之外，经济上也尽力援助俄罗斯。1992 年 4 月 3 日到 4 日温哥华美俄首脑会议上最终允诺援俄 16 亿美元。同时克林顿政府呼吁日本也援助俄罗斯，最终美国将援俄 34 亿美元，这是史无前例的。③ 克林顿认为援助俄罗斯"不仅是为俄罗斯的未来投资，也是为美国的未来投资"④。

克林顿积极实践其新干涉主义信条。1994 年，克林顿部署 17000 名美国士兵到海地进行干预，恢复三年前曾被海地军方驱逐出海地的让·贝特朗·阿里斯蒂德（Jean-Bertrand Aristide）成为

---

① James Goldgeier, "NATO Expansion: Anatomy of a Decision," *Washington Quarterly*, Vol. 21, No. 1, Winter 1998, pp. 85 – 102.

② Jean Kirkpatrick, "NATO Enlargement," Testimony to the Senate Foreign Relations Committee, Washington D. C., October 9, 1997.

③ 潘锐：《冷战后的美国外交政策——从老布什到小布什》，时事出版社，2004，第 171 ~ 172 页。

④ 王缉思、徐辉、倪峰主编《冷战后的美国外交（1989—2000）》，时事出版社，2008，第 99 页。

海地民选总统。① 此次行动的名称就叫"恢复民主"行动，可见这
场战争的目的是民主输出无疑。随后美国及国际社会展开了更长
期的民主和平建设行动，美国签署并派遣相关人员跟进联合国在
海地的行动以及国际平民行动。国际平民行动的目的是协助恢复
民主规章，监督侵犯人权事件，特别是保障选举前的言论和结社
自由。美国在索马里扩大解救饥荒和人道主义苦难的行动。美国
认为民主化是索马里很多问题的最好的长期解决办法，于是其干
预行动逐渐从人道主义救援演化为建立民主制度。由 17000 名士兵
参与的联合国在索马里的第二次行动是"帮助索马里人民促进和
推行政治和解，让索马里社会各部门广泛参与，在索马里全国重
建国家和地区的机制以及国民政府"②。

　　克林顿和后来的布什总统通过经济、军事援助等方式积极支
持在巴尔干地区的维稳和民主化行动。1995 年到 2009 年，两届政
府向波斯尼亚提供经济和军事援助高达 24 亿美元，1999 年到 2009
年给科索沃 11 亿美元。可以说这是美国在中东和阿富汗地区之外
的最大援助支出。③ 克林顿还部署了 15000 名军人到波斯尼亚、派
遣大概 6400 名军人到科索沃。这两次是在海湾战争和持久自由行
动之间最大规模的美国军事部署。1995 年以来波斯尼亚举行的 6
次国家选举都是依靠外国援助。1999 年以来，科索沃举行了 4 次
选举。两国都在 2011 年被"自由之家"评为部分自由国家，可见
美国输出民主做出的巨大努力。

　　1995 年在波斯尼亚和 1999 年在科索沃的军事行动原因及目标
各不相同，其中包括制止屠杀、民族清洗、防止不稳定涌入相邻
的北约成员国。然而一旦最初的行动结束，由于美国认为民主能
解决困扰该地区的暴乱，美国及其国际伙伴便开始长期进行花费

　① All Figures for US troop deployments are taken from Tim Kane, "Global US Troop
　　 Deployment, 1950–2005," online dataset available through the Heritage
　　 Foundation, Center for Data Analysis Report #04-11.

　② United Nations Security Council Resolution, S/RES/814, March 26, 1993.

　③ Figures for US foreign assistance are taken from USAID, *U. S. Overseas Loans and
　　 Grants：Obligations and Loan Authorizations, July 1, 1945-September 30, 2009*,
　　 also known as the "Greenbook", http：//gbk. eads. usaidallnet. gov/.

不菲的民主和平建设行动。《代顿和平协定》（Dayton Peace Accords）列出行动目的之一"便是推进自由、公平且民主的选举，为民选政府打基础，保证波斯尼亚和黑塞哥维那的民主目标的实现"①。科索沃战争后，根据联合国安理会决议对行动的授权，联合国在美国支持下，在该地建立了过渡政府以"促进暂时民主自治机制发展并且保证给予科索沃所有居民和平正常生活的环境"②。

美国的民主输出政策也并非一帆风顺。美国向中国进行民主输出的政策就不如其在苏联成功。克林顿政府时期的美国对华最惠国待遇问题可以被认为是一个非常好的案例。1992 年总统竞选期间，当时的民主党总统候选人克林顿激烈批评老布什总统在对华政策问题上，特别是人权问题上，对中国采取所谓姑息主义的态度。他主张美国利用贸易最惠国待遇问题向中国政府施加压力，迫使后者在人权问题上做出重大让步。

克林顿当选后不久，便宣布准备给中国贸易最惠国待遇附加条件。1993 年 5 月 28 日，白宫新闻秘书办公室公布《总统关于中国最惠国地位的声明》，声明中美国要求中国在人权问题上有重大改进。为此，美国决定延长中国最惠国地位 12 个月，下一年是否延长将取决于中国是否在改进人权方面取得重大进展。③ 同日，克林顿签署了关于 1994 年延长中国最惠国地位条件的行政命令，该命令明确提出 1994 年美国延长中国最惠国地位的条件与中国人权问题挂钩。

由于克林顿政府将人权与最惠国问题挂钩的做法危及两国关系的正常进行，既损害了中国的利益，也损害了美国的利益，因而也遭到中国领导人和很多美国人的反对。其中中国领导人多次对美国将人权与最惠国待遇问题挂钩的做法表示反对。1994 年 3 月沃伦·克里斯托弗访华期间，当时的李鹏总理和外交部部长钱

---

① The Dayton Peace Accords, December 14 1995, Annex 3, http: //www. ohr. int/ dpa/default. asp? content_ id = 371.

② United Nations Security Council Resolution, S/RES/1244, June 10, 1999.

③ Kerry Dumbaugh, *China-U. S. Relations*, Congressional Research Service Brief 94002, Foreign Affairs and National Defense Division, November 1996, pp. 2 – 9.

其琛提醒克里斯托弗：克林顿政府会因"失去中国"被责备。[1]

1994 年初，随着美国政府一年一度的审查中国最惠国问题时间的临近，美国一些知名人士纷纷发表文章和公开讲话，批评克林顿政府将人权与贸易挂钩的做法。例如 1994 年 3 月 23 日，美国前国家安全顾问布热津斯基在芝加哥说，美国应当承认正在崛起的中国的地位和影响，维持与中国的良好关系，并与之建立和发展密切的战略磋商关系。美国在这个时候用人权向中国施加压力，犯了严重的错误。一些美国参议员也公开表示对克林顿政府的这种做法的不满。1994 年 3 月 25 日，美国国会参议院财政委员会国际贸易小组委员会主席鲍卡斯对记者说，参议院中大约有 60 人认为应该将中国的贸易地位问题和人权问题分开。克林顿政府将人权与贸易挂钩的做法充满了对抗，其他国家并没有采取这种笨拙的做法。他建议政府用非贸易手段去改善中国的人权状况。5 月 17 日，106 名美国两党国会众议员联名写信给克林顿总统，敦促后者延长中国的最惠国待遇，并采取其他方式处理两国之间的人权问题，以取代两国在最惠国待遇问题上一年一度的对抗。5 月 18 日，美国参众两院议长分别发表讲话，表示希望克林顿政府无条件延长中国最惠国待遇。

美国工商界反应巨大，1994 年 3 月 13 日在与沃伦·克里斯托弗的闭门会议中及 1994 年 3 月 15 日外交委员会资助的在华盛顿举办的论坛上，美国商业集团强烈指责将贸易问题与人权联系在一起。[2] 私营公司中最积极提倡对华最惠国待遇的是美国波音公司。波音公司每年为共和党和民主党竞选人捐款高达百万美元，而中国买走了 1993 年到 1995 年波音公司生产的 70% 的飞机。[3] 通用汽车下属公司休斯电子公司当时也与中国有业务往来，因此强烈支

---

[1]　Warren Christopher, *In the Stream of History*, *Shaping Foreign Policy for a New Era*, Stanford University Press, 1998, pp. 153, 438.

[2]　Facts on File, Worlds News Digest with Index, Volume 54, No. 2781, Infobase Holdings Company, March 17, 1994.

[3]　Richard Bernstein and Ross Munro, *The New China Lobby*, The Domestic Sources of American Foreign Policy-Insights and Evidence, Oxford: Rowan & Littlefield Publishers Inc., 1999, p. 82.

持保留中国最惠国待遇。① 中国的支持者包括政治顾问、学者、前外交官或是受益于与中国交往的人士。②

面对来自各方的强大压力和取消中国最惠国待遇的严重后果，克林顿政府在最惠国问题上的立场开始逐步软化。1994 年 3 月 3 日，当时助理国务卿洛德在一次新闻发布会上说，美国不指望在一年或几个月内改变中国社会，美国所谋求的只是一个积极的趋势。3 月 16 日，克林顿在会晤以色列总理拉宾后举行的记者招待会上说："人权固然重要，但其他问题也很重要。""我深信，从长远来说，我们能够解决这个问题和加强我们（同中国）的关系，并强调我们在人权问题上的主张。"5 月 3 日，克林顿在美国有线新闻电视公司向全球转播的记者招待会上说，如果取消中国的最惠国待遇，中美关系将受到损害，他并不希望这种事发生。他承认，中国在许多领域里已经取得真正的进展，在人权领域也取得一些进展，但认为中美两国"仍然有一段路要走"。5 月 21 日，美国商务部长布朗对记者说，他认为美国应当延长中国最惠国待遇，美中商务关系十分重要，美国商业和工业肯定要参与美中合作和交流。美国如果不参与，其他国家也会参与。

1994 年 5 月 26 日，在人权与贸易挂钩政策无法奏效的情况下，克林顿宣布美国政府将延长中国最惠国待遇，并表示以后不再将人权作为延长中国最惠国待遇的条件。③ 他说，美国必须"从美国在亚太地区政策的更广阔的范围看待与中国的关系"。美中关系对所有美国人都很重要，延长中国最惠国待遇有利于避免孤立中国，使美国得以同中国进行经济、文化、教育和其他方面的接触，有利于美国推动中国改善人权。美国准备奉行与中国进行接

---

① General Motors Company Profile, General Motors Corporation, Copyright 1997.

② Richard Bernstein and Ross Munro, *The New China Lobby*, The Domestic Sources of American Foreign Policy-Insights and Evidence, Oxford: Rowan & Littlefield Publishers Inc. , 1999, p. 85.

③ Vladimir Pregelj, *Most Favored Nation Status of the Peoples Republic of China*, Congressional Research Service Report, Ecnomics Division, June 1998, p. 4.

触的、更广泛的战略。①

这个案例说明，美国向中国输出民主和谋求与中国保持稳定的关系以便获取经济或其他方面的利益这两件事有一定矛盾。放大一点看，这其实也是理想主义和现实主义的矛盾。在巨大的经济利益的背景下，美国也不得不在民主输出问题上权衡利弊，免得顾此失彼。

第三节　美国民主输出政策的高峰时期

布什②时期制定的"全球民主化"战略和实践使美国民主输出达到了历史上的最高峰。称其为最高峰的一个重要依据是在这一时期美国发动了若干次大规模军事行动，通过武力干预强行向一些国家输出民主。美国的做法可以说是"不管你愿意与否，如果我出于某种原因需要你成为民主国家，你就得成为民主国家"。当然，除了武力以外，布什政府也继续使用经济援助来作为巩固和扩大民主国家的辅助手段。同时也利用半官方机构发动了数次规模宏大的"颜色革命"。

2000 年布什刚刚上台时并没有将民主输出作为其最重要的任务。在布什竞选总统过程中，当时布什的高级外交顾问康多莉扎·赖斯提出五个重点，其中没有强调民主输出。③ 当时中国崛起问题成为美国的热门话题。"中国威胁论"甚嚣尘上。美国对外关系的重点有向遏制中国转移的倾向。美国和日本的关系加强，并开始构建遏制中国的包围圈。

"9·11"事件之后事态发生变化。对美国本土的恐怖袭击可以说是打乱了美国的战略部署。美国依然认为中国是一个强大的潜在威胁。但相比之下，恐怖主义的威胁更直接、更紧迫。在这

---

① 贾庆国：《克林顿执政以来的中美关系》，《美国研究》1998 年第 2 期，第93～96 页。
② 本节以下出现的布什均为小布什。
③ Condoleezza Rice, "Prmoting the National Interest," *Foreign Affairs*, January/February 2000, pp. 45－62.

种情况下，美国不得不把中国问题暂时放置一边，集中精力应对恐怖主义。

布什在第二任总统就职演说中强调："自由国家齐心协力推进民主，将敲响专制政权的丧钟。……我们获得和平的最佳途径，就是把自由扩散到全世界每一个角落。"① 布什的这段话体现了强烈的民主和平论的逻辑思维。康多莉扎·赖斯写了一篇题为《民主和平论的承诺》的文章。在文章中赖斯写道："在全世界所有国家支持民主体制成长不是道德主义的想象，而是应对我们目前挑战的现实主义回应。原因在于政权的根本属性比国际权力分配更重要。民主是唯一国家间长久和平安全的保障，因为只有民主能保证国家间的自由和公平。"②

2002 年 9 月的《美国国家安全战略》提到，"美国作为一个多种族民主国家的经历"，说明在民主制度之下"传统和信仰各异的人能够和平共处、和平发展"，因此，标准的西方民主制度是普遍地适用于每一个地方的；同时，也只有在敌对国家建立起民主政权，才能保证美国本身的安全。所以，"我们将积极努力，促使民主、发展、自由市场和自由贸易的希望遍及世界每一个角落"，"我们将在各大洲促进社会自由和开放以扩大和平"③。2003 年 2 月布什指出："推广民主的价值观明显符合世界利益，因为稳定、自由的国家不会培养出谋杀的意识形态，他们鼓励人们以和平的方式追求更幸福的生活。" 布什的民主输出战略继续以"民主和平论"为支柱，他和国务卿赖斯都公开援引俄罗斯不同政见者和以色列政治学家纳坦·夏兰斯基关于民主的论述。2004 年出版的《论民主——以自由的力量征服暴政和恐怖》一书被布什确定为白宫必读书，布什以此书的核心思想作为其外交行动指南。夏兰斯基的基本观点是所有人都可以获得自由，自由是全球安全的最佳保障，因为民主社会不会交战，集权主义社会（也即恐惧社会）

① George W. Bush, Inaugural Speech, January 20, 2005.
② Condoleezza Rice, "The Promise of Democratic Peace," *Washington Post*, December 11, 2005, B7.
③ *National Security Strategy Report*, September 20, 2002.

非常危险，因为它们总是为了自我生存而在外树敌。他说："恐怖和战争是由于暴虐政体存在，暴虐政体的统治者无视国内人民自由，为维护统治，他们千方百计转移国民注意力，让外部发生动荡，引导人们发起恐怖袭击等。对暴虐政体，要靠武力推翻，也要借助政治、经济和社会等综合力量，在这些国家遍吹民主自由之风，在世界范围内拓展'民主链'。"[1]

布什的民主输出战略的主要手法包括军事打击、对外援助、"颜色革命"、通过半官方机构推广民主等。其中军事打击尤为引人注目，成为布什政府民主输出的一个重要的象征性的招牌。

（一）军事打击

布什政府的武力输出民主是其与前几任总统的重大区别。2001年"9·11"事件对美国的沉重打击使布什坚信世界上若干政权的存在本身就对美国国家安全乃至一切西方民主制度构成威胁。他决心打一场反恐战争，通过战争在当地建立西式民主制度，搞"全球民主化"，保护美国安全。中东地区成为民主输出的重点地区之一。美国认为中东地区对其造成的威胁主要来自四个方面。一是恐怖主义。"9·11"恐怖袭击后，恐怖主义成为美国国家安全的最大威胁。以本·拉登及其基地组织为代表的恐怖分子和组织的人员及资金来源便是中东地区。所以，美国认为中东有滋生恐怖主义的土壤。二是大规模杀伤性武器扩散。美国国家安全面临的威胁不仅在于恐怖主义泛滥，而且在于恐怖主义与大规模杀伤性武器结合造成的可怕后果。三是巴以冲突。中东地区长期没有解决的巴以矛盾、阿以矛盾、持续的流血冲突影响中东稳定，甚至影响美国的战略。四是非民主政权和"无赖国家"。中东大部分都是非民主国家，其中美国心目中的"无赖国家"如伊拉克、伊朗、叙利亚、利比亚等国都不利于美国发挥在

---

[1]　Natan Sharansky, Ron Dermer, *The Case for Democracy: The Power of Freedom to Overcome Tyranny and Terror*, Public Affairs; First Edition edition, November 9, 2004, pp. 4 - 5.

中东的主导地位。① 美国认为中东缺乏民主和自由，因此才产生恐怖主义，于是大力推广"大中东民主计划"。他认为美国民主输出战略与反恐战略在这一地区高度吻合，必须对阿拉伯地区进行民主改造。

阿富汗战争可谓是美国"枪杆子里面出民主"的第一枪。2001年10月7日，以美国为首的联军对基地组织和塔利班开战。这是布什政府的第一场反恐战争。战后，美国插手主导其经济建设、民主进程。2001年12月，阿富汗成立亲美政府，卡尔扎伊任主席。布什政府对其提供经济援助，2001~2006年，美国承诺援助阿富汗136亿美元。布什政府此举是为了巩固阿富汗亲美政权，保证阿富汗的新宪法遵照美式民主制度模板。

伊拉克战争是美国在"9·11"恐怖袭击后第一次大规模使用军事手段。布什政府当时对伊拉克开战的理由是铲除萨达姆政权，帮助伊拉克人民建立一个自治的政府；搜寻并销毁藏匿在伊拉克境内的大规模杀伤性武器及恐怖分子；结束制裁，对其提供人道主义援助；保护伊拉克石油及其他天然资源。尽管这场战争遭到俄、法、德、中、阿拉伯国家联盟、不结盟运动等多个国家政府和国际组织的批评与谴责，布什政府在发动战争后，坚持对其进行民主改造。伊拉克民主改造主要分为三个阶段。第一阶段：战后初期恢复秩序。联军临时当局发布一系列命令，解除萨达姆时期建立的国家权力结构，特别是核心领导部门和权力部门，建立新的政治秩序。在地方，选举和任命新的省、市、镇等委员会官员。在国家机构中，改革和重组有关部门，负责管理教育、人权、环境、妇女事务。第二阶段，移交主权和制定宪法。2003年11月，联军临时当局和伊拉克管理委员会签署主权移交协定，就未来政治进程达成一致意见。2004年6月，亚瓦尔为总统、阿拉维为总理的临时政府正式运作，6月28日布雷默提前两天向临时政府移交主权。2005年1月，伊拉克大选后，美国仍把伊拉克内务

---

① U. S. President Delivers State of Union Address, January 29, 2002, http://www.whitehouse.gov/news/releases/2002/01/20020129-11.html.

部和国防部置于它的监督和管理之下。美国向伊拉克输出民主的
关键是制定一部符合美国意愿的伊拉克新宪法。战后初期，美国
律师和临时管理委员会成员一起制定伊拉克过渡宪法。伊拉克临
时政府成立后，美国把制宪权交给伊拉克制宪委员会，但实际上
在各个环节进行干预。2005 年 10 月，伊拉克新宪法交付全民公
决，获得通过。新宪法确立了新的国家体制、宗教地位和公民权
利。第三阶段，根据新宪法选举产生伊拉克新政府。在新宪法框
架内，2005 年 12 月举行选举，将近 1200 万人投票选出第一个任
期四年的长期政府。从统计数据看，唯一一个在很大程度上是非
宗教的党派只获得 9% 的选票，什叶派党派伊拉克团结联盟获得
47% 的选票，逊尼派领导的伊拉克和谐阵线赢得了 16% 的选票，
库尔德联盟获得了 19% 的选票。①

　　阿富汗战争和伊拉克战争及战后对这两个国家的民主改造说
明，美国的民主输出不再是给对象国某种建议。在必要的情况下
美国将使用武力强行输出民主制度，尤其在美国认为改变对象国
的政治制度涉及美国在该地区的国家利益时。

（二）对外援助

　　布什 2002 年曾说："我们同贫困做斗争是因为给予人们希望
是对恐怖的回应，我们同贫困做斗争是因为机会是人类尊严的基
本权利，我们同贫困做斗争是因为信念和良知要求我们这样做，
我们同贫困做斗争时日益确信我们能实现重大的进步。"他还明确
表示，正如富裕国家有义务施与援助一样，受援国也必须资助，
援助必须同改革和自我改善结合在一起。他说："我们的发展援助
的目标将是国家的发展和繁荣，从而不再需要任何援助。当国家
实行改革时，每 1 美元的援助可以吸引 2 美元的私人投资。当援助
同良好的政策联系在一起时，与旧有的对外援助实践相比，有多
达 4 倍的人可以从贫困中被解救出来。"②

---

① 罗艳华等：《美国输出民主的历史与现实》，世界知识出版社，2009，第 334 ~
　　335 页。

② 周琪、李枬、沈鹏：《美国对外援助：目标、方法与决策》，中国社会科学出
　　版社，2014，第 119 ~ 120 页。

布什政府对外援助的主要地区是阿富汗和伊拉克，目标是战后重建。此外还有东欧和中亚国家等。地区重建和支持发生冲突地区国家的需要导致美国对外援助的数额迅速增长。布什政府对阿富汗承担了 2.97 亿美元的援助。① 战后，美国向伊拉克注入了大量援助金额。美国对伊拉克的援助计划是自 1947 年"马歇尔计划"以来最大的援助计划。伊拉克在 2005 年得到了 112 亿美元，2006 年得到了 47 亿美元（包括一次性被免除 40 亿美元的债务）。这两年对伊拉克的援助相当于 2005 年和 2006 年两年美国对外援助总额的 1/3。2008 年，美国拨给伊拉克的重建经费是 460 亿美元。②

20 世纪以来，美国对东欧和中亚的援助有了新目标，即争取这一地区的国家对美国反恐战争的支持，并促使其向美国所希望的制度转变。在前一个目标方面，时任欧洲和欧亚事务助理国务卿伊丽莎白·琼斯在对美国对这一地区的对外援助项目进行评估时说，美国通过对外军事资助、国家军事教育和训练、志愿和平活动项目，帮助了美国在反恐战争中的盟国，加强了北约联盟的能力。在后一个目标方面，美国通过《支持自由法》进行的政治经济转型援助和《支持东欧民主化》"正在向东扩大欧洲的民主和繁荣地带"。"通过援助民主和政府及更广泛的社会参与，正在建立将在未来若干年里巩固美国与其他国家关系的强有力的纽带。"此外，美国对草根和非政府组织的支持将促使那些本土集团支持开放性的和竞争性的政治与经济制度，它所取得的效果甚至比正式的美国援助的效果更加持久。她表示，美国将继续支持东欧国家中的市民社会组织。在这一领域里，没有一个捐赠国像美国一样活跃。③

美国的援助在格鲁吉亚 2003 年 11 月的"玫瑰革命"中发挥

---

① 周琪、李枏、沈鹏：《美国对外援助：目标、方法与决策》，中国社会科学出版社，2014，第 126 页。

② 周琪、李枏、沈鹏：《美国对外援助：目标、方法与决策》，中国社会科学出版社，2014，第 129 页。

③ 周琪、李枏、沈鹏：《美国对外援助：目标、方法与决策》，中国社会科学出版社，2014，第 144～145 页。

了作用，主要是在提高格鲁吉亚人和格鲁吉亚组织的能力方面起了关键的作用。新当选的格鲁吉亚总统米哈伊尔·萨卡什维利曾获得根据《援助自由法》设立的哥伦比亚大学研究所奖学金，其内阁中的 14 名成员，包括总理祖拉布·日瓦尼亚和外交、国防、农业、经济、内务、司法、财政各部的部长，都参加过美国资助的交流项目。

21 世纪初，国会还对"支持东欧民主行动"和自由支持行动给予了支持。根据美国的评估，"美国的援助项目是帮助这些转型国家成为带有共同价值观更强大的伙伴的关键工具"[①]。

（三）发动"颜色革命"

由美国在背后支持的"颜色革命"发生在中东、东欧和中亚许多国家。从 2003 年开始，颜色革命覆盖整个独联体地区，包括独联体西南的外高加索、西部的欧洲、东部的中亚。美国希望通过民主输出，强化对俄罗斯的围堵，压缩其战略空间，扩大美国安全利益。"颜色革命"是布什政府输出民主的重要方式之一。

以独联体为例，美国早在克林顿时期就开始对格鲁吉亚、乌克兰、吉尔吉斯斯坦等国进行政治经济影响和文化渗透，向其进行全方位、强有力的民主输出活动。关于美国在这方面的具体做法，中国社科院欧亚所研究员孙壮志曾在其题为《美国在独联体国家推动"颜色革命"的主要策略和做法》一文中进行了颇为详尽的归纳。他认为美国主要采取以下八种做法。一是通过大规模经济援助，造成依附关系，同时争取民心。二是重视意识形态领域的渗透，通过文化手段扩大对政治进程的影响力。三是推动独联体国家的"民主建设"，敦促这些国家接受西方的政治改革方案。四是在安全领域建立合作机制，在各国的强力部门和军队中培养亲美人员。五是公开支持独联体国家的反对派，为反对派的活动提供帮助。六是利用选举大做文章，鼓动街头斗争，扶亲美势力上台。七是在反对派失败的情况下，用制裁等手段向执政当局施压。八是与欧盟、欧洲安

---

① 周琪、李枏、沈鹏：《美国对外援助：目标、方法与决策》，中国社会科学出版社，2014，第 146 页。

全与合作组织加强合作，增强对独联体国家的影响力。[①]

（四）利用半官方机构推行民主

布什当政期间美国国家资助的各类半官方机构众多。这些机构分工明确，在对象国资助其认为可能的反对派，通过与它们长期联系策动它们适时进行民主活动。这些机构中最著名的就是里根时期成立的美国国家民主基金会、团结中心、国际私营企业中心、国际共和研究所和国家民主研究院等。表面上这些基金会是非政府组织，实际上它们都接受美国政府的资助，民主输出带有非常明显的政府意图。2005 年 5 月 18 日，布什在国际共和研究所的一次午餐会上说，该所"成立 20 年来，一直站在 100 多个国家民主改革的最前沿"。布什政府继续派遣专家访问对象国，针对对象国尖锐社会矛盾问题，包括高失业率、政府腐败、行政或司法部门专横、营私舞弊等，组建反政府的组织、运动。利用对象国的大众媒介制造当地政治混乱、引发大规模反政府抗议等。如布什政府对乌克兰、黎巴嫩和吉尔吉斯斯坦发生的"颜色革命"给予大力支持。当对象国进行总统、议会选举时，支持反对派煽动示威，借机支持亲美反对派组建新政府并予以承认。

2005 年布什指示美国国家民主基金会："反恐战争的战略中最重要的部分就是通过减少在广大中东地区及周边地区对民主和希望的厌恶仇恨来禁止军事招募。民主可以削弱恐怖主义是由于如果该地区民众被允许选择他们自己的命运，靠他们自己力量、靠他们作为自由人参与国家事务而取得进步，那么那些极端主义分子将会被边缘化，剧烈的激进主义潮流扩散到世界其他地区也会减缓甚至最终停止。这样将会加强美国安全，支持其他国家的自由会让我们的自由更安全。"[②] 美国国家民主基金会在各地区的活动如下。

---

① 孙壮志：《美国在独联体国家推动"颜色革命"的主要策略和做法》，《中国党政干部论坛》2005 年第 8 期。

② George W. Bush, Speech at the National Endowment for Democracy, Washington, D. C., October 6, 2005.

1. 在中亚的民主推进

美国国家民主基金会在中亚的主要活动方式是通过其下属的几个核心研究所实施民主渗透项目。中亚地区最主要的民主渗透机构是全国国际民主事务学会，对中亚国家的民主政治进程发展具有重要的影响力。它在中亚哈萨克斯坦、吉尔吉斯斯坦、乌兹别克斯坦都建有自己的办公室。全国国际民主事务学会主要在中亚从事议会强化、政党发展、公民社会发展、选举监督等方面的工作。2005~2008年，国家民主基金会向全国国际民主事务学会提供了173万美元，用于支持其在中亚的项目。

国际共和研究所主要活动范围在哈萨克斯坦、吉尔吉斯斯坦，主要是发展政党、鼓励政党与选民建立联系、开展青年民主运动。国际私有企业中心扶持中小企业发展，在社会基层推广市场经济。此外，国家民主基金会还提供中亚本土的非政府组织资金，在人权监督、妇女权利、独立媒体、建立独立思想库和论坛及公民教育等方面建立民主渗透项目。比如国家民主基金会2008年向塔吉克斯坦妇女选民非政府组织提供了赠款，促进妇女运动。

美国国家民主基金会在中亚开展民主渗透活动的领域主要有促进政党发展、建立公民社会、帮助议会发展、监督选举、促进市场经济改革、重视人权状况。国家民主基金会重视完善政党内部管理、党员培训、提高他们的选举技巧；逐渐提高对象国公民的民主意识，加强公民社会组织能力；开展议会发展项目，为议员提供培训、技巧等援助；通过资助培训选举技能、监督选举；促进私有化和市场改革；报告中亚国家的人权状况、为人权活动提供资金。

2. 在俄罗斯的民主输出

2011年8月公布的美国国家民主基金会年报显示该基金会已渗入俄罗斯全境。国家民主基金会一直资助在莫斯科的"国际新闻中心"；资助了许多青年组织和研讨会，培养未来的领导人。2010年一年就花费278万美元在全俄境内资助数十个此类项目。基金会资助俄境内选举前的各种"独立民调"和选举期间的独立观察人士。2011年俄杜马选举期间，该基金会就直接资助俄罗斯名为"声音"的社会团体，专门搜集投票舞弊行为，并在第一时间通过因特网对外发布舞弊线索和照片等。2011 年 9 月，该基金会在华盛顿组织了封闭式的研讨会，应邀参会的就有俄罗斯"团结"运动组织的政治委员会成员弗拉基米尔·卡拉－穆尔扎，此人是一系列反普京示威活动的重要组织者。因而今日俄罗斯网才会认为，驱逐美国国际开发署之后，"下一步退出俄罗斯的应该是NED"。

3. 在东欧的民主渗透

20 世纪 90 年代开始美国政府就通过美国国家民主基金会对乌克兰等东欧国家进行渗透。国家民主基金会给予资金支持、技术指导等方面帮助，到 2013 年，美国国家民主基金会在乌克兰提供资助的非政府组织达到 65 个。2014 年美国国家民主基金会甚至每周提供 2000 万美元为参加抗议活动的每个人"发工资"。

4. 在拉美的民主促进

美国国家民主基金会对拉美的民主输出活动一直不断。例如，国际共和党研究所认为查韦斯领导下的委内瑞拉正在偏离民主的轨道，众多拉美国家可能会效仿它的做法，所以美国国家民主基金会开始资助委内瑞拉国内的"民主势力"。1999 年，国家民主基金会资助委内瑞拉 25 万美元，在拉美国家中最多。2000 年增加到87 万美元。2002 年，美国国务院人权与劳工局专门拨款 100 万美元资助国家民主基金会在委内瑞拉的项目。国家民主基金会的四大下属机构都积极在委内瑞拉活动。国际共和党研究所与委内瑞拉反对派建立了密切联系，并积极培训已有和新成立的反对党提高组织、宣传、管理能力。国家民主研究院通过帮助重建有效的政党制度以拯救委内瑞拉的民主。国际劳工团结中心向委内瑞拉最大的反对派工会——委内瑞拉劳工联合会提供了多次资助，促使他们进行反查韦斯的抗议、游行。①

5. 在中东的民主改革

"9·11"事件后，美国外交目标转向反恐，国家民主基金会

---

① 刘国平：《全国民主基金会与美国民主援助》，《浙江大学学报》（人文社会科学版）2010 年第 4 期，第 47 页。

推出了《战略文件（2002）》，将在伊斯兰世界进行民主援助视为头等大事。这份文件提出："在伊斯兰世界，民主在政治和意识形态领域受到了伊斯兰运动的挑战，这一运动宣扬仇恨，这种运动在其所在国家可能并不是人民的主体，但它的影响确实相当大……由于这种运动经常诉诸暴力以实现其目标，所以恰恰是缺乏民主的伊斯兰世界内部为恐怖主义发展提供了肥沃的土壤。"为在伊斯兰世界，主要是中东地区进行民主输出，国家民主基金会努力扩大与伊斯兰国家温和政党的联系，要求国际私营企业中心等机构加快私人志愿者组织和当地智库的发展，在当地促进经济改革及自由市场，要求美国国际劳工团结中心加强在伊斯兰国家培养工会组织者，国家民主基金会还在伊斯兰世界扩大妇女领导人培训项目，提高妇女参与政治、文化生活的能力。国家民主基金会的《战略文件（2002）》实施两年后，布什政府便推出了"大中东民主计划"。"大中东民主计划"基本采纳了国家民主基金会《战略文件（2002）》的目标和做法，通过推动中东地区的"民主化"来消除恐怖主义赖以生存的土壤。而布什政府的"大中东民主计划"反过来又为国家民主基金会提供了更为广阔的活动空间。①

布什政府的民主输出战略旗帜鲜明，目标明确，手段多元。总的来讲，其战略脉络是首先通过军事打击摧毁危害美国国家利益的国家的"独裁政权"。当然，在战争开始以前要先找一个比较能获得同情心的理由，通常是武器扩散、恐怖主义等。战争结束后马上用经济援助跟进，恢复秩序，扶植亲美的民主政府。事态稳定后，半官方机构马上再进入，对新的政治经济制度进行调整巩固。布什的这套做法显示出美国已经没有耐心等待非民主国家"慢慢"发展成民主国家，而是秉承资本主义的生产方式在流水线上制造民主国家。

---

① 刘国平：《全国民主基金会与美国民主援助》，《浙江大学学报》（人文社会科学版）2010 年第 4 期，第 47~48 页。

第四节　美国民主输出政策的反思阶段

布什强力推行民主的做法尽管取得了成效，但其内在的问题慢慢显示出来。因此，冷战后出现的民主输出势头在奥巴马当选总统时已经开始减缓。老牌民主国家如欧盟各国、美国受到史上最严重的经济危机的打击，国家发展缓慢。第三波民主化浪潮中很多新兴民主国家并没让民众感受到民主政府带给他们的更好的生活。许多新的民主国家发展进入停滞状态，甚至很多专家认为可能会产生新一波的民主衰退。阿拉伯世界民主进程遭到质疑。欧洲及其他地区的许多民主支持者不愿再跟随美国的民主政策。而中国、俄罗斯及其他极权国家尽管不是按照民主模式发展却保持了稳定和强有力的势头。

种种现象让西方学者、政客开始对民主输出政策进行反思。美国《国际利益》政治主编罗伯特·梅里 2014 年 7 月 4 日发表题为《罗马与美国：共同的命运？》的文章，文中将罗马共和国与美国对比，反思美国的民主体制。他引用已故知名专栏作家欧文·克里斯托尔的话，即所有政府形式——民主、寡头政治、贵族统治、君主制、独裁统治等——本质上都是不稳定的……所有的政治制度本质上都是过渡性的……所有政权的稳定都会受到时间所具有的强大侵蚀力的破坏。政府制度——即便是像罗马或美国那样经过精心构思和得到巧妙制衡的制度——并不会仅仅因为它们自身的优点而永垂不朽。它们必须不断地加以培育、支持、保护、翻新和重建。① 美国《民主季刊》2015 年第 1 期发表了美国政治学者弗朗西斯·福山题为《为何民主表现得如此差劲》的文章，其中列举了近期有关民主的各种倒退现象：

自 2006 年以来，民主开始衰退，国际非政府组织自由之

---

① Robert W. Merry, "Roman and America: A Shared Fate," *The National Interest*, http://nationalinterest.org/feature/rome-america-shared-fate-10804.

家对民主国家的测评分数呈逐年递减趋势。特别是 2014 年，民主的表现更是令人不够满意。"阿拉伯之春"发生后，埃及出现新的独裁统治，利比亚、也门和叙利亚呈无政府状态，而叙利亚和伊拉克还出现了新的恐怖主义组织——"伊斯兰国"。近年来，全球民主国家的差劲表现有目共睹。最成功的民主国家（如美国和欧盟成员国）经历了 20 世纪 20 年代末以来最严重的经济危机。与此同时，从巴西、土耳其到印度，一些新兴民主国家在许多方面的表现也让人失望，内部抗议运动对这些国家产生深远影响。反对专制政权的自发性民主运动兴起（如在乌克兰、格鲁吉亚、突尼斯和埃及等国），但是这些运动从未成功领导并建立起稳定、运作良好的民主国家。①

在福山看来，近些年来民主遭遇的挫折是因为许多新兴和已有的民主国家未能建立现代化的、治理良好的国家，这是近年来民主转型的致命问题。当然，福山没有也无法解释为什么这种理想的国家制度未能如美国所愿顺利建立。2015 年 1 月，《民主杂志》主编拉里·戴蒙德说："自从 2006 年以来，世界一直处在温和但长期的民主衰退过程中。民主国家数量的增加处于停滞状态。几个现有的民主国家摇摇欲坠并发生了倒退。以美国为首的老牌民主国家，似乎表现越来越糟糕，越来越缺乏在国外有效推动民主的意愿和自信。"② 2014 年 3 月出版的《经济学人》刊文《西方民主怎么了?》，其中提出"2000 年以来，民主面临的障碍越来越多。许多名义上的民主国家已经滑向专制政权，民主只剩选举这一外在形式，缺少民主制度有效运转所需要的人权和体制保障。在非西方地区，民主屡屡崩溃。而在西方内部，民主常常与债台高筑、运作失灵等字眼联系在一起，损害其国内外的名声。民主

---

① Francis Fukuyama, "Why Is Democracy Performing So Poorly?", *Journal of Democracy*, Vol. 26, No. 1, January 2015, pp. 11–20.
② Larry Diamond, "Facing Up to the Democratic Recession," *Journal of Democracy*, Vol. 26, No. 1, January 2015, p. 152.

永远有批评者，但现在，西方内部出现种种缺陷，其海外形象日益脆弱。"该文分析得出民主失势的两个原因。"其一是 2007～2008 年的金融危机，其二是中国崛起。金融危机造成的心理创伤与经济损失一样大。它揭示了西方政治体制的根本性弱点，破坏了西方人固有的自信。西方政府数十年来持续发放福利，任凭债务不断升高，政客们以为他们已经超越了繁荣泡沫的循环并解除了风险。金融危机让华盛顿共识招致新兴世界齐声谴责。同时，中国共产党打破了民主世界在经济发展方面的垄断。中国的精英阶层认为，他们的模式——共产党的管控，以及稳定的选贤任能——比民主效率更高，更能避免僵局。中国领导人每十年左右换一届，按照完成施政目标的能力选拔干部。"①

著名美国学者斯蒂芬·沃尔特（Stephen M. Walt）在 2016 年 6 月 26 日发表《自由世界秩序的瓦解》一文中提出，"世界进入了一个曾经生气勃勃的民主却已变得脆弱的时期，目前，亟须为其找出原因。"他分析，"我们也许认为我们的价值观全球适用，但有时其他价值观会比我们更好。"② 美国前国务卿基辛格在其新书《世界秩序》中表示，至少在 21 世纪初，一个由美国式理想和欧洲国家和均势概念相混合的世界秩序可能存在过很短一段时间，然而，世界上绝大多数地区从来没有认同过这一西方式的秩序。如今的乌克兰危机与南海争端等正让其他国家对西方式秩序的保留意见变得更加突出。西方社会建立与鼓吹的秩序正面临着拐点。基辛格根据其新书的内容指出，现在所说的"世界秩序"其实是西方国家建立起来和大力宣传的一套规则，然而，伊斯兰世界的人有他们心中的"世界秩序"，中国人心中也有中国式的"世界秩序"。当今世界，西方式的世界秩序面临多个挑战，如利比亚内战、"伊斯兰国"兴起、阿富汗民主瘫痪，加之美俄矛盾日益尖

---

① "What's gone wrong with democracy", *The Economist*, 2014 March, http://www. economist. com/news/essays/21596796-democracy-was-most-successful-political-idea-20th-century-why-has-it-run-trouble-and-what-can-be-do.

② http://foreignpolicy.com/2016/06/26/the-collapse-of-the-liberal-world-order-european-union-brexit-donald-trump/.

锐、美中虽然常常合作但也经常互相指责，西方式的世界秩序观正处于一个转折点上，岌岌可危。基辛格还在他的新书中探讨了西方式强调民主和参与治理的世界秩序的三大缺陷。一是国家的概念承受着多种压力，如欧洲"超越国家"却带来权力真空和外部力量失衡，中东因为民族、教派而四分五裂。二是全球化的经济与依然以国家为基础的政治产生了矛盾，且各国之间的冲突根源往往在于各自不同的经济系统，但冲突的解决往往还需要以政治为基础。三是世界各国缺乏有效的问题协商、解决机制，各国并没有公认的原则和信仰。

美国国内关于"支持除了恐怖分子外所有人"（Anybody but Terrorists）的争论增多。反恐战争使美国对一些有不良民主记录和人权状况的国家，如邻近阿富汗的乌兹别克斯坦、塔吉克斯坦、土库曼斯坦和吉尔吉斯斯坦的态度变软。

在这种情况下，奥巴马在上台以后在民主输出问题上变得比其前任更加谨慎。2009 年 6 月，奥巴马在开罗发表演讲时强调其与布什总统的区别。他强调美国不会强加给其他国家美国的政府形式，也不会推行美国式民主，而是强调"普世价值"和权利，民主毕竟不仅仅是自由和选举。他还承诺美国会关注与民主有关的其他的因素，包括法治、公平和尊严。奥巴马政府在阿富汗和伊拉克军事干预问题上不再那么突出强调民主。他更多地强调美国军事干预取得的有限效果。低调宣传民主。对在海外推进民主也采取多做而少说的策略，改高调为低调，淡化民主攻势。奥巴马在就职演说中仅以"站在历史错误的一边"向所谓专制政权提出劝告。

这一方面降低了民主输出的调门，另一方面开始恢复布什以前的民主党政府主导的接触战略。奥巴马开始进行全球外交接触，特别是与对立国家或者半对立国家。俄罗斯是其首要目标。2009 年 2 月，奥巴马政府宣布调整对俄政策，想超越格鲁吉亚紧张局势、北约扩张及其他与俄冲突，希望与俄政府建立更友好的外交关系，期望俄罗斯在事关两国利益的安全问题上给予合作。前国务卿希拉里提出包括外交（Diplomacy）、国防（Defence）和发展

（Development）内涵的"3D"外交，民主被有意旁落。她在谈及人权、自由与美国及中国关系时，明确指出上述问题不应干扰美中两国针对全球性危机展开合作。此外，奥巴马还试图改善美伊关系，向伊朗最高领袖哈梅内伊表达其开启直接对话的想法。他还向前委内瑞拉总统查韦斯、叙利亚总统巴沙尔·阿萨德、古巴总统卡斯特罗及缅甸军政府表达过开启接触的信号。

奥巴马上任伊始拒绝重走布什推行的军事民主之路让世界上的一些国家产生错觉，认为美国对民主输出的热情有所减退。实际情况是，奥巴马政府虽然调整了布什政府的民主输出政策，但其对民主输出的热情丝毫不亚于布什。在各种场合，奥巴马对此做了明确的宣示。2010 年奥巴马在联合国大会号召世界上所有国家捍卫人权和民主政府。2009 年 12 月，希拉里在乔治城大学发表关于人权的讲演。次年她在另一次讲话中明确强调民主的重要性并承诺美国将继续支持推广民主。2010 年的《美国国家安全战略》报告将"美国的持久利益"定为四项：美国、美国公民及美国的盟友和伙伴的安全；在一个开放和促进机会与繁荣的国际经济体系中，保持美国经济的强大、创新和增长；在国内和全世界尊重"普世价值观"；在美国领导下，通过紧密合作建立促进和平、安全和机遇的国际秩序，以应对各种全球挑战。用关键词来表述这四项持久利益就是：安全、繁荣、价值观和国际秩序。这四项"持久利益"的前三项，就是原有的"三大支柱"，只不过是在表述上用"价值观"取代了"民主"。① 2011 年 5 月 19 日，奥巴马说："美国支持言论自由、结社自由、宗教自由、法治下的男女平等和选举权。不管你在巴格达还是大马士革，美国的政策都能推进该地区的改革、支持民主转型。"② 2013 年 9 月，奥巴马在联合国演讲时明确提出："民主推广是美国的核心利益。"2014 年奥巴马在纽约一次演讲中强调："美国要与全世界为公平、机会公正及人类尊严奋斗的勇敢的公民和公民社会组织站在一起。"他认为美

---

① *National Security Strategy Report*, May 27, 2010.

② Barack Obma, U. S. State Department, Washington, D. C., May 19, 2011.

国外交政策的核心支撑点还是推行民主。①

因此，奥巴马政府在民主输出问题上的退缩其实非常有限。更准确的说法是，和布什政府比较倾向于通过武力强行推行民主不同，奥巴马政府经过反思决定采取更为柔软的手段推行民主。和布什偏爱武力不同，奥巴马强调美国的民主输出政策必须重视所谓"巧实力"，在实践上不再咄咄逼人，在手段上要全面、多样化。具体讲，就是要综合使用政治、经济、外交、对外宣传等非暴力手段达到美国民主输出的目标。对此，美国软实力理论的创始者、哈佛大学教授约瑟夫·奈在奥巴马竞选纲领刚刚宣布时便评论道，"我认为奥巴马可能在使用美国的软权力方面取得新的成就"②。

围绕软实力的利用，奥巴马政府的民主输出政策体现了如下特点。

第一，奥巴马政府将民主和发展联系起来。这是奥巴马政府和布什政府在民主输出问题上的重大不同。长期以来，美国对民主的理解比较狭隘。特别是布什政府，对民主输出的理解重点放在改变他国制度上。这种狭隘的理解是美国同其他许多国家产生误解的一个原因。奥巴马政府公开强调民主和发展的关联性，他们表示支持民主会让世界穷困人民过上更好的生活。2009年7月11日，奥巴马在加纳议会演讲时详细阐述了美国的民主"扶贫"战略，强调美国对待非洲及所有发展中国家的首要目标是扶持其中的民主国家，使其民主制度逐渐稳固和持续发展，通过发展扶持向更多的人提供发展机会和增进其民主意识。2009年12月14日，美国国务卿希拉里在乔治敦大学发表了题为《21世纪人权议程》的演讲，她在讲话中强调，保障人类发展权与民主同样重要。

① "President Obama Embraces Democracy Promotion Once Again," *Washington Post*, September 24, 2014, http://www.washingtonpost.com/opinions/president-obama-embraces-democracy-promotion-once-again/2014/09/24/88e84d8c-4403-11e4-b47c-f5889e061e5f_story.html.

② Joseph S. Nye, Jr., "Barack Obama and Soft Power," *The Huffington Post*, November 11, 2008.

她把支持民主与促进发展称为美国政府人权议程的基础。紧接着希拉里在对外关系委员会演讲时也提出,必须提升和整合美国的发展援助政策,使之成为美国权力的核心支柱,以便更有效地推进美国的安全、繁荣及民主价值观念的传播。为了促进非民主国家的发展,美国把对外援助视为民主输出的重要手段。奥巴马并没有如外界预料的那样大幅减少美国民主援助,反而是加大了援助力度,试图通过帮助被输出国全面发展促进该国实行民主制度。不久前印尼、菲律宾先后遭遇海啸、台风等天灾袭击,美国主动提出协助这些国家建立防灾减灾网络,利用这个机会加强当地的公民社会建设。美国还在《跨太平洋伙伴关系协议》(TPP)中加入关于环保、独立工会、跨国争议仲裁等条款,以贸易为平台帮助东南亚国家在国内建立相应的民主制度和机制。

为了更好地协调对外援助行动,奥巴马对对外援助机构进行了大幅度改革。美国涉及对外援助的机构有 20 多个,互相之间沟通不够。奥巴马任命了一位国家安全高级顾问专门负责协调军方、国务院及国际开发署的行动,同时明确建立了包括国家安全委员会、国际开发署和国务院在内的三方协调体制,以便更好地通过对外援助促进民主输出战略。

在资金方面,为促进"扶持民主"新策略的实施,奥巴马政府 2010 财年提出 27.3 亿美元的专项发展预算,比 2009 财年提高了 36%。奥巴马还在《2009 补充预算案》中为国务院和开发署提出 71 亿美元追加预算,重点用于民主扶持,其中给伊拉克 4.82 亿美元、阿富汗 9.8 亿美元、巴基斯坦 4.97 亿美元、巴勒斯坦 8.4 亿美元。[①] 奥巴马还拨款 1.16 亿美元设立"平稳过渡基金"及"快速反应基金",向新生及脆弱的民主国家提供经济及技术援助,帮助巩固其民主化进程。

第二,奥巴马政府强调民主的内生性,有意图改善美国向其他国家强行推行美式民主的印象。他强调民主成功的动力来自对

---

① 刘飞涛:《奥巴马"民主促进"新策略》,《国际问题研究》2009 年第 6 期,第 44~46 页。

象国自身，这点与小布什有很大不同。在 2009 年联合国大会上，奥巴马表示："民主不能从外部强加给一个国家。每个国家都应当寻找自己的道路，没有一条路是尽善尽美的。每个国家都将沿着发源于本民族文化的道路前进，过去美国的民主宣传常常选择性过强。"奥巴马指出，促进民主必须慎之又慎。2009 年 6 月奥巴马在开罗大学的演讲中还讲到推广民主问题，他表示"没有任何一种政府体制能够或应该被一个国家强加给另一个国家"，"我们有许多可以提供给世界的东西，这并不妨碍我承认其他国家的价值和可贵品质或承认我们不总是正确的，或其他人民也有好的方面，或我们为了集体合作，所有各方都必须妥协，包括我们自己"。

奥巴马政府特别强调受援国必须自己建立良好的国内制度。强调接受美国援助的发展中国家在资金使用和项目执行方面要做到公平和透明。美国将促进受援国达到所谓"良治"，即建立良好的政治体制、实行法治、加大公民参与社会政治的力度。美国还比较罕见地关心起其他国家的腐败问题。奥巴马政府把受援国的反腐情况写入国务院各国人权状况报告，同时建立综合性评估指数，衡量并推动受援国的经济增长和制度转型。

第三，奥巴马政府在一定程度上减弱了政府在民主输出中的作用。相比布什政府，奥巴马更加倚重非政府组织，如《2010 财政年度预算》为公共外交提供 5.2 亿美元专项预算，比 2009 财年预算提高 30%；对美国国家民主基金会拨款从 8000 万美元提高至 1 亿美元，增加 25%。外界认为，奥巴马的这些手法更加隐蔽、更易于被对象国接受、更有效地扩大美国"普世价值"和民主观念的传播。

第四，布什政府在民主输出问题上近乎单打独斗。阿富汗和伊拉克战争虽然有不少美国盟国参加，但实际上所有行动几乎由美国一家主导。奥巴马放弃了这种单边主义的做法。他认为美国应该利用一切可以利用的力量推进民主。不仅要与价值观相同的民主国家合作，而且要与非民主国家合作，从而降低美国民主输出的成本。美国加强了与欧盟、东盟、非盟、美洲国家组织等地区组织的合作，依靠并敦促这些地区伙伴更加关注并推进区域内国家的民主进展。2006 年联合国人权理事会成立以来，美国出于种种原因一直回避加入。但奥巴马改变了美国的一贯做法，在 2009 年 3 月宣布要加入联合国人权理事会，并于 5 月成为该机构成员国。美国一些政要指出，多边机制是很有价值的工具，应用得当可以协调多国努力而实现共同目标。因此，美国重新加入联合国人权理事会，是因为只有参与其中美国才有可能发挥建设性的影响。

第五，奥巴马强调在世界上推进民主的最强大工具是自身示范。他认为美国要想让其他国家的人民接受民主，最好的办法是自己做出好的榜样。奥巴马认为，虽然美国有其自己的"普世价值"和理想，但其他国家有不同的文化、不同的视角、不同的历史，美国应该通过自己的榜样作用来传播理想和价值。巴格达监狱和关塔那摩监狱虐囚事件曝光以后，奥巴马政府很快决定关闭关塔那摩监狱。这体现出美国非常希望借此重建美国在民主、人权问题上的道义权威。

应该指出，虽然奥巴马政府强调柔性民主输出，但在一定场合也不排除使用武力推行民主。当然使用武力的规模远不如布什政府那样大。例如，美国政府决定以军事手段干预利比亚政局，这被认为是最重要的支持民主的一步。军事干预不仅是人道主义干预，而且反映出奥巴马政府不想让卡扎菲镇压反叛力量这件事对阿拉伯地区民主产生负面影响。[①] 2011 年伊始的"阿拉伯之春"，突尼斯本·阿里政府、埃及穆巴拉克政府、利比亚卡扎菲政府、也门萨利赫政府等同时发生政权更迭，通过西方的民主选举制度产生了新的议会和政府。沙特、约旦、摩洛哥、科威特、阿尔及利亚等国家相继开始推进民主政治改革。同时需要注意的是，奥巴马政府在阿拉伯世界推行了"分而治之"的政策。美国一方面支持该地区的民主改革，另一方面也保持与阿拉伯国家领导的

---

① Thomas Carothers, David Kramer, Jeremy Weinstein, James Traub, "Democracy Promotion Under Obama: Revitalization or Retreat?," January 12, 2012, http: // carnegieendowment. org/2012/01/12/ democracy-promotion-under-obama-revitalization-or-retreat.

友谊。

　　总的来讲，经过对布什政府强力推行民主所产生后果的反思，奥巴马政府采取了较为全面柔性的民主输出政策。这种反思不是对民主输出战略的有效性的反思，而是对民主输出手段的反思。和布什政府相比，奥巴马政府在使用军事力量推进民主问题上比较谨慎，但在对外援助和半官方机构的使用方面秉承了布什政府乃至其前任政府的一些做法。而且在力度上美国民主输出的热情仍然没有减弱。

　　此外，我们还需注意到奥巴马执政以来，其对外推行民主输出政策的力度也受到美国国内政治的影响。奥巴马上台时，美国民主党在国会参众两院均处于多数党地位，对于白宫的一些对外政策国会两院均给予积极支持与配合，这两年是奥巴马政府在对外政策上成果最为显著的两年。在民主输出问题上也比较得心应手。在奥巴马第一任期中期选举以后，共和党夺取了众议院的多数党地位，此后奥巴马的对外政策的执行受到共和党在众议院的牵制。前不久，在奥巴马第二任期的中期选举中，共和党又夺回了参议院的多数党地位，由于白宫和国会分属两个党派，而且2016年大选将近，奥巴马在执行对外政策方面就变得愈发困难。预计在未来两年中，美国也很难在民主输出中有大作为。从某种意义上来讲，美国对华的民主输出压力也会相对较轻。

第四章　美国民主输出引起的后果

美国在世界各地的民主输出活动对世界各国的发展产生了非常大的影响。其中很多都是负面影响。本章将分两部分讨论这些影响。第一部分讨论美国民主输出对一些国家造成的损害。第二部分专门讨论一下美国对中国的民主输出及对我国造成的影响。

第一节　美国民主输出对其他国家造成的损害

美国对德国、日本的民主输出，可以说是民主输出的两个特例。在这两个例子中，被输出国都具备了一定的经济基础，因此民主制度和经济基础有某种程度的吻合。而除了德、日以外，美国的绝大多数民主输出对象国在经济发展上依然处于相对比较滞后的水平，因此民主输出带来的不是美国鼓吹的和平、稳定和繁荣，而往往是对目标国的损害。美国以自身国家利益为出发点的民主输出战略成功率很低，使对象国对美国产生负面甚至是愤怒的情绪。近年来，美国的民主输出四处碰壁，受到越来越多国家和人民的质疑。首当其冲的就是俄罗斯、独联体国家和东欧国家。

一　俄罗斯、独联体及东欧国家

俄罗斯及独联体和东欧一些国家在美国民主输出的强力攻势下，走上了一条不适合当时国家情况的发展之路，其结果是经济发展受阻，人民生活水平下降。从一条弯路，走向另一条弯路。

冷战时期美国政府面对苏联实力上升、苏攻美守的情势，在里根政府时期开始加大在意识形态领域与苏联斗争的力度，通过强大民主输出攻势，动摇苏联领导人对自身制度的信心，成功诱导了苏联解体。

十月革命后苏联经济发展取得巨大成就，军事实力也数一数二。苏联 1913 年到 1938 年工业增长速度是美国的数倍。据有关材料显示，"二战"后苏联经济实力迅速与美国接近。1985 年前，苏联成为唯一能抗衡美国的超级大国，军事力量强到似乎可以和全部西方国家对抗。国民收入的增长为苏联人民带来收入和社会福利的增加。该时期，苏联人民的居住条件、生活水平、教育、文化、卫生等都取得了很大进步。

这种情况在苏联解体，成为"民主"国家以后有明显的改变。苏联解体后，经济严重下滑。苏联各加盟共和国的经济都受到了重创。例如，按西方官方标准方法计算，俄罗斯国内生产总值 1989 年为 10220 亿美元，1997 年 4650 亿美元，减少了 55%。1998 年农业产值相当于 1986～1990 年平均水平的 54.8%，或者说相当于苏联解体前的 45%。俄罗斯居民食品消费水平已经从苏联时代的世界第 7 位下降到今天的第 43 位。解体以后消费水平一直呈持续下降趋势。

在社会领域，苏联解体后 20 多年来，俄罗斯人口减少，医疗卫生保障水平降低，人均寿命缩短，财富两极分化，社会生活衰退。2011 年 12 月 15 日，俄罗斯全国人口普查结果显示，仅 2002 年到 2010 年底，俄罗斯人口减少了 2300 万人，为 1.42857 亿人，缩减 1.6%。随着新独立国家本族领导人陆续上台，俄罗斯族人的处境艰难，有的被迫流离失所，四处迁移。截至 2010 年，独联体和波罗的海国家中还有大约 1000 万的俄语居民散居在各地。①

在政治领域，俄罗斯等独联体国家一度模仿或照搬西方式的政治制度，但 20 多年始终未能迈入西方国家设置的自由民主门槛。时至今日，俄罗斯仍是西方媒体批判的对象，俄罗斯与其他多数独联体国家一样，被西方世界列入"独裁和专制国家"之列。2011 年 12 月 2 日，美国《纽约时报》网站发表美国传统基金会高

---

① 许华：《解体 20 年后的原苏联地区社会状况》，http：//myy. cass. cn/news/491709. htm。

级研究员阿里尔·科恩一篇题为《走过20年的俄罗斯》的文章中说，在苏联解体20周年之际，如果对俄罗斯改革成败做一下盘点，会让西方许多人感到失望。让人沮丧的是，苏联解体并未像东西方许多人预料的那样，给民众带来"光明前景"。①

法国《费加罗杂志》1999年7月刊登了一位苏联时期的不同政见者的谈话。20年前这位苏联作家季诺维也夫曾因反对当局而被驱逐出境流亡西方。令季诺维也夫感到悲伤的是，尽管他反对共产主义的目标实现了，但是他看到俄罗斯也随之被毁灭了。季诺维也夫回答法国记者说："我过去离开的是一个受人尊重的、强大的大国，现在重新见到的却是一个被打败了的、破败的国家。苏联共产党政权的崩溃并不是由于国内的原因，这乃是西方历史上取得的最大的胜利。"他还说："俄罗斯的灾难是西方所希望的，也是西方策划的。"②

美国向苏联输出民主，对其进行民主化渗透，根本目的是要搞垮苏联、保持其一超的地位。1989年以后的20多年可以说是俄罗斯破败不堪的20多年，政治混乱、经济衰败、社会倒退、民不聊生。戈尔巴乔夫等苏联领导人盲目学习西方民主价值，导致民主价值、自由制度泛滥，国家解体，人民也丧失尊严。俄罗斯社会在反思中逐渐认识到：社会革新是必要的，但有些东西是万不能动的。借鉴他人治国经验是必要的，但决不能全盘照搬他国制度。

俄罗斯一蹶不振也间接影响了独联体、东欧国家的发展。如保加利亚、罗马尼亚深陷经济萧条，经受了历史上的最大灾难。③

一些东欧国家如波兰、匈牙利和爱沙尼亚，经历了三四年的严重衰退后，逐渐开始了经济复苏，但是人民的失望情绪变得比

---

① 许华：《解体20年后的原苏联地区社会状况》，http://myy.cass.cn/news/491709.htm。

② 杨斌：《前苏联解体与美国政府的秘密战略》，人民网，2001年1月11日，http://www.people.com.cn/GB/junshi/62/20010111/376085.html。

③ 杨斌：《前苏联解体与美国政府的秘密战略》，人民网，2001年1月11日，http://www.people.com.cn/GB/junshi/62/20010111/376085.html。

衰退时期还要强烈，因为他们从资本主义式的经济增长中，几乎得不到任何好处，许多人实际收入还在下降。[1]

此外，西方输出民主造成恶果的地区还有乌克兰。美国的半官方机构出现在乌克兰，在很大程度上推动了 2004 年"橙色革命"的爆发、2014 年政局大变。乌克兰原来是经济发达的苏联加盟共和国，但 1991 年独立后，经济非常低迷。1991 年乌克兰第一任总统列昂尼德·马卡罗维奇·克拉夫丘克执政的第一年就遇到很多困难：行政和立法部分争权夺利，导致政治瘫痪；政治寡头才是真正做出政治决策的人。[2] 尽管克拉夫丘克表示要进行改革，但经济和政治方面的进步都很小。乌克兰某党领袖承认反对民主的领导把持着国家大方向。此外，经济困难、通货膨胀、生活水平低下、高失业率困扰着乌克兰。1994 年库奇马总统承诺进行激进的政治和经济改革。然而，很多观察家认为乌克兰倒退回独裁政权国家体制。库奇马统治下的乌克兰政治体系有两个方面，包括独裁体制和寡头势力。2012 年乌克兰国内生产总值相当于 1990 年的 69.5%，人均实际国内生产总值只相当于 1990 年的 81.1%。民主化乱象使乌克兰面临"失去的 20 年"。2004 年乌克兰总统大选期间，美国与欧盟看中尤先科，向其竞选联盟提供了 5800 万美元，并最终通过"橙色革命"扶其上台。2014 年政局大变也是美国政府、欧盟、北约、国际货币基金组织等外部代理人共同精心策划的结果。美欧等西方势力支持所谓的亲欧派，并不是真心要为乌克兰带来"民主自由"，更不是为改善乌克兰人民生活，而是要将乌克兰变成围堵俄罗斯势力扩张的前沿哨所。[3]

---

[1]　杨斌：《前苏联解体与美国政府的秘密战略》，人民网，2001 年 1 月 11 日，http：//www. people. com. cn/GB/junshi/62/20010111/376085. html。

[2]　Anja Brunner, *Democracy for Export Strateties of the United States and the European Union in Transformation Countries：The Case of Ukrain*, LAP Lambert Academic Publishing, 2010, p. 76.

[3]　田文林：《乌克兰是西方输出民主的最新牺牲品》，海外网，http：//opinion. haiwainet. cn/n/2014/0417/c353596-20540708. html。

二 中东地区

美国政府近年来最关注的区域就是中东，美国希望通过诱使中东走上民主化道路来维护自己在这一地区的重要利益。但是在现实中，美国推动的中东民主转型并未使相关国家情况好转，反而使相关国家不同程度地陷入"民主化"困境。

2003 年 11 月，美国总统小布什发表讲话表示"美国必须在未来的几十年内在中东致力于促进民主进程"，"如果民主能够传播到中东及其他死气沉沉的专制国家，就会削弱伊斯兰圣战及其他形式的暴力激进主义根基"。小布什心中需要进行民主输出的中东国家主要是所谓失败国家、独裁国家甚至是"无赖国家"。他认为这些国家接受民主制度并实践美式民主就会彻底保障美国在中东地区的国家利益。特别是"9·11"恐怖袭击后，小布什外交主要内容就是反恐，他倡导"大中东民主计划"。该计划主要是通过军事占领方式向一些激进国家强制输出民主，然后进行经济改革，促进市场经济发展，吸引投资，促进就业，最后进行政治改革，加强平民社会，扩大政治参与，提高妇女地位，缩小自由差距。同时思想上宣传美国的民主价值观，改善基础教育，在思想上培养亲西方的年轻一代。在中东地区政治方面，美国还希望缓和以色列同巴勒斯坦的冲突，实现巴勒斯坦建国，从而消除中东旷日持久的冲突热点。

"9·11"事件以后美国认为萨达姆政权是恐怖主义的老巢、必须推翻他，让伊拉克人民"享受自由和民主"。布什使用的手法比较直接，就是通过战争打败伊拉克，在占领伊拉克以后强势输出民主。伊拉克战争的爆发带来惨重伤亡、影响整个中东稳定。战争过后，美国对伊拉克的重建并没有使伊拉克走上正轨，教派矛盾丛生、社会动荡不安，人民没有因所谓的自由和民主而获得任何实际利益。

伊拉克战争后，恐怖主义活动并没有减少，而是越演越烈。2011 年美军全面撤军后，伊拉克局势更加恶化：政治安全动荡、宗教矛盾更加激化。随着伊拉克和黎凡特伊斯兰国极端组织声势壮大，伊拉克局势再度失控。

　　美国在向伊拉克输出民主的过程中根本没有考虑伊拉克的实际情况，而是一味地想要通过建立美式民主维护其在中东的既得利益，掌握在中东的主导权，并夺取中东的自然资源。伊拉克主要有逊尼派和什叶派两大派别，北方有库尔德人。其中什叶派的人数占多数，在一人一票的美式民主选举下，2006 年什叶派强硬人物马利基担任伊拉克总理，掌握了国家政权。他执政期间打压、排挤逊尼派，引起了逊尼派强烈不满，教派矛盾不断升级，内乱不断。很多伊拉克人民抱怨有了民主，没有安全，伊拉克国内冲突不断使得伊拉克人民连基本生存的权利都无法保障。美国撤军后，马利基政府立刻清洗民族团结联合政府里面的其他教派成员，通缉逊尼派副总理、缺席判处逊尼派副总统死刑、起诉逮捕许多逊尼派议员。

　　2011 年在中东地区发生了所谓"阿拉伯之春"运动。埃及、利比亚、也门、突尼斯等国先后发生革命，纷纷向民主转型。这些国家在民主转型过程中，并没有得到和平、发展，而是政局不断动荡。埃及穆巴拉克下台后短短几个月时间里，埃及就涌现出近 400 个政党，参加下院选举的政党超过 50 个，候选人超过 6700名。埃及的安全形势也相对恶劣，2013 年埃及共发生 416 起恐怖袭击事件。有分析指出，埃及政治变局使该国社会发展状况倒退至少 15 年到 20 年。埃及正逐渐沦为"失败国家"，变成"没有香蕉的香蕉共和国"。[1] 埃及现处于"二战"以来经济最低谷时期，2013 年外国在埃及投资比 2012 年下降 32%，旅客人数下降 85%，苏伊士运河的轮船通过量连续下降。[2] 埃及外汇储备从埃及剧变之前的 360 亿美元下降为 160 亿美元左右。[3]

---

[1]　David P. Goldman, "Egypt's Looming Economic Ruin," *Middle East Forum*, May 30, 2013, http://www. meforum. org/3527/egypt-economic-ruin.

[2]　David Schenker, "What If Insurgents Close the Suez Canal?" *Los Angeles Times*, September 22, 2013.

[3]　Spengler, "The Economics of Confrontation in Egypt," *Asia Time Online*, July 10, 2012, http://www. atimes. com/atimes/Middle_ East/NG10Ak01. html.

利比亚的卡扎菲政府被推翻后，利比亚国内各种力量在角力，政党数量达到 142 个，[①] 大大浪费了发展时机。利比亚本是非洲生活水平最为富裕的国家，卡扎菲政权倒台之后民众生活每况愈下。2012 年，利比亚石油出口一度恢复到战前日均 160 万桶水平，但2013 年以来，由于政治安全局势动荡，石油生产骤降，出口量降至不足产能的 10%，每天损失 1300 万美元。[②]

也门安全形势本已十分严峻，2011 年 11 月萨利赫下台后，安全形势更趋恶化，暴力冲突频繁发生。在北方，政府军和胡赛武装之间先后爆发过 6 次战争；在南方，同样存在不安的分裂势力；此外还有恐怖组织基地半岛分支（AQAP）的频繁袭击；各个军事派系和部落武装之间的权力斗争。也门革命当年，其国内生产总值增长率下降到了有史以来最低值，经济停滞、物价飞涨，失业的人们一次次走上街头。权力一次次更迭，经济停滞、物价飞涨……这个恶性循环到现在都无法停止。

突尼斯民主化以后，国内政党数量过百。[③] 2011 年突尼斯的国内生产总值增长率同样低落至最低谷。短短两年中，权力更迭频繁，通货膨胀率持续上升。

叙利亚持续内战使该国经济大幅下滑，经济恢复到 2010 年水平可能需要 30 年时间。[④]

今天的中东，到处都上演着类似的恶性循环。美国在中东的民主输出可以说是彻底失败。这也充分说明民主不是像包治百病的灵丹妙药一样适用于任何国家和地区。美媒发表了一些学者的评论，认为国家稳定是民主的前提，"我们浪漫地持有传播民主的念头，却让那些国家陷入了恐怖和暴力之中"，"当我们环顾全球

---

① Marwan Muasher, "The Path to Sustainable Political Parties in the Arab World," *Policy Outlook*, Carnegie Endowment for International Peace, November 2013, p. 2.

② James Traub, "Is Libya Beyond Repair?" *Foreign Policy*, November 1, 2013, http://www.foreignpolicy.com/articles/2013/11/01/is_libya_beyond_repair.

③ Marwan Muasher, "The Path to Sustainable Political Parties in the Arab World," *Policy Outlook*, Carnegie Endowment for International Peace, November 2013, p. 2.

④ Ramy Srour, "30-Year War for the Syrian Economy," *Asia Times Online*, November 8, 2013, http://www.atimes.com/atimes/Middle_East/MID-03-081113.html.

寻找值得支持的政府和领导人时，我们首先应该问：这个人和组织能把国家充分团结起来，从而建立完全的领土控制吗？若政府不能确保统治国土，不能确保日常生活安全的话，正常的政治无从谈起，或者是不可能的"。①

三　中亚地区

中亚经济体系正处于从计划经济转向市场经济的阶段，政治体制受苏联集权影响颇深，历史文化传统根深蒂固，宗教民族派别繁多。这些特性使中亚很难在美国民主输出高压下转向民主，只能在民主化道路上面对更多问题和麻烦。

1991 年苏联解体后，中亚国家先后宣布独立，各国领导与共产党划清界限。尽管中亚国家都是多民族国家，大部分是伊斯兰居民。独立后的中亚国家基本都选择世俗的民主政体。其中哈萨克斯坦宪法规定：哈萨克斯坦是民主的世俗的法制社会的国家。乌兹别克斯坦宪法规定：乌兹别克斯坦是主权的民主共和国，以发展人道、民主和法治为宗旨。吉尔吉斯斯坦宪法规定：吉尔吉斯斯坦是按照法治和世俗原则建立起来的民主共和国。塔吉克斯坦宪法规定：塔吉克斯坦是主权的、民主的、法治的单一制国家。土库曼斯坦宪法规定：土库曼斯坦是民主的、法治的世俗国家。②独立后的中亚五国虽然都采用"三权分立"的民主共和制、单一制、总统制和多党政治，但在习惯上仍保留浓厚的中央集权的传统。

促进中亚地区"真正"民主化是美国政府一直以来的既定目标。美国不惜重金积极向中亚渗透，输出美国式民主价值观，想要把独立后的中亚国家改造成美式的民主国家。1997 年美国出台中亚政策，一方面向中亚民主转型国家提供各种援助，另一方面坚持对独裁国家进行打压。美国《新世纪国家安全战略》《国家能源政策报告》等重要文件都把中亚看作是美国能源多元化战略的

---

① 斯蒂芬·金：《稳定不需要民主》，《波士顿环球报》2014 年 8 月 17 日。
② 赵常庆：《十年巨变·中亚和外高加索卷》，东方出版社，2008，第 77 页。

重点地区。

美国在中亚不遗余力输出民主的主要目标表面上是帮助中亚国家确立民主的国家政治体制，实际是要控制欧亚的地缘中心地带，掌控当地丰富自然资源，抵制俄罗斯在中亚的影响力，加强美国主导中亚事务的能力。美国政要一致认为"里海可能成为今后10年世界石油市场极为重要的新角色"①。2001年"9·11"事件后，美国以反恐为由强化在中亚的驻军。

美国在中亚推行民主改造的主要手段是政治强压和经济援助并举。美国政府常常对中亚领导施加政治压力，强迫他们接受西方民主价值观，进行民主体制改革。比如美国敦促哈萨克斯坦进行民主选举，强压乌兹别克斯坦进行民主改革等。美国半官方机构积极资助中亚当地组织，为他们提供与民主联系在一起的经济援助。

2003年格鲁吉亚发生"玫瑰革命"；2005年，"颜色革命"席卷中亚，吉尔吉斯斯坦出现政权更迭、乌兹别克斯坦发生大规模暴力事件。西方推动"颜色革命"的主要目的是西化中亚。美国在幕后做了很多工作。其中包括美国半官方机构帮助中亚国家建立当地非政府组织，通过这些组织煽动"民主改革运动"。20世纪90年代至今，美国在中亚创办的半官方机构增加了4~5倍。这些组织在格鲁吉亚、吉尔吉斯斯坦政权更迭中都发挥了关键作用。半官方机构培训当地的反对派在民主革命手法上进行训练，向他们传授美国选举方式、竞选制度等细节，帮助他们策划选举战术、竞选口号、竞选刊物等，甚至提供经费购买电脑、打印机等设备。美国半官方机构还积极组织中亚国家精英到美国访问，让他们亲身感受美国式民主，向他们灌输美国民主价值观。半官方机构还对当地组织进行经济援助或技术指导。如美国的"恩惠团"在中亚多个国家开展工作，名义上从事卫生、教育、农业改造和经济发展等援助项目，在当地接触的人口数以百万计，很多人现在已

---

① "U. S. Caspian Area Foreign Policy in Conflict with Resources Plans," *Oil and Gas Journal*, August 11, 1997, p. 19.

成了美国在这些国家的群众基础。通过综合运用各种手法，美国半官方机构努力向中亚进行民主渗透，但结果是中亚民主制度并没有真正建立起来，没有民主之实，中亚局势混乱，民众生活质量大幅降低。

中亚最突出的例子当属阿富汗。"9·11"恐怖事件后美国要求阿富汗塔利班当局交出本·拉登，但遭到拒绝。于是美国开始正式向基地组织和阿富汗塔利班当局采取军事行动。2001 年阿富汗战争是美国以反恐名义发动的第一场战争，塔利班迅速瓦解。美国开始设想在阿富汗建立一套类似于美国的总统制民主体系，以此彻底根除阿富汗的恐怖主义。在 2004 年的阿富汗总统大选中，选民的投票率高达 70%，而且仅仅出现了较少的舞弊事件。从当时来看，阿富汗似乎有可能成为一个成功的美国海外"民主样板"。但今天的阿富汗国内问题不断、民生凋零、塔利班基地组织越发壮大，阿富汗境内军阀势力也乘机兴起，暴力事件频发。阿富汗 90% 的民众生活在贫困线下，整个国家处在崩溃边缘。阿富汗人民对美国民主输出怨声载道。美国在阿富汗输出民主的结果就是一场灾难。人民没有得到任何民主的权利，军阀组织借民主之名肆意妄为，阿富汗政客对畸形的民主方式，比如舞弊、作秀、抹黑、贿选、打压等学了不少。

四　非洲地区

由于美国民主输出，民主政治在非洲国家成了政治精英的特权，特别是成了政客们基于政治竞争原则进行权力角逐的一种游戏。美国没有考虑到非洲落后的经济情况，民主输出没有给非洲带来福祉，相反却加深了非洲国家固有的部族、宗教和地区矛盾，致使政治权力斗争与部落冲突交织。事实表明，很多国家放弃一党制而走向多党制并不能说明多党制就是好的，一党制就是坏的。多党制实施后在非洲多国酿成的"民主"灾难，也以事实说明了多党制并非强于一党制。

非洲人最常见的民主方式是通过长老说服所有各方达成共识，以保证所有人都能得到自己要的东西。与美式民主制度不同，非洲民主重点不在选举结果的输赢。因为非洲的传统是，各方对解决方案达成共识，因此各方有义务遵守所达成的共识，这样就保证了和平。在涉及国家决策时，非洲国王或酋长会召开部族会议或向部族长老咨询。在许多国家的村落社会，很多时候会由酋长做决定。其中最常见的情况是当国家内部发生争论时，在部族长老斡旋下，各方达成最后共识。这种非常强烈的有非洲特色的"民主"既保证了部族内的和平，又维护了社会团结。

20世纪60年代之前非洲国家的主要目的是摆脱西方殖民统治，赢得国家独立、尊严与平等权；选择适合自己国情的发展道路，包括民主化道路；发展经济以造福国民。20世纪80年代末，非洲有29个国家实行一党制，占非洲国家总数58%，有10个国家实行多党制，占非洲国家总数的20%；其余是实行军人独裁而无政党的国家。

非洲国家对民主政治有自己的目标，但美国认为美国的民主模式可以适用于任何国家，他们眼中的非洲充满专制、独裁、腐败和高压政治。2010年8月17日，CNN在《民主能在非洲茁壮成长吗？》一文中就这样写道："半个世纪之后，尽管大多数非洲国家已经具备了某种形式的民主，但在很多国家，反对党几乎没有现实机会去掌握权力。"美国认为只有反对派在选举中取得胜利，才是真正的民主。美国政府开始积极推动亲西方的反政府力量上台，宣扬这样才能真正走向民主。从美国克林顿政府以来，美国开始把输出民主与对其进行经济援助联系起来。克林顿政府提出把"有用的非洲"引向"政治民主化"，甚至要求同人权挂钩，一再表示只向那些实行多党制的国家提供经济援助。[①]

1989年后，受西方国家主导的"世界民主化"浪潮的影响，非洲很多国家开始实行多党制，几年内大多数国家通过修宪立宪、全民公决、总统和议会直接选举等程序，从一党制或不允许任何政党存在直接过渡到多党制。20世纪90年代中期，49个非洲国家实行了多党制，占非洲国家总数的90%。21世纪初，撒哈拉以南非洲约有1800个政党。

---

① 魏亮：《对当前非洲部分国家动荡的分析》，《现代国际关系》1994年第9期，第36页。

但是多党制并没有解决非洲社会问题、促进非洲经济腾飞、带来繁荣和发展，而是留下更多问题和麻烦。政治的自由化仿佛打开了潘多拉魔盒，被西方看作是灵丹妙药的多党制，在非洲大陆引发了政治行为失范和政治体系失序。非洲大陆开始爆发各种部族冲突、宗教纷争、军事政变和内战。多党制引发的普遍的部族、宗教和地域冲突以及骚乱、内战和政变犹如洪水泛滥。部分国家政权腐败，政策不当导致贫富差距加大，人民极度困苦。经济恶化表现在大部分国家经济面临极度困难，1992 年非洲经济增长率为 0.7%，外债总额高达 2900 亿美元，占非洲国家国民生产总值的 90%。1992 年非洲各国总外贸赤字达 124 亿美元，比 1991 年增加了 84 亿美元。[①] 社会动乱表现在非洲多党制后社会矛盾丛生、失业问题严重，特别是年轻人失业、种族冲突成为常态，政府腐败导致社会不满。[②]

在一党制过渡到多党制过程中，那些本来政局就不稳定的国家，又由于新领导人和执政党当权导致国家政局进一步动荡。

肯尼亚 1991 年 12 月实行多党制。在这个不算大的国家里，就有 40 多个政党，除了民族联盟之外，其余都是部族党。政党多了，局面更是乱上加乱，很多政党都是不负责任的"捣蛋党"。政府出台的措施，无论好坏，反对声总是不绝于耳。[③] 一些西方国家也来掺和添乱，为这些政党撑腰打气，甚至提供"民主基金"充当其经济后盾，似乎不推翻政府就不民主。这样，政府面对朝三暮四的反对党，疲于内耗，无法集中精力治理国家。频繁的政党选举、频繁的政府更迭，从表象上看似乎是一种民主，然而在这种表象的民主下，隐藏的却是各政党之间的争权夺利。同时，很多政党之间争权夺利又有着西方势力插手的阴影。这种"民主"带来的

① 魏亮：《对当前非洲部分国家动荡的分析》，《现代国际关系》1994 年第 9 期，第 35 页。
② Cassandra R. Veney and Dick Simpson, eds., *African Democracy and Development: Challenges for Post-Conflict African Nations*, Lexington Books, 2014, p. 291.
③ Cage Banseka, *Democratic Peace in the Spectrum of Conflicts in Sub-Saharan Africa*, Boca Raton, Florida, 2005, p. 56.

是政治不稳定、经济不发展，因而也只能是一种"民主假象"。1963 年到 1994 年，肯尼亚有 5000 人死于冲突和战争。2008 年大选而引起的全国骚乱已造成 486 人死亡，25 万多人无家可归，经济损失估计高达 10 亿美元。[①]

刚果 1992 年多党选举产生新总统利苏巴后，政坛几大党派权力之争再度把刚果推入政治危机。1993 年两度发生流血冲突。总统派和反对派从文斗发展到武斗，又从武斗发展到反对派在首都两个区的"武力割据"，形成了事实上的分裂和同政府武力对抗的局面。

布隆迪 1993 年 6 月民选获胜者胡图族人恩达达耶执政不到百天就在由图西族军人发动的未遂政变中遇刺身亡，从而引发了胡图族和图西族互相残杀，造成数万人死亡、70 万人流亡卢旺达等国。经政府与反对派谈判，恩塔里亚米拉 1994 年 1 月被国民议会选为总统，执政不到 3 个月就于 4 月 6 日因飞机遭袭击遇难，国家再次陷入内战和部族屠杀的恐怖中。

阿尔及利亚 1988 年 10 月发生了一场政治动乱，成千上万群众上街游行示威。1989 年初，沙德利总统实行了政治多元化，取消一党制，国内各种政治思潮随之泛滥，各种政治理论纷纷出台，政党多达 57 个。

扎伊尔 1990 年宣布实行多党制，党派多达 300 余个，主张各异。

卢旺达自 1990 年以来，部族间流血冲突不断，内战越演越烈，使国家陷入灾难。[②]

这场多党制带来的灾难中，最突出的就是部族冲突。非洲多数国家的一大特征是种族和文化的多元化。很多国家共同体的建立不是以单一民族为基础，甚至没有主体民族，而是由若干部族人为拼凑组成。多数国家最基本的政治单位是部族，有的人数不

---

① 《肯尼亚危机一触即发西方"民主"输出是祸根》，http://news.sina.com.cn/w/2008-01-14/104913257035s.shtml（上网日期：2014 年 12 月 3 日）。

② 刘月明：《多党民主对非洲稳定和发展的影响》，《现代国际关系》1994 年第 7 期，第 23 页。

超过十万，有的则是上百万。这些部族在语言文化及政治发展水平等方面千差万别，同时有不少历史积怨。有些部族和文化群体由于殖民者的人为分割，分属不同的国家，成为所在国家政治、经济、文化一体化的离心力量和政治麻烦。

部族都争取自己部族的利益，于是许多国家在实行多党制后局面一片混乱。各政党没有合理的竞选纲领，仅仅是煽动部族情绪，激化宗教和地区隔阂，各政党以部族为背景进行竞争。对政党来说，部族原则之上，政党之间竞争更多表现了部族力量的对比，而不是在纲领和政绩上进行较量。

第二节　美国对华民主输出手段、后果及影响

冷战时期，由于美国需要中国作为其对抗苏联的砝码，美国对中国的社会政治体系并不特别关心，而是从传统的现实主义理论出发，与中国共同对抗苏联。冷战结束后情况发生了很大的改变。由于不再需要中国的帮助，美国对华的调门转为强硬。美国把中国的崛起看成是对美国的一个重大威胁。美国一方面鼓吹"中国威胁论"，另一方面加大了和平演变中国的力度。"9·11"事件后这种情况虽然有一段时间的缓和，但反恐战争告一段落以后，美国又重新加大了对中国民主输出的力度。

以下对美国对华民主输出的思路和做法进行梳理。由于在美国对华民主输出过程中半官方机构起到了非常重要的作用，我们后面将专门就此进行一下论述。

一　美国对中国民主输出概览

美国在中国的民主输出过程中动用各种力量，在各个不同领域采取不同的做法，全方位、高强度地推进，对我国正常发展造成了极大的干扰，分散了我国经济发展的注意力，迫使我国不得不把相当大一部分资源用于维护社会稳定，反制美国的民主输出战略。

（一）美各届政府对华民主输出概况

前面提到，冷战后美国在全球的民主输出可以被粗略地分为四个阶段，即准备阶段、起步阶段、高峰阶段和反思阶段。美国对中国的民主输出虽然也存在阶段性起伏，但其阶段性与美国全球民主输出战略的阶段有些错位。原因是美国在各个不同阶段的民主输出重点不同，中国在这一战略中的地位也因此而有极大的差异。美国对中国的民主输出战略目标和力度与中国本身的变化关系不如与国际格局的变化关系更紧密。

冷战前期，中美处于对抗状态。美国虽然也期望对中国实行和平演变，但中国防范严密，对西方几乎是封闭的，因此美国除了在中国国土之外进行围堵和遏制以外，对中国境内的影响非常有限。

中美建交以后，中国也恰恰开始实行改革开放，中国的国门开始对西方包括美国开放。不过在卡特和里根时期，美国的民主输出重点依然是苏联。卡特的人权外交和里根的星球大战等战略主要是针对苏联的。中国非但不是美国关注的重点，由于美国希望中国在美苏对抗中起到平衡砝码的作用，美国把中国几乎看成是准盟友。此时美国对中国的政策与此前美国对韩国和南越的政策有些相似，即美国虽然不认同中国的社会主义制度，但从现实主义的逻辑出发，美国做了很大忍让。

在老布什总统时期的对华外交中民主输出依然不是重点。由于苏联的解体，美国对中国的未来产生了很大幻想。美国许多官员和学者认为，苏联的解体实际上是社会主义阵营全面崩溃的前兆。中国也会很快发生政治变革。"1989 政治风波"发生以后，事态没有按美国预想的方向发展。中国政府很快控制了局势，政权基本没有受到影响，而经济却不断发展，因此美国开始对中国进行严厉批评。

到克林顿时期，美国终于开始全面实施对华民主输出。美国的重点首先放在人权方面。1993 年，克林顿总统对华采取非常强硬的人权政策。在美国国内，国会和政府就给予中国永久性最惠国待遇问题发生持续数年的争吵。美国的极右势力认为对华贸易是一个重要的逼迫中国在人权、民主问题上让步的砝码。因此美国不断释放强烈信号，对中国进行讹诈和威胁。但美国很快发觉，美国对华的人权攻势难以奏效。一方面，中国在这个问题上立场坚决，基本上没有实质性让步。另一方面，美国的商界和企业界也不断游说政府，避免伤害到美国自己的经济利益。为了免于两败俱伤，惨遭双输，1994 年 5 月，美国不得不决定给予中国永久性最惠国待遇，将人权问题与贸易彻底脱钩。① 美国和中国围绕人权问题的较量最终以美国退缩结束。此后，美国不得不把贸易讹诈政策改为经济接触政策，希望通过经济接触逐步改变中国的行为方式，最终影响政治领域。

在克林顿时期，美国对华民主输出的另一个重点是支持所谓的民主运动和地区分裂势力。美国的民主组织在香港设立办公室支持中国劳工的抗议活动并支持从事此类活动的律师。中国有学者警告说，要警惕美国利用香港制造"颜色革命"，借此向中国大陆渗透。② 从 2004 年开始，中国开始严格控制国内机构接受国外与民主有关的项目资助。

在克林顿时期，美国多次在联合国日内瓦人权大会上攻击中国，还以政治为理由阻挠中国举办 2000 年奥运会。

布什政府时期，美国的主要精力被迫放在阿富汗、伊拉克等地区的反恐战争上，对中国无暇全面推进民主输出战略。而且由于美国在反恐战争中有求于中国，因此对中国的民主输出只能以隐蔽方式进行。美国在口头上依然不断在人权等问题上谴责中国，但分寸把握有度，不想激怒中国。美国的这种态度也表现在台湾问题上以及达赖集团分裂势力、"东突"分裂势力等问题上。在民主问题上，美国主要是利用盟国对中国施压。布什政府倡导推行亚洲民主伙伴计划，该计划包括了除美国以外的澳大利亚、加拿

---

① Thomas Lum, "U. S. Assistance Programs in China," December 2, 2014, p. 7.

② 沈本秋、倪世雄：《美国介入香港"一国两制"的现状与趋势》，《现代国际关系》2008 年第 11 期，第 30~34 页；沈本秋、倪世雄：《国家理性、跨机构政治、社会力量与对象特征——美国介入香港事务的原因分析》，《社会主义研究》2008 年第 5 期，第 138~142 页。

大、印度、印尼、日本、新西兰、菲律宾和韩国。美国试图通过该计划为中国制造一些麻烦，减缓中国经济的发展速度。

奥巴马总统上台以后，美国在阿富汗和伊拉克逐渐脱身。美国认为，反恐战争已经取得了阶段性成果，美国可以从上述地区抽身。奥巴马开始实行所谓"重返亚洲"计划。一般认为，该计划的重点就是遏制中国的崛起，削弱中国在亚洲可能形成的主导地位。在美国全面反思民主输出战略的过程中，美国并没有减弱对中国的民主输出，反而有所加强。尽管奥巴马当政初期没有特别强调民主、人权问题，但2010年和2011年前美国国务卿希拉里公开批评中国的网络监管政策。奥巴马总统会见达赖喇嘛等活动引起了中方强烈不满，在很大程度上影响了中美关系的正常发展。

总的来讲，冷战后美国几届政府对中国的民主输出活动有强度上的变化，但从来没有中断。由于中国成功的反制，美国的民主输出战略开展得并不顺利。特别是美国对中国"民运分子"的支持没有起到很大的效果，呈现逐年萎缩的倾向。同中国相比，美国更为重视对周边国家的民主输出，试图通过在这些国家和地区输出民主而形成对中国包围的趋势。

（二）组织分工

美国对华输出民主的主体主要包括政府、国会、非政府组织、智库、大学、媒体及宗教团体。每个主体分工明确、配合默契。

其中美国政府是主导者，其基本功能是制定政策、表达立场，在发挥对华民主输出主渠道的同时，引领和协调不同主体的功能，以便形成资源积聚的优势，最大限度推进对华民主输出的进程。值得关注的是，为降低政治上的敏感度，同时保持行动的有效性，美国政府在对华开展民主输出时并不总是站在最前端，有时会以隐蔽的方式发挥自身的间接影响力：如支持或授意某些思想库开展有关中国问题的研究，资助中国各界精英参加国际性学术研讨会、从事相关艺术创作，明里或暗里扶持中国国内持不同政见的组织或个人引导舆论或制造事端等。

国会主要就有关事件或问题发出声音，表达国会部分成员或国会总体的基本倾向，或者通过相关决议、会见某些敏感政治人物，如达赖喇嘛、陈光诚等。一方面发挥自身作为美国政治中重要政治机构的影响，直接向中国施加压力；另一方面试图对美国行政当局的对华政策决策施加影响，对中国间接施加压力。在制订项目计划及民主目标的经费水平方面，国会起着领导作用。[①]

非政府组织往往发布相关研究报告、向对抗中国政府的组织或个人提供资金、对中国国内出现的各类群体性事件提供直接和间接的支持或声援。在非政府组织中，各类基金会往往既是政策谋划的发起者，又是推进具体项目的资金来源。这方面后面还要详细分析。

在政府的引导和调控下，美国媒体着力发挥对外宣传功能：一方面通过影视、广播、网络、书报等各类媒体向我国输出价值观、生活方式和政治理念；另一方面就中国国内发生的各类事件特别是容易引起对中国政府不满的群体性事件，大肆炒作、歪曲报道和恶意宣传，在引导西方舆论界形成对华负面认知和评价的同时，向中国国内社会施加影响，借助中国国内民众对中国政府施加压力。

美国的宗教团体则着力通过传播教义影响中国民众的思想观念。近年来，随着中国信教民众的不断增加，美国的宗教势力日益重视帮助中国国内的宗教信众建立宗教组织，以便发挥组织施压的优势。

（三）内容与策略

美国对华民主输出不是单一路径的推进过程，而是多条途径齐头并进，全面推开，相互配合，彼此呼应，注重发挥综合效应。具体途径包括政治途径、学术途径、文化途径、舆论途径和宗教途径等，不同的途径各有其侧重点。

政治上，美国通过各种方式宣扬其"自由、民主、人权"的"普世价值观"。一是阐明政府态度。比如美国总统、国务卿等美国高官会利用各种场合，在事关中国的问题上表达美国政府的基

---

① Thomas Lum, "U. S. Assistance Programs in China," December 2, 2014, p. 2.

本态度或主张。二是声援中国国内的"持不同政见者"。通过声援中国国内的"持不同政见者",引起中国社会各界的关注,借机向中国社会渗透美式民主价值观。三是干涉中国内部事务。四是直接或变相支持我国国内的分裂势力。近年来,美国政府一再在涉藏问题上发表言论,对中国的涉藏政策特别是人权状况提出批评和指责。2009 年以前,达赖集团的互联网机构"哲瓦在线"的主要资金来源是美国政府的下属机构美国国际广播局。近年来,美国国家民主基金会以所谓"人权沟通项目"的名义给"哲瓦在线"每年 5 万美元的经费。

在学术上,美国还借学术之名,推行西方的经济学、政治学、法学等理论开展思想渗透,大力宣扬"意识形态终结论""民主和平论"等西方理论,借此向中国推介西方核心价值观,包括政治多党化、经济私有化以及"意识形态终结"等反动主张,企图从思想层面弱化马克思主义一元化指导地位的理论根基和共产党执政的思想基础。除了诱使中国社会认同、接受西方民主政治制度外,美国还把扩展新自由主义理念看成是美国实现对华民主输出的重要手段。新自由主义理论在政治上强调"三个否定",即否定公有制、否定社会主义、否定国家干预;在战略和政策方面,鼓吹全球资本主义化、西方化、美国化。美国试图促使中国社会特别是知识精英接受新自由主义经济发展模式,诱使中国接受西方的市场化理念,切割社会主义与市场经济的联系,诱导中国朝着全盘西化的方向发展。

在文化交流上,美国十分重视通过大众传媒、教育、交流等途径开展文化渗透,向中国输出大量文艺和影视作品,传播美国价值理念,在国民日常生活和精神文化层面逐步同化中国,增加中国对美国的情感认同和对本民族优秀传统文化的离心力,瓦解中国发展的思想文化基石。

在舆论塑造上,美国不断要求或呼吁中国开放互联网管制,试图利用和通过庞大的网民群体来煽动社会舆论,逐步改变中国民众的思想基础,培养未来能够认同美国民主价值观的社会群体,逐步侵蚀共产党执政的群众基础。比如,美国政府、国会或社会组织往往会抓住中国在发展过程中出现的一些突发性事件与敏感性社会问题，大肆攻击中国一党执政的政党制度和社会主义制度，蓄意将中国发展过程中出现的一些偶然事件与中国现行的政治体制和政治制度无限挂钩，攻击我国现行政权的合法性，攻击和诋毁中国的基本政治制度和党的方针政策。

在宗教问题上，美国的宗教组织实际上已经广泛而深入地介入美国对华意识形态输出的体系和各个环节中。一是广泛渗透。美国的一些宗教组织注重利用大众媒体、发展组织等渠道开展境内外宗教渗透，干预我国宗教事务，影响我国宗教信众。二是建立组织。美国一些势力日益关注中国家庭教会建设，力图把中国大量的家庭教会成员发展成为推进中国民主化进程的重要组织基础。三是开展活动。美国一些宗教组织还经常开展各类活动，积极推行宗教人士互访与交流，广泛利用刊物和印刷品、广播、电视、互联网等现代媒体，推销基督教思想和西方文明。四是干预我国的民族事务。美国还把宗教与民族问题结合起来不断给中国制造麻烦，如利用佛教与所谓西藏民族问题制造事端，试图把西藏问题国际化、舆论化、人权化，达到分裂中国、破坏中华民族团结的目的。①

（四）对我国的影响

美国民主输出在中国的活动资金投入大、领域宽广、涉及的人员数量庞大，严重危害我国的主权完整和政权稳定，激化中国社会矛盾。影响主要有以下几方面。

第一，在我国周边环境方面，美国的民主输出力度很大。由于美国很难在中国境内直接开展民主输出活动，因此美国把对中国进行民主输出的重点放在中国周边地区。从战略上讲，我国周边地区是我国经济发展的最重要一环。美国的这一做法相当于釜底抽薪。在我国周边地区，美国在民主输出问题上着力最大的是缅甸。

---

① 王公龙：《美国对华民主输出与我国的意识形态安全体系建设》，《科学社会主义》2013年第5期，第83~85页。

美国对东盟其他国家的民主输出也花费很大精力。美国半官方机构在印尼频频行动，努力使印尼私有企业不断发展。美国鼓励越南向民主化方向发展。作为奖励，美国在南海问题上不断给越南打气。美国还着力在中亚五国推进民主输出。近年来，美国和蒙古国频频接触。美国希望在我国周边地区创造出一批民主样板，从而对我国未来政治走向施加压力。

第二，在我国领土统一问题上，美国对台湾的民主输出成为我国统一的重点障碍。台湾一直是美国对华民主输出的一颗重要棋子。一方面，美国出于现实主义的国家利益考虑在战略上不希望台湾成为麻烦制造者，但另一方面在意识形态上美国对台湾的民主化给予充分肯定。美国反对中国统一的一个重要论据就是一个民主"国家"不应该统一在一个专政政权之下。美国骨子里希望台湾成为中国大陆未来民主化的一个样板，通过台湾的榜样诱使中国大陆改变颜色。而在此目标达到之前，美国则怂恿台湾对中国"民运分子"进行全方位的支持。台湾一直是流亡海外的中国"民运分子"的主要资金来源地之一。

第三，在意识形态方面，美国对中国的民主输出对中国主流价值观产生强烈冲击。美国通过各种渠道在我国特别是青年学生中灌输所谓民主自由思想，对马克思主义在我国的主流理论地位提出挑战。其直接结果就是青年学生中对马克思主义持怀疑态度的人越来越多，对马克思主义中过时的部分无限放大，试图通过部分否定达到全部否定。许多人不是把马克思主义看作是工作指南，而是迎合西方的说法认为马克思主义已经完全过时。

除了主流意识形态，美国也相当重视在文化等领域对中国年轻人施加影响。美国电影电视和其他文艺作品中所表现出来的个人英雄主义在很大程度上对中国传统的集体主义产生挑战。美国文化对中华传统文化的挑战可以说是渗透到我国青年人的方方面面，包括服装品牌、饮食文化、体育、音乐甚至游戏。在美国的渗透下，我国年轻一代身上已经少有中国传统文化的影子。赴美留学的年龄不断低龄化。留学不归的情况比较普遍。

第四，在政权方面，美国对中国的民主输出企图否定中国共产党的合法执政地位。在美国民主输出的影响下，我国已经有一些人向往多党制，认为民主化是反腐败的最有效手段，认为党指挥枪的提法已经过时，军队应成为国防军等。美国的民主输出已经成功地把我国国内部分人的思想搞乱了。

第五，在经济方面，美国通过对中国私有经济的支持制造公有经济和私有经济的对立。美国打着支持劳工权益的旗号鼓励工人和所谓维权律师向政府挑战，试图通过法律渠道和地下工会颠覆我国经济体制的正常运行。

第六，在社会方面，美国通过其所谓的民主输出变相鼓励"东突"分裂势力和达赖集团分裂势力，制造民族之间的矛盾。在美国背后的支持下，近年来我国西藏地区发生一系列暴乱，造成大量的人员和经济损伤。其中较为严重的有拉萨"3·14事件"。2008年3月14日，达赖集团策划西藏一小撮分裂分子打着民主、自由、独立的旗号发动大规模骚乱。骚乱毁坏了大量建筑，造成十多人死亡。近年来，新疆更是发生多起暴力事件，除了乌鲁木齐和吐鲁番等地的暴力骚乱以外，"东突"分裂势力居然把恐怖活动扩大到北京。新疆的几次暴乱，背后都有美国支持的世界维吾尔代表大会的影子。"东突"分裂势力和达赖集团分裂势力的主题是分裂，但在活动中民主成了一个重要的理由。可以认为，美国对我国新疆、西藏地区的民主输出间接地怂恿了独立势力。

面对打着民主、独立旗号的分裂势力，我国各级政府不得不把相当多的精力、财力和物力放在制止暴乱，维护社会稳定方面，极大地干扰了我国各级政府的正常工作，提高了我国维持社会治安的成本。

今后，美国仍将竭尽全力地继续对我国进行民主输出。我国对美民主输出战略的抵制总的来讲还是比较奏效的。中央和有关部门采取的强力措施极大地限制了美国半官方机构在中国的行动。美国目前没有把全部精力都放在对中国进行民主输出上的部分原因是对中国的输出有很大困难。但我国不能掉以轻心，要接受苏联的教训，对美国的民主输出时刻保持高度警惕。

二 半官方机构针对中国的民主输出活动

美国对华民主输出中，非政府组织发挥着重要的影响力。非政府组织包括官方代言人、与政府保持密切关系的半官方机构及自筹经费组织。其中国家民主基金会是美国其他组织及团体民主输出的信息、技术和资金中心。美国国家民主基金会为对华民主输出的组织提供资金、技术支持、先进设备、培训项目、媒体信息、公关协助，挑选培养政治团体、公民组织、工会、异见团体、学生组织、新闻媒体等。以下就以国家民主基金会为例，把美国对华民主输出的主要活动梳理一下。

（一）国家民主基金会资助过的部分中国组织

在所有亚洲国家中，美国国家民主基金会针对中国的资助项目数量最多。过去若干年里，美国国家民主基金会资助过的中国组织主要有："北京之春"（Beijing Spring）、现代中国中心（Center for Modern China）、私有经济研究中心（Center for Private Economic Studies）、中国救助协会（China Aid Association）、中国经济学家学会（China Economists Society）、中国新闻自由（组织）（China Free Press）、中国信息中心（China Information Center）、中国新闻文摘国际公司（China News Digest International, Inc.）、中国透视公司（China Perspective, Inc.）、中国评论（China Review）、中国民主基金会（Democracy for China Fund）、民主中国杂志（Democracy China Magazine）、中国人权与民主基金会（Foundation for Human Rights and Democracy in China）、绿色中国（Green China）、香港人权观察（Hong Kong Human Rights Monitor）、中国人权公司（Human Rights in China, Inc.）、中国学生学者独立协会（Independent Federation of Chinese Students and Scholars）、国际声援西藏运动（International Campaign for Tibet）、劳改研究基金会（Laogai Research Foundation）、合法权益教育（Legal Rights Education）、民主中国（Minzhu Zhongguo, Inc., Subemocratic China）、国家经济改革研究所（National Economic Reform Institute）、开放杂志（Open Magazine）、新闻自由卫士（Press Freedom Guardian）及普林斯顿中国倡议

（Princeton China Initiative）。

（二）项目概览及项目基金

美国国家民主基金会对中国的渗透内容广泛。以下为国家民主基金会网站透露的 2011 年对中国资助项目的部分清单。从中可看出一些端倪。

美国国际劳工团结中心（约 29.6 万美元），项目为"教育并促进工人对自己权利的认识、通过劳动争议诉讼发展民主工会"。

亚洲促进会（20 万美元），项目为"提高中国非政府组织的运营能力"，主要手段为对非政府组织工作人员和志愿者进行培训。

中国出版自由（22 万美元），项目为建立专门网站，记录和揭露中国的人权状况。

民主中国杂志（22.4 万美元），网上中文周刊，原社长刘晓波，主要对中国时政、文化、历史等进行报道和分析。

中国独立笔会（17 万美元），以促进言论自由为目的，出版禁刊，"解救被关押的作家和记者"。

国际共和研究所（100 万美元），培养独立候选人和选举观察员网络，对非政府组织人员进行培训。

普林斯顿中国倡议，49 万美元用于"开展广泛的人权项目"，37 万美元用于"通过网络促进中国的媒体自由和公民权利"，17.15 万美元出版刊物，为民主化和民族主义的问题讨论提供平台。

南蒙古人权信息中心（14.8 万美元），出版英文和蒙文电子出版物《南蒙古观察》，报道内蒙古南部地区所谓的人权问题。

魏京生基金会（5.43 万美元），用互联网联络中外记者，促使国际社会了解中国劳工权益的现况。

国际声援西藏运动（7 万美元，包括 2 万美元的"应急资金"），为西藏的"民主化进程"提供国际支持和声援。

国际西藏网（5 万美元），"为改善西藏的人权和民主活动进行全球宣传、布置战略规划"。

自由西藏学生（2 万美元），对西藏活动人士的宣传活动进行信息收集，实行藏族青年培训计划，重点对民主的非暴力活动以及如何使用新媒体技术等进行培训。

西藏之声基金会（4.5 万美元），有一个独立的藏语短波电台，支持达赖集团分裂势力，宣扬西藏的民主和人权。

国际维吾尔人权与民主基金会（24 万美元），为"促进维吾尔女性和儿童的人权状况"，出版有关维吾尔女性和儿童人权方面的报告。

美国维吾尔协会（28 万美元），目标为"提高维吾尔人对人权问题的认识"。

世界维吾尔代表大会（19.5 万美元），为了提高维吾尔人"民主派团体和领袖的能力，保护人权并进行民主运动，进行新媒体和社交网络技术的宣传和普及，创新策略以促进和捍卫人权"。

国际维吾尔笔会（7.3 万美元），"促进维吾尔人的言论自由，让受迫害的诗人、史学家、记者和其他人有发表言论的渠道"。

2012 年，美国国家民主基金会在整个中国项目上花了 700 多万美元。其中香港 3 笔，共计 76 万美元；新疆 4 笔，共计 70 万美元；西藏 11 笔，共计 42 万美元。[①]

（三）活动内容

1. 针对新疆

新疆是美国半官方机构在华工作重点。由于直接支持分裂不符合美国对建交国家的行为，因此，美国对"东突"分裂势力的支持基本上采取隐蔽的手法。其重点往往是强调少数民族自治、保护少数民族文化传统、反对大汉族主义、保护新疆资源等。在这些旗号下，美国半官方机构利用各种手段对维吾尔族中一小部分分裂分子进行培训和支持。同时，由于无法直接进入新疆，美国半官方机构的主要工作平台是"东突"分裂势力分子在美国和世界其他地区的海外组织。

2004 年以来，美国国家民主基金会资助的中国境外的"东突"分裂势力组织主要有"世界维吾尔代表大会""美国维吾尔协会"

---

① National Endowment for Democracy, 2011 Annual Report.

"国际维吾尔人权与民主基金会"和"国际维吾尔笔会"四个。①

美国国家民主基金会从 2006 年 7 月开始对"世界维吾尔代表大会"资助，当时的大会主席是艾尔肯·阿力普提肯。2006 年 11 月，热比娅·卡德尔当选为第二任主席，2009 年 5 月连任至今。美国国家民主基金会的资助主要用于"支持维吾尔人权和民主"。"世界维吾尔代表大会"将资金用于"准备战略性报告、召集维吾尔领导人参加大会，并讨论维吾尔运动在倡导、超越和民主教育方面的优先事项"。美国国家民主基金会从 2004 年 4 月开始对"美国维吾尔协会"进行资助，当时主席为特克尔。2006 年 5 月，热比娅在到达美国 14 个月后当选主席，2009 年 5 月连任。美国国家民主基金会资助了该协会中的"维吾尔人权项目"，该项目办公室设在美国华盛顿。美国国家民主基金会从 2006 年 9 月开始对"国际维吾尔人权与民主基金会"进行资助。"国际维吾尔人权与民主基金会"以"促进维吾尔女性和儿童人权状况"为旗号，在其英语、维吾尔语双语网站上出版有关维吾尔女性和儿童人权方面的报告，办公室也设在华盛顿，全职主任为热比娅·卡德尔。美国国家民主基金会从 2007 年开始资助"国际笔会"成员——"国际维吾尔笔会"。该笔会成员主要是用维吾尔语写作的历史学家、作家、诗人等，该会无固定的办公室。

乌鲁木齐"7·5"暴力犯罪事件后美国国家民主基金会在其网站的"2008 年亚洲资助项目"中专门设置了一栏说明，开始注重基金会对少数民族权利及种族事务的关注，强调其战略目标是长期支持少数民族获得权利、为种族问题寻求民主解决之道，认为"当今世界种族与民族冲突是民主发展的重要危险，基金会支持为这一冲突寻求民主解决办法的个人与团体的工作"。

2. 针对西藏

美国半官方机构针对西藏的工作与针对新疆的工作有很多相似之处。除了用一切办法打入西藏内部以外，半官方机构非常重视对海外流亡达赖集团分裂势力的培训和支持。有些项目就是在

---

① National Endowmant for Democracy, 2014 Annual Report.

达赖集团分裂势力在印度、尼泊尔等地的基地进行的。国家民主基金会在这些地区设立资助项目，培训从藏区流窜到国外的达赖集团分裂势力，然后再派遣这些人潜回西藏，从事分裂活动。

根据美国国家民主基金会自身公布的数据，2002 年至 2006 年其向达赖集团提供了 135.77 万美元的专项资金援助。其中，"西藏妇女协会"、"九·十·三运动"等组织 2006 年拿到了 8.5 万美元资金。较有国际影响力的是 1988 年成立的"国际声援西藏运动"组织，它在华盛顿、阿姆斯特丹、柏林和布鲁塞尔开设分部，国家民主基金会从 1994 年拨给其第一笔款项资助，1997 年、1998 年、2000 年、2001 年、2002 年和 2003 年其连续获得了国家民主基金会的资助，其中该组织曾发动达赖集团分裂势力分子抢夺奥运火炬。"国际声援西藏运动"将其 2005 年度的"真理之光"奖颁发给了国家民主基金会发起人卡尔·格什曼。其他年度的得奖人还包括德国诺曼基金会和捷克领导人瓦茨拉夫·哈韦尔。"国际声援西藏运动"的董事会成员几乎都是美国国务院前高官，如盖尔·史密斯和茱莉亚·塔夫特。另外一个很活跃的组织是以美国为基地的"自由西藏学生"。于 1994 年由美国西藏委员会和"国际声援西藏运动"共同成立。"自由西藏学生"干过的最有名的事就是在长城上挂了一幅长达 137 米（450 英尺）的标语。标语要求西藏独立，并且无中生有地指责"种族灭绝"。"自由西藏学生"是 2008 年 1 月号召开展"西藏人民起义"的五个组织之一。他们还共同成立了一个临时办公室用以协调和提供资金支持。另外，国家民主基金还支持着达兰萨拉的《西藏时报》，提供资金给西藏多媒体中心用以"传播和评论西藏的人权和民主斗争"。国家民主基金会每年都颁发给达赖喇嘛民主服务奖章（Democracy Service Medal），以表彰其在推动民主事业方面的"执着追求"。①

近年来，西藏出现一系列自焚事件。美国半官方机构对这类事件非常重视，常常给予大范围的曝光，利用这些事件丑化中国，

---

① F. William Engdahl, "Risky Geopolitical Game: Washington Plays 'Tibet Roulette' with China," *Global Research*, April 2008.

向中国政府施加压力。

　　3. 针对香港

　　20 世纪 80 年代以来，香港成为美国半官方机构频繁活动之地，其目的是要将香港转化成境外组织直接影响中国的发源地。为达到此目的，国家民主基金会、国家民主研究院、国际劳工团结中心以及自由之家等机构均在香港设立了大批项目，为港澳的民主派和反对党提供培训与技术支持。

　　在这些半官方机构支持下，香港的民主党、香港职工联盟、香港人权监察、新力量网络、思汇政策研究所在 2003 年组织了"七一大游行"和"反对 23 条运动"。美国半官方机构组织美国传统基金会、美国战略和国际问题研究中心到香港"考察"七一游行，和民主人士进行各种互动。

　　2003 年国家民主基金会通过美国国际事务民主学会向香港政党提供 20 万美元的"技术性协助和培训"。同年美国人权观察发表"香港人权状况"报告，破坏香港立法会选举。2004 年 3 月，美国国家民主基金会给香港民主派人士李柱铭颁发民主奖状。2007 年中国人大对香港基本法进行解释，并制订了 2017 年香港实现特首普选及 2020 年实现立法会议员普选的时间表、路线图，这使美国半官方机构从 2007 年开始对香港采取了诸多措施。2007 年 9 月，美国国际事务民主协会与香港浸会大学和港美中心举办了大学生峰会这一青年项目，全港各地学生代表对香港政治进行讨论。2008 年 11 月，美国国际事务民主协会再次主办学生峰会，香港 8 所大学参加，谈论香港政治和全球事务，2009 年 12 月举办大学生气候会议，2010 年 2 月组织模拟立法会讨论。2007 年美国国际事务民主协会与"妇女参政网络"合作，鼓励妇女参与决策等政治活动，保障妇女关心议题得到重视。美国国家民主基金会 2007 年拨给香港经费 369983 美元，2008 年 355423 美元，2009 年 573000 美元，2011 年 232106 美元。2010 年一年美国国际劳工团结中心就有近 14.9 万美元资助，2011 年为 15.3 万美元。2007 年以后美国半官方机构对香港民主的关注从港内民主事务扩展到了国际问题，开始重视培养港人的国际责任意识和国际公民意识。2009 年，美国国际事务民主协会与香港大学共同组织了 8 支学生队伍，模拟国际气候变化大会，围绕气候变化问题辩论、模拟签署气候变化条约。同时该活动还与哥本哈根商学院进行了现场网上讨论会，与参加哥本哈根联合国气候大会的专家直接沟通。[①] 近年来美国国际事务民主协会主要聚焦于"香港转型研究"，该项目主要对 1982 年中英关于香港谈判以来的港人对特区政府的政策、选举和政党政治态度变化进行评估与分析。此外，美国国际事务民主协会与香港本土的"新力量网络"等非政府组织合作，制定了对香港的立法会议员和香港政党以及特区政府进行业绩评估的指标体系。美国国际事务民主协会发表多份评估报告，主要对香港的政治改革、2012 年立法会选举和 2012 年特首选举进行评估。这些项目目的是培养年轻人民主政治意识、收集港人对政治发展的看法，以便掌握香港政治发展的最新动态。[②]

2014 年香港"占中"事件可以说是美国半官方机构挑战中国政府的一场博弈。2014 年 9 月开始的两个多月的"占中"严重损害香港的社会秩序、经济民生、民主发展和法治根基。"占中"打的是民主和自由旗号，从表面上看，是要争取"普选"。实际上受到美国在全球推行"颜色革命"的外在影响，是一场美国等西方势力搞乱香港，进而搞乱中国的阴谋。"占中"行动表面上是自发的，但暗中接受了美国国务院、美国国家民主基金会和国家民主研究院等半官方机构在财政、政治、媒体等各方面的援助。香港媒体 2014 年 10 月曝光，有秘密材料证实，由香港工党主席李卓人担任秘书长的香港职工盟自 1994 年起，收取来自美国国家民主基金会旗下组织上千万港元捐款。据美国智库研究员托尼·卡塔卢奇在网上撰文透露，香港民主党创党主席李柱铭和前政务司司长陈方安生，在 2014 年 4 月访美时曾和美国国家民主基金会及美国国家民主研究院举行会议。该会议在美国华盛顿举行，由国家民主基金会地区副主席格雷夫亲自主持。李柱铭在会上除了详细讲

---

① http：//www. ndi. org/content/hong-kong.

② http：//www. ndi. orgnode15599.

述"占中"计划外还称，因北京很在乎外国如何看其管治方式，故可利用这点来迫使中央政府在香港事务上让步。这场行动在示威者真正上街参与的前几个月，已在美国的干预下计划好，[1] 根本不是一场自发的民主运动。

4. 针对台湾

由于在美国眼里，台湾已经是"民主国家"，因此美国半官方机构在台湾鲜有项目。但有些针对中国大陆的项目，美国半官方机构会拉台湾参加，目的是利用台湾在民主化问题上"先行一步"，可以把经验传授给大陆。而台湾方面：多年来，台湾当局、企业界和一些政客一直通过做与美国政府关系密切的半官方机构和非政府组织的工作，向美国国会施压。美国的一些智库如企业研究所与台湾关系十分密切，既有"你中有我，我中有你"的人脉关系，也有扯不清的金钱"交情"。在美国对台军售问题上，美国非政府组织起到了非常重要的推波助澜的作用。

美国半官方机构对"台独"非常青睐。2002 年，国家民主基金会曾把民主服务奖章颁发给当时的台湾第一夫人吴淑珍。

5. 针对民运

1989 政治风波以后，美国对中国流亡海外的"民运分子"的资助从未停止过。国家民主基金会曾为民运色彩浓厚的香港人权观察提供 17 万美元，为公民交流组织提供 59967 美元。国家民主基金会重点支持"民运"出版物，如《北京之春》，它 2008 年至 2009 年获得的资助是 18 万美元。"中国信息中心"则获得了 41 万美元的资助。此外，国家民主基金会还资助法治与公众参与、劳改研究基金会（Laogai Research Foundation，吴弘达主管）、中国信息中心（China Information Centre）、中国人权公司（Human Rights in China，Inc.，谭竞 Sharon K. Hom 主管）、民主中国（Democratic China，原社长是刘晓波，现由身在大陆的张祖桦主管，实务由蔡楚代理）、魏京生基金会（Wei Jingsheng Foundation，Inc.）。

---

① Tony Cartalucci，"US Openly Approves Hong Kong Chaos it Created," *Global Research*，September 30, 2014.

国家民主基金会把 2014 年度的"民主奖"授予正在中国监狱中服刑的刘晓波和许志永。

近年来，由于"民运"式微，同时"民运"内部也不争气，不断发生内讧，因此美国资助的劲头略有下降。

6. 针对民权团体

民主基金会对大陆的直接项目支持往往是通过美国各种"民权"团体，如资助美国国际劳工团结中心、中国救助协会等。这些团体打着促进中国民众的法律、人权、环境等民生意识的旗号，以"唤起共鸣"的方式煽动中国民众与政府对抗。从资助领域上看，美国半官方机构往往从政治不太敏感的领域着手，例如艾滋病、下岗职工权益、环保问题、自由工会问题、独立司法问题等。一位从事国家安全领域研究的专家 2009 年 8 月 18 日在接受《环球时报》采访时表示："这种方式很有迷惑性，普通民众感觉相关组织这样做是为大家好，是为民众利益考虑。一旦这种所谓的'民权'团体在民主基金会的资助下壮大并按民主基金会的指示行动，那么它会制造出许多让政府难以处理的群体性事件。"①

7. 针对学术项目

美国半官方机构的一个惯用手法是关注并重点培养亲西方的青年领导及专业精英。美国国家民主基金会通过各种渠道出资让中国有政治领导潜质的人赴美留学。这些人归国后大多走上不同级别的领导岗位，或成为大学教授、智库学者等。半官方机构期待他们留美后思想会有所变化。实际情况表明，确有学者留学归来以后思想亲美。但也有大量学者不为所动，利用在美国学习到的知识服务于国家利益和中国社会。美国国家民主基金会还拨款资助各类国际学术会议、资助中国"草根研究"等活动。美国国家民主基金会委托美国商会、劳联产联、《民主杂志》、世界民主运动、国际民主研究论坛、国际媒体援助中心、中国战略研究所、

---

① 《环球时报》，2009 年 8 月 22 日，http://world.huanqiu.com/roll/2009-08/554302.html。

当代中国研究中心等机构举办了大量研讨会，邀请中国学者访美，派遣美国学者访华，通过杂志发表中国学者论文等。[①] 国家民主基金会还打着学术项目的旗号资助有政治意义的行为，如"普林斯顿中国倡议"项目号称互联网专家为中国民众、记者、社会活动家提供更便于交流与沟通的互联网工具。国家民主基金会资助的前提是互联网工具必须"以公众为主导"，还要让中国政府无法控制。

8. 针对文化技术团体

国家民主基金会也资助"纯文化与技术"团体，如国家民主基金会曾拨款 3.65 万美元资助北京东增纳兰文化传播公司。该项目宣称是"资助中国少数民族文化研究与保护"。但了解情况的相关人士称，该项目是在"训练"民间团体，让参训人员了解掌握"人权基本概念"和组织发展的形式。

---

① 赵可金：《警惕美国民主捐赠基金会渗透》，《党政论坛》（干部文摘）2009 年第 12 期。

第五章　民主和平论和民主
输出论批判

两论诞生以后，很快就得到美国一大批学者和政治家的拥戴。他们认为，两论为美国外交开辟了新的路径，提供了新的论据。因此两论不但在学术界不断发酵，而且频繁出现在美国的各类外交和战略文献中。美国各级领导人也频繁地在其讲话中对两论津津乐道。不过，美国也有不少学者和政客对两论提出质疑。本章即介绍了西方学者对两论的主要质疑。同时根据笔者对马克思主义的阅读和理解，从唯物主义角度批判两论。

第一节　西方学者对两论的质疑

一个新理论的出现，马上寻求它的缺点和不足，这是美国学术界的传统。两论出现以后，美国学术界就有相当多学者对其提出质疑。其阵营的强大甚至超过了赞成两论的学者。美国学者对两论的质疑在程度上有很大区别。比较极端的学者认为两论完全无法被接受，在学术上根本站不住脚。温和一些的学者对两论进行了所谓半否定，即接受其部分观点，但否定其另一部分观点。还有一些学者对两论特别是民主和平论的结论加以肯定，但同时提出导致和平的不同理由。本章将对这些学者的观点加以归纳。

一　对两论的彻底否定

民主和平论和民主输出论的出现被视为自由主义和理想主义对现实主义基本信条的新一轮挑战。因此不难理解，两论出现以后，各种类型的现实主义者纷纷出面对两论进行了激烈的批判。①
这类批判基本上是遵循现实主义的一般准则，通过把两论和现实
主义的准则加以比较得出两论错误的结论。现实主义者的出发点
包括权力的作用、利益在对外关系中的基础性、战争的不可避免
性、道德的作用等。

第一，所有的现实主义者都强调权力在国际关系中的重要性，
认为没有权力或实力就谈不上政治。相比之下，国家政权和制度
就显得不太重要。现实主义者认为，国际关系中的几乎所有行为
不需要将国家按照政权和制度类型划分就可以进行解释。体系因
素——特别是无政府主义和权力分配的不同种类——使得所有国
家都不得不为了安全、获得武器、形成联盟、打仗而谋求权力，
不管它们是民主国家还是独裁国家。② 汉斯·霍皮（Hans Hermann
Hoppe）指出，20世纪60年代民主国家没有打仗不是因为这些国
家的制度，而是因为存在美国这样一个具有超级权力的霸权国家。
他指出，随着"二战"结束，西欧各国、日本、韩国、亚太地区
都成了美国的附庸，美国在上述国家都有驻军。因此不能得出
"二战"后民主国家之间不打仗的结论。事实是，由于美国这个帝
国霸权的存在，各个附庸国无法未经允许互相发动战争，当年以
苏联为首的社会主义国家之间也非常不可能互相发动战争。不能
因此归纳出共产主义国家不会互相发动战争。

卢塞特认为："如果国家政治体系的分配对于那个国家是否打
另一个国家有重大影响的话，现实主义理论的体系将会坍塌。"他
进而强调："国家内在的特质与和平毫无关系。"③

沃尔兹在评论朝鲜战争时指出，当麦克阿瑟把战线推到鸭绿

① 关于现实主义的基本信条，参见爱德华·卡尔《二十年危机（1919—1939）：国际关系研究导论》（*The Twenty Years' Crisis, 1919 – 1939: An Introduction to the Study of International Relations*），1939。Hans J. Morgenthau, *Politics among Nations: The Struggle for Power and Peace*, 1948.

② The locus classicus for this argument is Kenneth N. Waltz, *Man, the State, and War: A Theoretical Analysis*, New York: Columbia University Press, 1959.

③ Michael E. Brown, Sean M. Lynn-Jones and Steven E. Miller, eds., *Debating The Democratic Peace*, The MIT Press, 1996, p. 1.

江边时，世界上任何一个大国都会像中国一样做出同样的反应，而不会坐视在自己的边境出现一个敌对国家对自身安全构成威胁。因此，中国参战是维护本国正当利益的理性行为，和意识形态及中国的政治体制和制度关系不大。而美国则犯了扩张过度的错误。美国要在自己的周边建立安全缓冲区，就得承认别的大国也有同样的权利，否则就不能自圆其说。这就是现实主义的逻辑。

第二，几乎所有现实主义者在批判两论时都强调，导致和平的不是制度而是国家利益。他们认为，民主国家之间较多处于和平状态的现象是真实存在的，但原因并不是民主制度，而战争也并不取决于民主或独裁的制度类型。民主国家之间缺少战争是共同的国际安全利益的产物。[1]

米尔斯海默指出，有更为令人信服的原因可以解释战争为什么未能在民主国家之间发生。如在 19 世纪，英美两国之间充满了矛盾和冲突，在 20 世纪两国相处却十分融洽。共同威胁迫使两国不得不进行密切合作。20 世纪前期，它们共同面对来自德国的威胁，其后是苏联。[2]

亨利·法伯（Henry S. Farber）和珍娜·高娃（Joanne Gowa）研究结果表明，民主国家之间发生战争的可能性与其他政体类型相比在统计上没有很大区别。在 1945 年之后，民主国家更有可能共同加入对非民主国家的防御协定，而在 1914 年前民主国家则不太可能会加入。他们的结论是，民主和平现象不是共同的政体性质所致，而是国际体系中的结构性规则决定的，是共同利益的产物。[3] 民主国家没有发生战争是由于他们为对抗苏联而产生的共同利益。他们强调说，民主和平看上去像是冷战的人造品，体系变量比政体类型更能解释现实的国际格局。在最近的研究中，珍

---

① Christopher F. Gelpi and Michael Griesdorf, "Winners or Losers? Democracies in International Crisis, 1918 – 94," *American Political Science Review*, Vol. 95, No. 3, 2001, pp. 633 – 647.

② John J. Mearsheimer, "Back to the Future: Instability in Europe after the Cold War," *International Security*, Vol. 15, No. 1, 1990, pp. 5 – 56.

③ Henry S. Farber and Joanne Gowa, "Polities and Peace," *International Security*, Vol. 20, No. 2, 1995, pp. 123 – 146.

娜·高娃又提出冷战结束后，东西方的利益冲突是维系民主国家之间继续保持和平的原因。[1]

戴维·斯皮罗同样认为，同盟国家之间的和平是因为它们存在共同利益。民主国家之间存在较高的结盟倾向可能是导致和平的唯一真实原因。[2]

第三，现实主义者对和平从一开始就非常怀疑，认为战争尽管是残酷的，但是很难回避的。

民主和平论的支持者认为持续稳定的和平是可以达到的目标，因此对世界总的前景表示乐观。民主输出论认为随着民主输出的进行，世界上会出现越来越多的民主国家，因此国际局势会朝着和平越来越巩固，战争越来越稀少的方向发展。

所有现实主义者都不会同意民主和平论倡导者对战争的上述看法。即使是防御现实主义者也认为，民主和和平之间的联系是有欺骗性的。[3] 几乎所有的现实主义者都对世界和平的前景持悲观态度。摩根索认为战争是人类生活的不可避免因此必须勇敢面对的一种常态。"消灭战争"、"避免战争"是一种可笑的态度。战争会持续到永远。在摩根索的词典里，"和谐世界"是一种永远也不会达成的目标。现实主义认为战争来源于国家之间的结构性冲突。由于利益冲突一直存在，因此战争是常态。和平是偶然现象，是战争中的间歇。有时也会有一段时间没有战争。那是因为弱者联

---

① Joanne Gowa, "The Democratic Peace after the Cold War," *Economics & Politics*, Vol. 23, No. 2, 2011, pp. 153 – 170.

② David E. Spiro, "The Insignificance of the Liberal Peace," *International Security*, Vol. 19, No. 2, 1994, pp. 50 – 86.

③ The distinction between offensive and defensive realists is discussed by Jack Snyder, *Myths of Empire: Domestic Politics and International Ambition*, Ithaca, N. Y.: Cornell University Press, 1991, pp. 10 – 13 (Snyder labels offensive realists "aggressive" realists); and John J. Mearsheimer, "Back to the Future: Instability in Europe after the Cold War," *International Security*, Vol. 15, No. 1, Summer 1990, pp. 5 – 49. Defensive realist views are presented by Charles L. Glaser, "Realists as Optimists: Cooperation as Self-Help," *International Security*, Vol. 19, No. 3, Winter 1994/95, pp. 50 – 90; and Stephen Van Evera, *Causes of War*, Vol. 1, *The Structure of Power and the Roots of War*, Ithaca, N. Y.: Cornell University Press, forthcoming, 1997.

合起来和强者形成均势，或者是强者完全压倒弱者，使二者成了主人和奴隶的关系。这种均势只是例外，不可能持久。随着时间的推移，力量对比发生变化，均势就被打破，于是战争爆发。所谓人类历史，就是反复出现的战争史，中间插入了一些短暂的和平时期，为的是能够有时间喘息。发动战争也好，维持和平也好，都是为了谋求权力。没有一个国家能指望无限期地享有和平关系。莱恩说过："在国际体系中，对于其他国家的恐惧和不信任是正常状态，在现实世界中，生存和安全都存在风险，民主国家对待民主的竞争国家和非民主的竞争国家态度是一样的。"① 有些现实主义者注意到如果民主国家之间倾向于和平相处的话，那么可以推断民主国家总体上应更讨厌战争。然而，很多经验研究表明民主国家和其他国家一样有战争的倾向。

第四，现实主义者对民主国家道德标准较高因此导致和平的看法表示怀疑。民主和平论的拥护者认为民主无论作为道德还是政治制度安排都是普世的。而所有现实主义者都认为道德、民主和正义是相对概念，其内容是由权力说了算。人们有时也按公德办事，也可以在某种特定的情况下表现出无私。但从整个人类的角度讲，这种无私、奉献、助人和高尚的行为不可能持久。国家不能指望也不应该把政策建立在这种认识之上。理性自由主义所谓的普世道德是根本不存在的。既然普世道德不存在，普世的民主也不存在。如果普世的民主不存在，对现实主义者来说，民主和平论也就无从谈起。

---

① Melvin Small and J. David Singer, "The War-Proneness of Democratic Regions, 1816 – 1965," *Jerusalem Journal of International Relations*, Vol. 1, No. 4, Summer 1976, pp. 50 – 69; Steve Chan, "Mirror, Mirror on the Wall … Are the Freer Countries More Pacific?" *Journal of Conflict Resolution*, Vol. 28, No. 4, December 1984, pp. 617 – 648; and Erich Weede, "Democracy and War Involvement," *Journal of Conflict Resolution*, Vol. 28, No. 4, December 1984, pp. 649 – 664. For "A Challenge to the Near-consensus that Democracies are as War-prone as other Types of States," see James Lee Ray, *Democracy and International Conflict: An Evaluation of the Democratic Peace Proposition*, Columbia: University of South Carolina Press, 1995, pp. 17 – 21.

第五，现实主义者对制度的作用非常怀疑。民主和平论的拥护者认为制度可以起到相当大的作用。但现实主义者认为，虽然政权种类与共同的政治意识形态有关，但制度不是决定性的，也不是最重要的。多伊奇提醒道，安全共同体可以在民主缺失的情况下照样得以发展。① 克里夫顿·摩根（T. Clifton Morgan）和萨利·坎贝尔（Sally Howard Campbell）观察到，没有哪个现代民主国家会把战争决策交由全民投票来决定。他们的结论是，没有发现国内政治约束水平高与战争可能性低之间有着明显的统计联系。在他们看来，民主并不是和平的直接、一贯或可靠的推动力。许多非民主国家决策也会受到某些约束的影响。比如独裁政府要对付那些有实力推翻他们的小集团，还要面对不同派系的反对。

莱恩发现，历史记录的回顾表明，民主国家确实有避免战争的倾向，但是没有证据表明是因为他们有共同的民主规则和制度才这样做。民主国家基本上仍然按照现实主义的理念行动。②

因此，塞巴斯蒂安·罗萨托给出了现实主义的结论。他详细论述了"民主和平论"中众多的因果关系，指出民主国家之间的交往与和平之间的联系是虚假的，和平更宜如现实主义者所说被理解为权力、威慑和国家利益共同作用的结果。③

除了现实主义者之外，许多其他学者也从不同角度对两论提出质疑。有些是从纯技术的角度出发质疑两论。例如，许多学者认为，要想把这个问题搞清楚，首先需要统一若干定义。现实的情况是，关于民主和战争的基本定义十分混乱。戴维·斯皮罗（David E. Spiro）认为，许多谈论民主和平的人都没有把民主、民主国家和战争的定义搞清楚。定义的不同导致学者们搜集的民主国家名单也不同。毛兹和多伊尔分别在自己的研究中列出了各自的民主国家名单。但他们竟然对名单中2/3的国家到底算不算民主

① Karen Rasler and William R. Thompson, *Puzzles of the Democratic Peace: Theory, Geopolitics, and the Transformation of World Politics*, 2005, p. 20.

② Christopher Layne, "Kant or Cant: The Myth of the Democratic Peace."

③ Sebastian Rosato, "The Flawed Logic of Democratic Peace Theory," *American Political Science Review*, Vol. 97, No. 4, 2003, pp. 585 – 602.

国家产生分歧。多伊尔和卢塞特在列举民主国家时，没有考虑古代民主国家和现代国家的妇女选举权，以及民主政权下的奴隶制。在其他标准上学者们也不一致：如政治参与程度、行政人员录用上的竞争、对主要行政官员的限制、政治稳定、国内对个人权利的压制等。

由于没有一致同意的定义，因此许多国家之间的战争算不算民主国家之间的战争就无法肯定。例如，1812 年英美战争算不算民主国家之间的战争？对此有些学者认为不算，理由是当时英国有投票权的人还很少，议会很多席位是被指派的，上议院可以否决一切法律，君王权利依然很大。因此当时的英国不算民主国家。

1898 年美西战争算不算民主国家之间的战争？在许多人看来，西班牙在 10 分制打分的民主国家中至少可以得 6 分，应该属于民主国家。但另一些学者辩解道，美西战争时期的西班牙实行轮流坐庄的政治制度，腐败官员操纵选举结果，让保守党或自由党轮流取得议会多数席位。因此当时的西班牙不能算是民主国家。

1941 年 7 月，秘鲁与厄瓜多尔陷入战争，双方都被认为是民主国家。但有学者辩解道，战争是在两个国家民主自由政体建立后 1～3 年内爆发的，自由民主的和平效果还没有完全体现出来。

1973 年美国在背后支持智利政变，推翻了阿连德政权。当时智利是拉丁美洲唯一的民主国家。但有学者辩解道，民主国家之间的各类武装或非武装干涉不算战争。

1975 年英国与冰岛因捕鱼权之争爆发冷战，其中包括擦枪走火。两国显然都是民主国家。对此，有人辩解道，伤亡人数没有达到 1000 人，因此不算战争。

这些学者根据自己喜好本末倒置地定义民主国家。欧仁（Ido Oren）一针见血地指出："美国看似不会与其同类国家发生战争的原因不是共同的民主体制影响战争倾向，而是我们狡猾地重新定义同类。"[1] 欧仁批评许多学者倾向于把有兴趣保持和平的国家定义为民主国家。他说，美国领导人倾向于用与美国相像程度来界

[1] Ido Oren, "The Subjectivity of the 'Democratic' Peace: Changing U. S. Perceptions of Imperial Germany."

定民主国家，这些人其实忽略了美国历史进程中民主的意义和内涵曾经发生改变。为了说明他的观点，他曾仔细研究了美国学者和政治家如何将德国进行归类。尽管现在的政治学认为 1914 年之前的德国没有英国、法国和美国那么民主，欧仁注意到 19 世纪末美国两个著名政治学家伯吉斯（John Burges）和威尔逊（Woodrow Wilson）对德国的看法与现代非常不同。伯吉斯在哥伦比亚大学的研究生项目非常推崇德国。他认为德国和美国一样有着最先进的宪政政府，在这方面甚至比法国和英国排名更靠前。1915 年时，伯吉斯写道："德国的经济体系是世界上目前存在的最有效、最民主的经济体制。" 威尔逊在做总统时曾谴责德国是个独裁国家，而之前他作为政治学者曾经在其文章中称赞过德国的政治体制。威尔逊是亲英派，但在其文章中表达过对俾斯麦的崇拜，并将德国与英国、美国、法国和瑞士列为最发达的宪政国家。欧仁得出结论说，德国在 19 世纪末期被西方国家领导人视为是民主国家；然而到了第一次世界大战前夕，当德国与美国、法国和英国的关系开始恶化时，德国便逐渐被形容为是独裁国家，然而实际上德国内部却没有实质性的政权改变。

欧仁还讨论了另外两个例子：俄罗斯和日本。他指出当美国出于国家利益的需要必须与苏联或日本结成紧密关系的时候，美国会将这两个国家描述为民主国家。威尔逊曾经说过，俄国在 1917 年第一次革命后成为民主国家。当美国和苏联联合起来反对德国法西斯时，还有人对苏联的民主体制表示崇拜。冷战后，俄罗斯再次被赞美为新民主国家，但当俄罗斯的外交政策变得越来越固执且违背美国利益的时候，很多人就开始怀疑俄罗斯的民主。美国对日本的看法同样也有变化。目前，日本被看作是民主国家，但是欧仁预测如果美日发生战争，那么日本注定要失去民主地位。

斯皮罗指出，一些研究发现了"民主"与和平之间存在统计学上的显著性，往往是其作者怀有偏见。[①] 他认为，有些学者使用

---

① David E. Spiro, "The Liberal Peace 'And Yet It Squirms'," *International Security*, Vol. 19, No. 4, 1995, pp. 177–180.

了不同的研究方法并对变量进行不同的操作。① 例如很多民主和平的研究将美国国内战争排除在外，其实美国国内战争双方都是民主国家。秘鲁和厄瓜多尔之间的冲突也是一样。这种情况还包括1982年以色列进攻黎巴嫩，1812年美英战争，1967年以色列攻击美国"自由号"海军战舰，1898年美西战争，芬兰的"二战"同盟和轴心国对抗西方民主国家。尽管鼓吹民主和评论的学者想了很多理由排除这些冲突，但显而易见，民主国家之间发生战争的数量要比民主和平论倡导者声称的多得多。斯皮罗并不反对从理论上讲民主制度可能对国家发动战争有所约束，但数据表明事实是，民主国家经常对非民主国家开战。

有些学者的定义比较宽松。如克里斯托弗·莱恩（Christopher Layne）把1812年战争和美国国内战争都定位为民主国家之间的战争。此外，他还认为1914年的德国和英法一样是民主国家（至少在外交政策制定方面是个民主国家）。因此，"一战"也应被看作是民主国家之间的一场战争。如果按照这种定义，民主和平论根本不能成立。

有些学者在批评民主和平论时走得更远。他们不但否定了民主国家有爱好和平的倾向，而且提出民主国家更好战。在《民主化和战争的危险》一文中，爱德华·曼斯菲尔德（Edward Mansfield）和杰克·辛德（Jack Synder）对民主和平论提出另外一种挑战。他们认为民主化的国家更愿意打仗。他们特别强调不成熟的民主国家常常乐于发动战争，而非促进和平。他们认为民主化国家在其民主化进程刚开始时更容易卷入战争，民主化开始后的一年、五年和十年这种可能性会增加。他们指出，民主化组成指标（参与的竞争性、行政限制、行政招聘的公开性等）的增加也会增加战争的可能性。与那些独裁国家或将成为独裁国家的国家相比，由独裁转变成为民主的国家在民主化过程中发生战争可能性是前者的两倍以上。他们也注意到大国在民主化后变得更加

---

① David E. Spiro, "The Insignificance of the Liberal Peace," *International Security*, Vol. 19, No. 2, 1994, pp. 50 - 86.

好战。19 世纪，自由民主的英国发动了克里米亚战争，大大扩展了其海外帝国。拿破仑三世统治下的法国发动了很多次战争直到在普法战争中遭到毁灭。这些战争来自政治参与规模的扩大。在魏玛德国时代，由于中产阶级政治崛起而引发的民主政治斗争推动了"一战"的爆发。20 世纪 20 年代日本通过民主化推动其军队设计并施行帝国主义扩张计划来赢得民众支持。他们认为新民主国家更容易发动战争有四个原因。第一，旧政权的精英团体通常会在新的民主政治领域竞争中呼吁民粹主义以便维持民众的支持。第二，新生集团的精英们往往发现民族主义是上台的有效手段。第三，政治动荡期的民众通常很难控制。第四，如果稚嫩的民主政权倒台，国家回归独裁会使战争的风险极大提高。

二　对两论的部分否定

有些学者根据自己研究认为需要强调民主国家的成色。如维尔特认为，一些具备民主特征的政权之间爆发过战争，但这些政权只是部分具备而不是完全具备民主国家的特征。托马斯·施瓦兹（Thomas Schwarz）和凯伦·斯金纳（Kiron K. Skinner）坚持主张民主国家之间的战争其实与其他政体的国家之间一样多。不过，他们把尚未成熟的民主国家和有争议的国家也列入民主政体范畴，同时也将小型冲突列入计算。昆西·赖特认为，讨论民主和平问题必须要研究"单子"和"对子"问题。所谓单子，就是指一方为民主国家，另一方为非民主国家。对子的含义则是，涉及的双方都是民主国家。赖特认为，在这两种情况下，民主对和平的影响会相差很大。赖特认为，在单子的情况下，双方反而更倾向于发动战争。

赫尔大学的戴维·卢梭（David Rousseau）发现历史上存在两种非常矛盾的现象：民主国家之间没有战争或战争很少，民主国家参与或发起的战争非常多。比如，美国独立战争、"一战"、"二战"。他发现民主和平很大程度上都发生在一对民主国家之间，即民主国家较少可能互相打仗。这并不是因为民主国家更爱好和平，只是民主国家之间开战的欲望低。哈佛·赫格瑞和尼尔斯·格莱迪奇也发现，民主国家与非民主国家之间的相对战争频率高于非民主国家之间。[1]

爱德华·曼斯菲尔德和杰克·辛德研究结果发现具有民粹内涵的民主国家在民主化过程与民主转型过程中往往更具有发动战争的危险。他们重点研究了民主与和平的因果关系，特别是民主转型国家的战争倾向，并在 2005 年出版的《为战而选：新兴民主国家为何走向战争?》(*Electing to Fight：Why Emerging Democracies Go to War*) 一书中对该理论进行完善。他们认为成熟的自由民主国家之间的确很少甚至不会发生战争。但那些正在进行民主转型的国家最容易卷入战争。正在民主化的国家比稳定的民主国家、独裁国家，甚至是正在独裁化的国家都更为好战。

有些学者认为，民主和平论虽然有些道理，但理由并不充分。斯皮罗在《自由和平并无意义》("The Insignificance of the Liberal Peace") 一文中提出，民主国家之间不会发生战争在统计学上没有意义。因为在特定时间段，两个民主国家发生战争的概率很小。因此民主国家之间没有发生战争并不是稀奇事。历史表明，1945年后国际关系历史中民主国家很少有机会发生战争。因此民主国家之间没有战争只是偶然事件。约翰·米尔斯海默同意这一说法，他很早就对"民主和平论"提出质疑。他认为，在过去两个世纪里，民主国家一直数量稀少，所以两个民主国家能够发生战争的机会也就不多。被经常性引用的显著案例只有三个：英国和美国 (1832 ~ 1990 年) 之间的战争、英国和法国 (1832 ~ 1849 年，1871 ~ 1940 年) 之间的两次战争，以及 1945 年之后的西方民主国家之间的战争。[2]

亨利·法伯和珍娜·高娃认为民主和平论的解释力很弱，原因是民主和平论的研究在时间上不完整。他们认为必须重新检验关于政体类型和战争及军事冲突关系的核心假设。他们的具体研

---

[1] Nils P. Gleditsch and Havard Hegre, "Peace and Democracy: Three Levels of Analysis," *Journal of Conflict Resolution*, Vol. 41, No. 2, 1997, pp. 283 – 310.

[2] John J. Mearsheimer, "Back to the Future: Instability in Europe after the Cold War," *International Security*, Vol. 15, No. 1, 1990, pp. 5 – 56.

究方法是把时间跨度拉长。在《政治与和平》（"Politics and Peace"）一文中，他们对1816年到1976年的战争进行了分析。他们将一对打仗的国家算为发生一次战争，即使这场战争延续数年。此外，他们没有把两次世界大战算在其中，理由是无法通过大战分析一对国家的战争。他们将研究划分为五个时间段：1914年以前、1914~1918年、1919~1938年、1939~1945年和1945~1976年。他们没有排除民主国家之间战争的例子，比如美西战争。结果发现在1914年之前，民主和战争之间并不存在统计上的显著性。在那些没有导致战争的冲突中，民主国家之间冲突发生的概率比其他类型的国家之间要高。仅仅在1945年以后，民主国家之间与其他类型的国家之间相比，发生战争或严重冲突的概率才明显低很多。①

时间的跨度有时确实十分重要。有些学者强调无人能够保证民主国家能保持民主，即永远是民主国家。今天有很多民主国家存在，但是它们可能会在未来转向非民主政体。这样的观点有两层含义。第一，这种观点认为民主和平论即便是正确的，在国际关系中的现实意义也微乎其微。如果有极少或没有民主国家，和平的民主地带将会很小，现实主义原则将会应用于大部分国际政治事务中。第二，民主国家转变为其他类型的国家的可能性对民主和平论的理论基础提出了疑问。如果民主国家不能指望民主制度永恒存在，那么民主国家更难对其他国家表现出尊重。今天被西方培养为民主国家的国家未来也有可能发生蜕变，使美国一切努力最终化为泡影。这种民主政府被取代的可能性迫使民主国家更加警惕，民主国家之间不容易合作，并不像自由主义理论声称的那样民主国家之间会像亲兄弟一样密切配合。

三 对两论的其他解释和补救

除了对两论彻底否定或相对否定外，也有很多学者对两论采取比较温和的态度。这些人试图通过对两论的修正来对两论加以补救。

---

① Henry S. Farber and Joanne Gowa, "Polities and Peace," *International Security*, Vol. 20, No. 2, 1995, pp. 123 – 146.

　　莱恩认为民主与和平之间不是因果关系，而是相关关系。他指出：1815 年到 1945 年的民主国家（约 30 个）本来就少，一对民主国家发生战争可能性更小，民主和平论无法解释发生在成熟民主国家之间的很多重大危机。他深入研究了四个历史案例：1861 年美英之间的塔兰托事件，1895～1896 年委内瑞拉危机，1898 年法英之间法绍达危机，1923 年法国与德国魏玛共和国之间鲁尔危机。虽然所有四个案例最后都在千钧一发之际与战争擦身而过，但能解释这四个案例的是现实主义理论而不是民主和平论。决定因素是政府的理性计算，其中涉及威望、国家利益、力量平衡和其他国家利用战争的可能性等因素。对于国际无政府体系中的大国来说，这样的计算是很正常的事情。莱恩因此得出结论：民主和平论的因果逻辑只有很小的解释力。制度约束力和文化约束力会对民主国家对外政策产生影响，但这一逻辑发挥作用的案例并没有给莱恩留下任何印象。由于理论的逻辑推理缺乏解释力，因此也就没有说服力。

　　斯皮罗同意莱恩的说法，他对民主和平论持怀疑态度。他认为，偶然因素比民主和平论能更好地解释这些国家之间没有战争的原因。民主国家之间没有爆发战争的事实，并不能成为肯定该理论的原因，除非能够证明民主国家与非民主国家之间也很少爆发战争。

　　约瑟夫·奈也认为民主和平论逻辑上过于简单化。他指出，单纯地认为民主就会通往和平是远远不够的，如果民主可以保障和平，那么民主又靠什么来保障呢？[①]

　　一些学者认为，民主国家之间之所以显示出和平倾向并非是因为民主制度，而是因政治相似而产生了某种亲缘关系，即所谓"物以类聚"。这种亲缘关系导致关系融洽，降低了战争的可能性。同质派认为，民主共和政体的领导人倾向于建立同样的和平决策

---

① Joseph Nye, Jr., "Democracy and Deterrence: What Have They Done to Each Other?" in Linda B. Miller and Michael J. Smith, eds., *Ideas and Ideals*, Boulder: Westview Press, 1993, pp. 108 – 124.

机制，如北大西洋公约组织、联合国宪章及国际联盟盟约等。

赫格瑞提出了一个战争分析模型，他发现民主国家在战争中倾向于加入民主国家阵营，而专制国家则倾向于加入专制国家一方。[①] 一些学者从赫格瑞等的研究中得到启发，认为两个国家在政治上的相似程度可能会对和平产生影响。如维尔纳证实了国家之间的政治相似性有助于维系彼此之间的和平。通过对 1816～1992 年所有国家之间双边关系集合进行风险模型评估，维尔纳发现历史上存在冲突的、地缘上临近的以及政治差异性大的国家之间面临着更高的冲突风险。[②] 2000 年，维尔纳明确提出了"政治相似性"这一概念。他认为，历史证据表明国际冲突往往涉及国内事务管理。一国常常与其他国家在人权记录和政府构成等问题上发生争执。由于政治上相似的国家以相似的方式处理国内事务，它们一般不可能在国际政治上存在分歧，也不可能会卷入冲突之中。通过对 1816～1985 年国际政治中所有双边军事冲突数据的分析，他发现政治相似性显著地降低了国家之间滋生冲突的概率。与政治上存在差异性的国家之间相比，政治上存在相似性的国家之间保持了更为持久的和平关系。[③]

埃罗尔·亨德森认为政治相似性辅以其他变量可以有效地解释民主和平现象。他建立了一个研究框架，将政治相似性、地理距离以及经济上的互相依存作为主要的分析变量，发现"民主和平论"只是一个统计上的人为结果，当这些变量都纳入考量时，这种统计关联便会消失。[④] 布莱恩·赖和丹·赖特认为在 1945 年

---

① Arvid Raknerud and Havard Hegre, "The Hazard of War: Reassessing the Evidence of the Democratic Peace," *Journal of Peace Research*, Vol. 34, No. 4, 1997, pp. 385 – 404.

② Suzanne Werner, "Choosing Demands Strategically: The Distribution of Power, the Distribution of Benefits, and the Risk of Conflict," *Journal of Conflict Resolution*, Vol. 43, No. 6, 1999, pp. 705 – 726.

③ Suzanne Werner, "The Effects of Political Similarity on the Onset of Militarized Disputes, 1816 – 1985," *Political Research Quarterly*, Vol. 53, No. 2, 2000, pp. 343 – 374.

④ Errol A. Henderson, *Democracy and War: The End of an Illusion?* Boulder: Lynne Reiner, 2002.

之后，拥有相似政治制度类型的国家很可能会形成联盟，进而有助于保持和平关系。①

从政治相似性解释的逻辑演绎中可以自然地引申出"独裁和平论"的结论。"独裁和平论"最早由马克·潘西尼等学者提出，他们将独裁政权分为三类：个人主义独裁、军事独裁和一党制独裁。他们发现自1945年以来，特定类型的独裁政权彼此之间能够和平相处。如"二战"后，个人主义独裁政权之间和军事独裁政权之间都没有爆发战争。尽管一党制独裁政权相互之间发生过战争，但是，对国际军事冲突的多变量分析显示：两个一党制国家之间与两个不同制度类型（民主—独裁）的国家之间相比仍显得更为和平。② 纳撒尼尔·贝克和盖里·金等学者也证实，战争的可能性在高度民主的国家之间和高度独裁的国家之间都明显降低了。③ 这些学者的发现似乎都表明，民主国家之间所享有的和平现象在各种政治制度类型里并不是唯一的，可能存在类似"民主和平论"的"独裁和平论"。

有政客认为，美国搞民主输出实际浪费了美国纳税人大量金钱。一些学者认为民主输出最终会伤害美国国家利益，并不值得。他们认为民主输出必然干涉别国内政，损坏国家之间正常关系，最终对美国不利。布什政府在中东、中亚等地区推行民主已经并将继续遇到越来越多的困难。有两个致命的弱点使美国推广民主计划大打折扣。一是美国及"盟国"在这种输出民主的过程中言行不一，自己的行为往往有悖于民主原则。二是美国不顾一切地把实

---

① Brian Lai and Dan Reiter, "Democracy, Political Similarity, and International Alliances, 1816 – 1992," *Journal of Conflict Resolution*, Vol. 44, No. 2, 2000, pp. 203 – 227.
② Mark Peceny, Caroline C. Beer and Shannon Sanchez-Terry, "Dictatorial Peace?" *American Political Science Review*, Vol. 96, No. 1, 2002, pp. 15 – 26; Mark Peceny and Caroline C. Beer, "Peaceful Parties and Puzzling Personalists," *American Political Science Review*, Vol. 97, No. 2, 2003, pp. 339 – 342.
③ Nathaniel Beck, Gary King, and Langche Zeng, "Theory and Evidence in International Conflict: A Response to de Marchi, Gelpi, and Grynaviski," *American Political Science Review*, Vol. 98, No. 2, 2004, pp. 379 – 389.

行自由选举当作实现民主的手段，而这可能导致社会混乱，却无法建立有效的政府。中东宗教激进主义在各国上台执政表明，美国的民主尝试不但没有成功，反而搬起石头砸自己的脚。此外，还严重影响了自身的国际形象。英国《卫报》有评论指出："认为标准化（西方）模式的民主是普遍适用的，能够在任何地方取得成功，解决当前超越国家界限的难题，带来和平而不是制造混乱，这种想法十分危险。"① 法瓦斯·盖尔盖斯（Fawaz A. Gerges）认为 2003 年以美国为首的入侵行动并没有将伊拉克变为适合实行民主制的国家，以美国为首的盟国对伊拉克的入侵和占领表明，由外来人来管理一个陌生社会的做法往往会适得其反，结果更具危险性。

　　总体来讲，反对派的学者和政客认为，如果民主和平论无法成立，那么通过民主输出建立一个新的民主国家的尝试将会是一个错误。莱恩通过对许多理论及经验的分析得出结论：将推进民主作为美国外交政策的目标值得商榷。他认为，如果试图扩散民主而导致区域动荡会有引发战争的危险。关于美国式的"民主和平"所带来的结果，一位美国学者给出了很精辟的概括，他说："民主和平论是危险的，它建立在'愿望'的基础上，反映了美国干涉主义的外交政策。这个政策不会带来和平，而是更多的战争。"②

　　所有对民主和平的修正性解释中，资本主义和平论最接近后面将要详细论述的马克思主义的观点。这一派人的出发点又有所不同。

　　埃里克·韦德较早且明确提出了"资本主义和平论"，他认为资本主义的各个方面，从提高生产发展程度到自由贸易和对外投资等，都对和平产生了积极影响。③ 约翰·缪勒较早提出在民主和平论的研究中人们往往过高估计了"民主"的作用，而"资本主

---

① 转引自唐勇：《美式民主还是美式霸道？》，《人民日报》2005 年 4 月 26 日第 3 版。

② Christopher Lyne，"Kant or Cant：Myth of Democratic Peace," *International Security*，Fall 1994.

③ Erich Weede，"Globalization：Creative Destruction and the Prospect of a Capitalist Peace," in Gerald Schnei-der, Katherine Barbieri, and Nils Petter Gleditsch, eds.，*Globalization and Armed Conflict*，Lanham, MD：Rowman & Littlefield, 2003, pp. 311 – 323.

义"却没有得到足够重视。缪勒使用的"资本主义"是指经济安排中允许商品和服务的自由交易，而政府仅仅给予最低限度的干预。① 有些学者把政治相似性引申到资本主义理论。马克·索瓦承认，政治和经济制度相似的国家发生冲突的可能性较低。但资本主义国家经济制度相似性的作用更为显著。② 帕特里克·麦克唐纳认为"资本主义"对和平的影响要大于"民主"，但是他并未全然否认民主对和平的作用。③

埃里克·加兹克是"资本主义和平论"谱系中最为重要的一位学者，他将资本的开放性（贸易占国内生产总值的比重）与和平联系起来，认为"民主和平"只是资本开放性的附带现象，"资本主义"对和平的影响完全超出"民主"之上。④ 埃里克·加兹克所进行的二元回归分析显示，交易份额提升了国家之间军事冲突的可能性，而贸易开放与国家之间军事冲突呈现负相关。⑤

有一派人认识到了民主和经济的关系，认为美国输出民主对象国由于与美国经济、文化、文明差异很大，很难接受民主输出，他们认为民主需要自己自然生长，需要以自己的社会经济文化变化为基础，因此强加民主是不可行的。马克·普拉特纳（Marc

---

① John Mueller, *Capitalism*, *Democracy & Ralph's Pretty Good Grocery*, Princeton, NJ: Princeton University Press, 1999; John Mueller, "Capitalism, Peace, and the Historical Movement of Ideas," *International Interactions*, Vol. 36, No. 2, 2010, pp. 169 – 184.

② Mark Souva, "Institutional Similarity and Interstate Conflict," *International Interactions*, Vol. 30, No. 3, 2004, pp. 263 – 280.

③ Patrick McDonald, *The Invisible Hand of Peace: Capitalism, the War Machine, and International Relations Theory*, Cambridge: Cambridge University Press, 2009; Patrick J. McDonald, "Capitalism, Commitment, and Peace," *International Interactions*, Vol. 36, No. 2, 2010, pp. 146 – 168.

④ Erik Gartzke, "The Capitalist Peace," *American Journal of Political Science*, Vol. 51, No. 1, 2007, pp. 166 – 191; Erik Gartzke and J. Joseph Hewitt, "International Crises and the Capitalist Peace," *International Interactions*, Vol. 36, No. 2, 2010, pp. 115 – 145.

⑤ Erik Gartzke and Quan Li, "Measure for Measure: Concept Operationalization and the Trade Interdependence-Conflict Debate," *Journal of Peace Research*, Vol. 40, No. 5, 2003, pp. 553 – 571.

F. Plattner）认为，经济发展水平和民主稳定性是完全相关的，民主如果移植的话会出现很多问题。各国的民主化都不可能脱离本国的历史文化传统。① 总之，民主化没有固定的模式，美国式民主不可能成为世界各国民主的范本。

新自由制度主义者常常强调经济互相依赖对和平的含义。经济增长和发展有可能导致经济更加相互依赖。经济更加相互依赖会使战争的可能性降低。有些学者认为，双边贸易往来所形成的经济依存关系是导致国家之间和平的重要原因。

欧尼尔的定量研究发现，贸易依存关系对冲突有一定的抑制作用。具有重要经济意义的贸易关系降低了国家之间的冲突。② 爱德华·曼斯菲尔德利用 1850～1965 年的数据，在系统层面就贸易对战争可能性的影响进行了检查，结果显示高水平的贸易往来（用全球出口量占世界产量的比值来衡量贸易水平）减少了战争的平均数量。③

有学者进一步认为，经济互相依赖扩大了外交领域鸽派和温和派的规模。而闭关自守的经济独立政策常常与鹰派和强硬派相关。鹰派和强硬派上台往往更倾向于减少对外部世界的依赖，以便他们更好地放手处理外部威胁。

总的来讲，西方学者对两论的批判可以说是视角相当广泛。但受其哲学和意识形态的限制，西方学者对两论的质疑大多有形而上学的倾向。其批判和质疑往往没有抓住两论荒谬的主要原因，多在技术层次进行讨论。

第二节　根据马克思主义理论对两论的批判

前面讲过，鼓吹民主输出论和民主和平论的美国政客和学者

---

① Barany, Zoltan and Robert G. Moser, eds., *Is Democracy Exportable*? Cambridge University Press, 2009, p. 2.

② John R. Oneal, "Measuring Interdependence and Its Pacific Benefits: A Reply to Gartzke & Li," *Journal of Peace Research*, Vol. 40, No. 6, 2003, pp. 721-725.

③ Edward D. Mansfield, *Power, Trade and War*, Princeton, NJ: Princeton University Press, 1994.

中有一部分是忠实的现实主义者。这些人在鼓吹两论时从来没有考虑被输出国的利益，而是完全从美国的国家利益出发，认为输出民主会削弱潜在敌国的力量，制造混乱，从而使美国得利。这批人把民主和平论和民主输出政策完全当作是美国处理对外关系的工具。对这种自己都不相信或者说不关心民主会导致和平及民主输出会给被输出国带来利益的政客及学者，显然不需要也不可能进行严肃论战乃至批判。对这部分人来说民主输出的对象国能做的只是应对、反制。

但也有部分美国学者和政客在鼓吹两论时不完全是自私的。这部分人在思维上有着理想主义色彩。在他们内心深处不同程度地认为，民主确实会带来和平。这种和平对美国有利，同时也对全世界有利。他们也认为，尽管民主输出符合美国的利益，但对被输出国也同样有好处。美国是个民主国家，因此对专制、集权制度深恶痛绝。这种对专制、集权的不满情绪进而转化成对生活在该制度下的人民的同情，希望通过民主输出把这些受苦受难的民众解救出来，是所有善良人义不容辞的责任。对这部分人有必要进行一些论证。笔者的基本出发点是，尽管他们的出发点可能是善意的，但根据马克思主义基本观点，和平不是民主带来的，民主输出也是完全错误的政策。说它错误，并不仅仅是站在笔者立场上不认同该政策，而是因为它绝不会带来美国人想象中的结果。

马克思和恩格斯不可能在其著作中对100年以后出现的民主和平论和民主输出政策进行明确、直接的批判。但民主和平论和民主输出政策在根本上违背了马克思主义理论的一些基本论断。即使是今天，重温马克思主义经典理论，马克思和恩格斯的许多论述，很多都像针对民主和平论和民主输出政策表述的。本章首先对这些有关的马克思主义论述进行一下概述，然后从这些基本理论出发，对两论的具体问题进行逐一批判。

一　马克思主义与本书相关的基本观点

列宁指出，马克思主义有三个重要组成部分，即马克思主义哲学、政治经济学以及科学社会主义。本书涉及的主要是前两部分。这两部分密切相关，因为马克思主义政治经济学中经济基础和上层建筑之间的关系，正是从马克思主义哲学中存在和意识的关系中推导出来的。当然对马克思主义哲学和政治经济学的讨论仅限于和民主和平论及民主输出论相关的部分。在逐一批判民主和平论和民主输出政策的荒谬性之前先对相关的马克思主义哲学和政治经济学进行一下简要概括。这有利于在整体上把握对其的批判。

首先，马克思主义认为，哲学中最重要的问题是思维和存在的关系问题。这方面，马克思、恩格斯和列宁都有相当多的论述。马克思在《费尔巴哈》一文中说道："不是意识决定生活，而是生活决定意识。"① 恩格斯在《卡尔·马克思〈政治经济学批判〉》中同样指出："人们的意识决定于人们的存在而不是相反。"② 列宁在总结马克思主义时指出："全部哲学，特别是近代哲学的重大的基本问题，是思维和存在、精神和自然界的关系问题……什么是本原的，是精神还是自然界？……哲学家依照他们如何回答这个问题而分成了两大阵营。凡是断定精神对自然界说来是本原的，从而归根到底承认创世说的人……组成唯心主义阵营。凡是认为自然界是本原的，则属于唯物主义的各种学派。"③ 列宁明确指出，物质是实实在在的东西，而"观念的东西不外是移入人的头脑并在人的头脑中改造过的物质的东西而已"。④

马克思主义的上述观点对正确认识民主和平论和民主输出论非常重要。这里涉及两个问题。一个是判断问题时究竟是从意识和观念出发来找原因，还是从存在和物质基础出发来找原因。

不管把民主看作是一种意识还是一种制度，它显然属于上层建筑。民主应该也必须有它存在的基础。这种基础才是导致和平的原因（如果承认民主和和平有关的话）。避开基础而从意识和观

---

① 《马克思恩格斯选集》第一卷，人民出版社，2012，第152页。
② 《马克思恩格斯选集》第二卷，人民出版社，1995，第39页。
③ 《列宁选集》第二卷，人民出版社，2012，第420页。
④ 《马克思恩格斯全集》第二十三卷，人民出版社，1972，第24页。

念出发来说明和平的原因，正是一切唯心主义者的必然逻辑。按照马克思主义的观点，尽管有时从表面上看意识或观念好像也会对事物发生或发展产生影响，但由于意识或观念本身不是独立存在的，而是有其必然的物质基础的，因此把意识或观念说成是原因至少是不全面的。而且在很多情况下，这会对发掘事物发展的真正原因造成误解。

这里涉及的问题是：意识和观念一旦形成，它能否被传输？意识显然是可以传输的，例如文化可以跨越国界，良好的政治制度也可能得到其他国家的羡慕从而被学习。但按照马克思主义的基本观点，意识的传输绝对不是无条件的，即它的受体必须具备大体相似的物质基础。民主输出的鼓吹者，恰恰在这个问题上犯了同样的错误。这一点，将在下面做出详细分析。

哲学谈的是个人的意识，而政治经济学谈的是国家的意识。马克思主义的哲学思想在马克思主义政治经济学中得到完美的体现。从以下对马克思主义政治经济学的简述中可以看出，民主和平论和民主输出政策的荒谬之处非常明显。

国家和社会发展的基础或根本推动力到底是什么？对此，马克思、恩格斯和列宁都有非常明确的看法。恩格斯在谈到马克思的观点时说：

> 正像达尔文发现有机界的发展规律一样，马克思发现了人类历史的发展规律，即历来为繁芜丛杂的意识形态所掩盖着的一个简单事实：人们首先必须吃、喝、住、穿，然后才能从事政治、科学、艺术、宗教等等；所以，直接的物质的生活资料的生产，从而一个民族或一个时代的一定的经济发展阶段，便构成基础，人们的国家设施、法的观点、艺术以至宗教观念，就是从这个基础上发展起来的，因而，也必须由这个基础来解释，而不是像过去那样做得相反。①

---

① 《马克思恩格斯选集》第三卷，人民出版社，1995，第776页。

恩格斯自己在《反杜林论》中表达了同样的看法：

> 以往的全部历史，都是阶级斗争的历史［还在《社会主义从空想到科学的发展》德文第一版（1882 年）中，恩格斯就做了重要的更正，对这个原理做了如下的表述："以往的全部历史，除原始状态外，都是阶级斗争的历史。"］；这些互相斗争的社会阶级在任何时候都是生产关系和交换关系的产物，一句话，都是自己时代的经济关系的产物；因而每一时代的社会经济结构形成现实基础，每一个历史时期的由法的设施和政治设施以及宗教的、哲学的和其他的观念所构成的全部上层建筑，归根到底都应由这个基础来说明。[①]

列宁在总结马克思主义的政治经济发展观时表达了同样的观点，他指出：

> 人们在自己生活的社会生产中发生一定的、必然的、不以他们的意志为转移的关系，即同他们的物质生产力的一定发展阶段相适合的生产关系。这些生产关系的总和构成社会的经济结构，即有法律的和政治的上层建筑竖立其上并有一定的社会意识形式与之相适应的现实基础。物质生活的生产方式制约着整个社会生活、政治生活和精神生活的过程。不是人们的意识决定人们的存在，相反，是人们的社会存在决定人们的意识。社会的物质生产力发展到一定阶段，便同它们一直在其中运动的现存生产关系或财产关系（这只是生产关系的法律用语）发生矛盾。于是这些关系便由生产力的发展形式变成生产力的桎梏。那时社会革命的时代就到来了。[②]

为了更具体地展示人类经济发展的规律，马克思把全人类的

---

① 《马克思恩格斯文集》第三卷，人民出版社，2009，第 554 页。
② 《马克思恩格斯选集》第二卷，人民出版社，2009，第 591 页。

经济发展划分为若干时代，他认为"大体说来，亚细亚的、古代的、封建的和现代资产阶级的生产方式可以看做是经济的社会形态演进的几个时代"。① 现代马克思主义教科书的一般说法是，根据马克思主义经济发展时代划分理论，人类社会可以依其经济发展被粗略地划分为原始社会、奴隶社会、封建社会、资本主义社会和社会主义及共产主义社会几个不同阶段。这些不同社会阶段是根据什么来划分的呢？和马克思主义哲学相一致，马克思主义政治经济学中社会时代的划分也是根据不同时代的"存在"来划分的，这个存在就是各个时代不同的生产力。马克思在《政治经济学的形而上学》一文中写道："社会关系和生产力密切相联。随着新生产力的获得，人们改变自己的生产方式，随着生产方式即谋生的方式的改变，人们也就会改变自己的一切社会关系。手推磨产生的是封建主的社会，蒸汽磨产生的是工业资本家的社会。"② 马克思还说："一切历史现象都可以用最简单的方法来说明，同样，每一历史时期的观念和思想也可以极其简单地由这一时期的经济的生活条件以及由这些条件决定的社会关系和政治关系来说明。"③

原始共产主义社会相对应的大体是旧石器时代和新石器时代。这个时代的跨度非常大，至少有 300 万年。其基本特征是生产力低下。人们通过简陋的石器的使用常常无法满足最基本的温饱。原始共产主义社会的"共产主义"体现出某种公平，即大家公平地挨饿。即使猎取了较大的野兽，由于无法长期储存，因此也不能转化为财产。社会的生产不但没有剩余，还经常性地发生匮乏。人们的相互关系比较平等，即使是酋长也往往没有太大的权利，因为他自己也常常因食物缺乏而挨饿。原始社会较为平等的政治制度和原始社会生产力低下有非常大的关系。在这种经济较为平等的环境下，可以推测，原始社会在族群管理和决策问题上有可

---

① 《马克思恩格斯全集》第三十一卷，人民出版社，1998，第 413 页。
② 《马克思恩格斯选集》第一卷，人民出版社，2012，第 222 页。
③ 《马克思恩格斯选集》第三卷，人民出版社，2012，第 723 页。

能较为民主。当然这是非常粗糙的民主。族群中比较有权威的首领依仗的不是财产而是高大的身材和格斗技巧。而身体方面的差异不会过大。由于缺乏文字记载，笔者对这种平等只能做出猜测。

原始社会由于缺乏私有财产，因此未能形成明显的阶级。原始社会结束后，阶级社会就开始了。"奴隶制是古希腊罗马时代世界所固有的第一个剥削形式；继之而来的是中世纪的农奴制和近代的雇佣劳动制。这就是文明时代的三大时期所特有的三大奴役形式。"① 以下对这三大奴役形式做详细介绍。

通过漫长的生产过程，人们在不同的大陆几乎同时发现了金属。最早的可以被使用的金属是青铜器，根据考古学的发现，人类开始冶炼青铜器的年代距今六七千年前。恩格斯指出："在这一阶段工业的成就中，特别重要的有两件。第一是织布机；第二是矿石冶炼和金属加工。铜、锡以及二者的合金——青铜是顶顶重要的金属；青铜可以制造有用的工具和武器。"② 和石器时代的石斧、石矛相比，青铜铸造的刀剑、箭头和长枪更加锋利，而且可以批量生产。其直接结果就是，人类的狩猎能力得到极大提升。对一个乃至一群能熟练使用青铜武器的猎人来讲，狩猎不再是一件凭运气的事情。只要猎物充足，整个人类部落就可以很有把握地避免挨饿。这无疑是人类生产力的极大进步。

青铜器的产生还带来两件人类此前完全没有经历过的事情。一是青铜器皿慢慢变成一种财产。而且这些财产因被以各种手段集中在一小部分部落首领的手中而变成了私有财产。近代出土的青铜器时代的古墓中常常可以发现大量青铜器陪葬品。二是奴隶的诞生。在生产力低下的原始社会，由于食物匮乏，战争中的俘虏常常被作为食物吃掉。恩格斯在《家庭、私有制和国家的起源》中写道："对于低级阶段的野蛮人来说，奴隶是没有价值的。所以，美洲印第安人处置战败敌人的办法，与较高发展阶段上的人们的处置办法，完全不同。男子被杀死或者被当作兄弟编入胜利者的部落；

---

① 《马克思恩格斯选集》第四卷，人民出版社，2012，第 192 页。
② 《马克思恩格斯选集》第四卷，人民出版社，2012，第 177 页。

妇女则作为妻子，或者把她们同她们的尚存的子女一起收养入族。"① 青铜器时代由于生产力的提高，俘虏作为食物已经没有太大的必要。相反，人们认为把俘虏像牛羊一样作为奴隶饲养起来效果更好。这样奴隶也成了某种私有财产。对奴隶主来讲，奴隶也是一种牲畜。恩格斯指出："家庭并不像牲畜那样迅速地繁殖起来，现在需要有更多的人来看管牲畜；为了这个目的，正可以利用被俘虏的敌人，何况这些敌人象牲畜一样，也是很容易繁殖的。"②

最终，由于私有财产的出现和不均衡地占有导致社会分化为阶级。其中占有数量众多的财产和奴隶的人成为奴隶主，也就是社会的统治阶级。而没有财产或本身就是别人财产的奴隶则成为被统治阶级。正如恩格斯总结的那样："战争提供了新的劳动力：俘虏变成了奴隶。第一次社会大分工，在使劳动生产率提高，从而使财富增加并且使生产领域扩大的同时，在既定的总的历史条件下，必然地带来了奴隶制。"③

伴随着这种生产力的提高和经济地位上的阶级划分产生了奴隶社会的意识形态和政治制度，即由大奴隶主、贵族阶级建立起来的等级制度。奴隶社会有强大的国家机器，包括强大的军队。军队除了保卫和扩展疆土外还有一个重要的功能，就是镇压奴隶的反抗。在西欧和中国商周以前，都曾经发生过大规模的奴隶起义，最后均遭到奴隶主阶级的残酷镇压。

民主这一概念最早就是从奴隶社会时代诞生的。古希腊时已经有了某种民主制度的雏形。现代英语的民主一词正是从希腊语演变过来的。但现代民主在概念上和古希腊民主有本质上的不同。古希腊的民主其实只是少数派的民主。恩格斯在《家庭、私有制和国家的起源》一书谈道："到了雅典全盛时期，自由公民的总数，连妇女和儿童在内，约为9万人，而男女奴隶为365000人，

---

① 《马克思恩格斯选集》第四卷，人民出版社，2012，第63页。
② 《马克思恩格斯全集》第二十一卷，人民出版社，1965，第66页。
③ 《马克思恩格斯选集》第四卷，人民出版社，2012，第177页。

被保护民——外地人和被释奴隶为 45000 人。这样，每个成年的男性公民至少有 18 个奴隶和 2 个以上的被保护民。"① 这些占雅典总人口绝大多数的奴隶绝对没有享受民主的权利。即使是非奴隶的普通公民也无法参与高层所谓的民主活动。恩格斯指出："但骑士和第一阶级合在一起就有 98 票，即占多数；只要他们意见一致，就可以不征询其余阶级的意见，决议也就有效了。"② "9 万雅典公民，对于 365000 奴隶来说，只是一个特权阶级。雅典民主制的国民军，是一种贵族的、用来对付奴隶的公共权力，它控制奴隶使之服从。"③ 因此雅典式的古代民主制不过是奴隶社会的一种特殊组织形式。少数人的集权才是政权的本质。

从现代民主制度来讲，古希腊的民主最多只是个形似的特例。可以这样讲，只要社会明显地存在对立的阶级，普遍的民主制度就是不可能的。因为很难想象统治阶级会民主地征求被统治阶级的意见。

根据马克思主义政治经济学思想，奴隶制度的产生和青铜器取代石器成为人类的生产工具一事密切相关。奴隶制度绝不是从天上掉下来的。而是随着社会生产力的发展必然要出现的一种结果。我国和西欧发现和使用青铜器的时代相差不多，而这两个地点出现奴隶社会的时间也差不多。由于两地基本没有沟通，因此只能认为青铜器的出现和奴隶制有关，很难认为这只是巧合。

奴隶社会的生产力和社会政治结构的重要启迪是，二者密切相关，有明显的因果关系。如果设自变量生产力为 X，则可以把因变量生产关系和社会文化、政治结构设为 Y。Y 随着 X 的变化而变化。它不可能是一个常量。即不可能存在普世的 Y。

取代奴隶社会的是封建社会。而社会的这次进化依然和生产力密切相关。铁器的发明是这种新的生产力的代表。恩格斯在谈到封建社会的产生时说道："下一步把我们引向野蛮时代高级阶

---

① 《马克思恩格斯选集》第四卷，人民出版社，2012，第 133 页。
② 《马克思恩格斯选集》第四卷，人民出版社，2012，第 144 页。
③ 《马克思恩格斯选集》第四卷，人民出版社，2012，第 187 页。

段，一切文明民族都在这个时期经历了自己的英雄时代：铁剑时代，但同时也是铁犁和铁斧的时代。铁已在为人类服务，它是在历史上起过革命作用的各种原料中最后的和最重要的一种原料。铁使更大面积的田野耕作，广阔的森林地区的开垦，成为可能。"①

距今三千多年以前，在欧洲和亚洲几乎同时出现了铁器。铁器作为生产工具的代表即铁制作的犁。由于青铜器过于脆软，因此无法用青铜器制作犁。但铁比青铜坚硬得多。铁犁的出现，使人类社会的生产力发生了又一次飞跃。

据古书记载，大约春秋时期（即公元前 770 年），齐国就已经使用铁制农具进行耕种，这是中国使用铁器从事农业生产的最早文字记载。《管子·地数篇》中写道：齐地"出铁之山三千六百九山"。对齐国城市遗址勘探的结果发现有六处冶铁遗址，其中有两处已经具有很大规模，面积共达 40 万平方米。到了战国时期，我国南北各地农具的种类和形式已经没有多大区别。冶铁手工业的发展和铁农具的普遍使用为封建农业生产的高速发展提供了物质基础，也因此而带来生产关系的历史性变化。奴隶主发现，与其把奴隶锁在田野上耕作，不如把奴隶变为农奴或农民。地主对农民的剥削是残酷的。恩格斯指出："农民只要被允许做佃户租种原地，能得自己劳动生产品的六分之一以维持生活，把其余六分之五作为地租交给新主人，那他就谢天谢地了。"② 但六分之一也是剩余，因此农民的生产积极性远比没有任何可供个人支配收入的奴隶要高，而且更好管理，至少不会跑掉。这样，铁制农具的应用最终导致大量私田的出现和奴隶社会井田制的瓦解。原有的奴隶主阶级开始逐步演变为地主阶级。一些地主阶级强大的诸侯国开始向代表奴隶主的国君争夺权力。结果是，新兴的地主阶级大国先后取得霸主地位，实际上等于接替了周王朝的统治地位。

生产关系的转变进而带来社会文化观念的转变。我国春秋战国时期产生了诸子百家。代表新兴地主阶级意识的法家对孔孟等

---

① 《马克思恩格斯选集》第四卷，人民出版社，2012，第 179 页。
② 《马克思恩格斯选集》第四卷，人民出版社，2012，第 126 页。

代表奴隶主阶级的儒家思想进行了尖锐的批判，逐步建立起我国封建社会的社会政治体系。封建体系确立以后，为了更好地维护统治阶级的利益，地主阶级又把儒家思想捡了回来，使其演变为中国封建社会的主导思想。这样封建社会的文化、意识和政治体系慢慢建立起来。封建文化的主要内容是"仁义"、"忠孝"、"礼仪"、"廉耻"等。封建制度必须由国家机器来保护，如果发生农民起义，就一定要有力量镇压。但出了事再镇压较为消极。更好的办法是防患于未然，即通过宣扬封建文化道德来稳定政权，让人民群众心甘情愿地接受统治。以这种封建文化为基础的封建政治制度有两个最为明显的特征。一是一国最为尊贵的是国君，即天子。天子得命于天，是所谓真龙。他本人既是天下的统治者，也是当时先进生产力和先进文化的代表，是天下稳定太平、人民安居乐业的保证。所以，必须坚持天子的绝对权威。二是封建制度，即所谓等级制度（天子、公、侯、伯、子、男）。恩格斯引用了梭伦的做法："梭伦把公民按照他们的地产和收入分为四个阶级；500、300 及 150 袋谷物（1 袋约等于 41 升），为前三个阶级的最低限度的收入额；只有较少地产或完全没有地产的人，则属于第四阶级。一切公职只有三个上等阶级的人才能担任；最高的公职只有第一阶级的人才能担任。"①

封建社会的意识形态和社会制度决定了在这种体制下绝对不会有任何民主。官员的任命显然和人民群众无关，均由朝廷任命。而一个人会被任命到哪一级和他的经济基础有非常大的关系。国家的决策也不是听全体百姓的，而是皇帝一人最终裁决。

欧洲封建社会的出现和发展与我国在时间段上非常相似。欧洲大约在公元前一千年开始出现铁器。随后开始发生古罗马、古希腊奴隶社会向以贵族和农民为主体的封建社会的变革。在意识形态领域，其间也产生了一大批哲学家、社会学家。其中最为著名的有苏格拉底、柏拉图、亚里士多德等。他们在哲学上开始讨论世界的本原问题，在政治学上则开始非常充分地讨论人类社会

---

① 《马克思恩格斯选集》第四卷，人民出版社，2012，第 130 页。

政治伦理问题，"人"成为研究的中心。著名代表是普罗泰戈拉，为了反对传统奴隶主贵族统治的制度和思想，他提出"人是万物的尺度"的著名命题，认为判断是非善恶的标准，只能是个人的感觉和利害，在政治学上则充分讨论了政府结构问题。公元前5世纪，欧洲封建社会开始在雅典形成并逐步扩大到整个欧洲。

值得注意的是，中国和欧洲从奴隶社会向封建社会过渡都是在铁器出现后不久发生的。而且两者相似度极高，但客观上是独立完成的，丝毫没有一方向另一方输出的迹象。这和两地出现奴隶制的情况非常相似，当然也不能用巧合来解释。

全球范围内的封建社会存在了大约两千年。这期间也发生了大大小小无数次战争，但由于生产力未发生质的改变，因此大都不过是改朝换代的战争。直到以蒸汽机这一新的生产力为先导的资本主义生产方式出现，世界才又一次发生质的变化。马克思和恩格斯在《共产党宣言》中说道："在这些生产资料和交换手段发展的一定阶段上，封建社会的生产和交换在其中进行的关系，封建的农业和工场手工业组织，一句话，封建的所有制关系，就不再适应已经发展的生产力了。这种关系已经在阻碍生产而不是促进生产了。它变成了束缚生产的桎梏。它必须被炸毁，它已经被炸毁了。"①

被打破的是封建社会，新产生的是资本主义社会。在生产关系领域，资本家和工人代替了地主和农民成为社会的主要对立阶级。这次社会大变革同样是思想观念先行，即著名的文艺复兴和启蒙运动。接着资产阶级的平等、自由、公正、法制等概念成为政治学中的主流观念。国家的政治制度也正式确立为民主选举制度。

资本主义社会后一个时代是什么样子呢？马克思和恩格斯由于所处时代的关系没有详细说明，但马克思非常明确地指出："当使资产阶级生产方式必然消灭、从而也使资产阶级的政治统治必然颠覆的物质条件尚未在历史进程中、尚未在历史的'运动'中形成以前，即使无产阶级推翻了资产阶级的政治统治，它的胜利

---

① 《马克思恩格斯选集》第一卷，人民出版社，2012，第405页。

也只能是暂时的，只能是资产阶级革命本身的辅助因素，如 1794
年时就是这样。"①

二 以马克思主义为指导思想对两论的批判

对马克思主义社会发展观的上述陈述非常必要。如果明确这
部分内容，对民主和平论和民主输出论的批判并不困难。以下按
照上面的马克思主义时代发展观对两论的基本观点逐一进行
分析。

（一）马克思主义认为任何意识和制度都不是普世的

美国鼓吹民主输出的一个重要出发点是，民主是普世的，是
放之四海而皆准的真理。马克思辩证唯物主义认为，这种普世的
东西是不存在的。恩格斯指出："我们拒绝一切想把任何道德教
条当做永恒的、终极的、从此不变的伦理规律强加给我们的一切
无理要求，这种要求的借口是，道德世界也有凌驾于历史和民族
差别之上的不变的原则。相反，我们断定，一切以往的道德论归
根到底都是当时的社会经济状况的产物。而社会直到现在是在阶
级对立中运动的，所以道德始终是阶级的道德；它或者为统治阶
级的统治和利益辩护，或者当被压迫阶级变得足够强大时，代表
被压迫者对这个统治的反抗和他们的未来利益。"② 根据唯物主
义辩证法原理，道德是相对的，民主思想和民主制度也是一
样。它是一定时期社会经济状况的产物。它们有诞生的那一
天，也必然有死亡的那一天，绝不是一切时期社会经济状况的
产物。

对此，马克思有一段精辟的、带有讽刺意味的论述："真
正的理性和正义至今还没有统治世界，这只是因为它们没有被
人们正确地认识。所缺少的只是个别的天才人物，现在这种人
物已经出现而且已经认识了真理；至于天才人物正是在现在出
现，真理正是在现在被认识到，这并不是从历史发展的联系所

---

① 《马克思恩格斯全集》第四卷，人民出版社，1958，第331页。
② 《马克思恩格斯选集》第三卷，人民出版社，2012，第471页。

必然产生的、不可避免的事情，而纯粹是一种侥幸的偶然现象。这种天才人物在 500 年前也同样可能诞生，这样他就能使人类免去 500 年的迷误、斗争和痛苦。这种见解本质上是英国和法国的一切社会主义者以及包括魏特林在内的第一批德国社会主义者的见解。对所有这些人来说，社会主义是绝对真理、理性和正义的表现，只要它被发现了，它就能用自己的力量征服世界；因为绝对真理是不依赖于时间、空间和人类的历史发展的，所以，它在什么时候和什么地方被发现，那纯粹是偶然的事情。"① 把这段精辟的论述稍微"翻译"一下。对美国人来讲，民主是绝对真理、理性和正义的表现，只要把它发现出来，它就能用自己的力量征服世界；因为绝对真理是不依赖于时间、空间和人类的历史发展的，所以，它在什么时候和什么地方被发现，那纯粹是偶然的事情。

按照上述对马克思主义社会发展观的描述，现代意义上的民主制度其实是社会发展了很长一段时间以后才产生的一种制度。在人与人缺乏平等的任何等级阶级社会是无论如何也不会产生民主思想的。这不仅仅是个理论问题，在人类历史上已经被经验充分地证明了。由于在整个人类近代历史中等级阶级社会存在的时间很长，因此民主在时间上绝对不可能是普世的。正如马克思所说："人们按照自己的物质生产率建立相应的社会关系，正是这些人又按照自己的社会关系创造了相应的原理、观念和范畴。所以，这些观念、范畴也同它们所表现的关系一样，不是永恒的。它们是历史的暂时的产物。"② 历史发展过程中即使有些相同的地方，但从严格意义上讲，相同是相对的。正如恩格斯在《反杜林论》中所说："在社会历史中情况则相反，自从我们脱离人类的原始状态即所谓石器时代以来，情况的重复是例外而不是通例；即使在某个地方发生这样的重复，也决不是在完全同样的状况下发生

---

① 《马克思恩格斯选集》第三卷，人民出版社，2012，第 393 ~ 394 页。
② 《马克思恩格斯选集》第一卷，人民出版社，2012，第 222 页。

的。"① 恩格斯在《自然辩证法》中进一步说明："生理学越向前发展，这种无休止的、无限小的变化对于它就越重要，因而对同一性内部的差异的考察也越重要，而旧的、抽象的、形式上的同一性观点，即把有机物看做只和自身同一的东西、看做固定不变的东西的观点过时了。"② 最本质的问题是人类社会是一个运动着的有机体，而民主输出论的鼓吹者把社会看成是一个静止的东西，所谓"普世论"也是静止论。这显然是一种唯心主义的思维方式。

根据同样的逻辑，既然民主是时代发展的产物，在当今社会，由于各国发展的不平衡，民主也不可能是普遍适用的。因此，民主在空间上也不是普世的。

马克思主义认为，社会科学规律不同于自然科学规律。自然科学规律有某种普世性。也就是说，一条力学规律在地球上的不同地点应该是一样适用的，在历史上的不同时期也可能同样适用。但社会科学受本身发展的反馈的影响会产生差异。

> ……但是有人会说，经济生活的一般规律，不管是应用于现在或过去，都是一样的。马克思否认的正是这一点。在他看来，这样的抽象规律是不存在的……根据他的意见，恰恰相反，每个历史时期都有它自己的规律。一旦生活经过了一定的发展时期，由一定阶段进入另一阶段时，它就开始受另外的规律支配。总之，经济生活呈现出的现象，和生物学的其他领域的发展史颇相类似……旧经济学家不懂得经济规律的性质，他们把经济规律同物理学定律和化学定律相比拟……对现象所作的更深刻的分析证明，各种社会机体象动植物机体一样，彼此根本不同……由于各种机体的整个结构不同，它们的各个器官有差别，以及器官借以发生作用的条件不一样等等，同一个现象却受完全不同的规律支配。例如，

---

① 《马克思恩格斯选集》第三卷，人民出版社，2012，第465页。
② 《马克思恩格斯选集》第三卷，人民出版社，1972年5月，第537页。

马克思否认人口规律在任何时候在任何地方都是一样的。相反地，他断言每个发展阶段有它自己的人口规律……生产力的发展水平不同，生产关系和支配生产关系的规律也就不同。①

既然民主在时间和空间上都不是普世的，在输出民主时，就必须对此加以说明。最重要的是，要看输出的对象国是否到了一定的发展阶段。而美国输出民主恰恰无视这个问题。对美国民主输出政策来讲，其对象的情况是根本不用考虑的，因为普世的东西是普遍适用的。

民主的普世论，在哲学上是唯心主义的形而上学。马克思主义哲学认为：

> 即认为世界不是既成事物的集合体，而是过程的集合体，其中各个似乎稳定的事物同它们在我们头脑中的思想映像即概念一样都处在生成和灭亡的不断变化中，在这种变化中，尽管有种种表面的偶然性，尽管有种种暂时的倒退，前进的发展终究会实现——这个伟大的基本思想，……如果人们在研究工作中始终从这个观点出发，那么关于最终解决和永恒真理的要求就永远不会提出了；人们就始终会意识到他们所获得的一切知识必然具有的局限性，意识到他们在获得知识时所处的环境对这些知识的制约性；人们对于还在不断流行的旧形而上学所不能克服的对立，即真理和谬误、善和恶、同一和差别、必然和偶然之间的对立也不再敬畏了；人们知道，这些对立只有相对的意义，今天被认为是合乎真理的认识都有它隐蔽着的、以后会显露出来的错误的方面，同样，今天已经被认为是错误的认识也有它合乎真理的方面，因而它从前才能被认为是合乎真理的。②

---

① 《马克思恩格斯选集》第二十三卷，人民出版社，1972，第20页。
② 《马克思恩格斯选集》第四卷，人民出版社，2012，第250页。

今天民主意识和制度可能对一些国家是合理的，但这并不意味着它对过去也是合理的，也不能认为它未来永远是合理的，更不能认为它对所有人和所有国家都是合理的。民主对一些国家是成功的管理方式，但绝不是全部。

（二）马克思主义认为评价制度的主要标准是其适应性

美国输出民主的一个重要依据是民主本身具备一些固有的优良特征。对此，马克思直接给予了相当严厉的批评。在谈到两党制的民主制度时，马克思指出：

> 以往国家的特征是什么呢？社会为了维护共同的利益，最初通过简单的分工建立了一些特殊的机关。但是，随着时间的推移，这些机关——为首的是国家政权——为了追求自己的特殊利益，从社会的公仆变成了社会的主人。这样的例子不但在世袭君主国内可以看到，而且在民主共和国内也同样可以看到。正是在美国，同在任何其他国家中相比，"政治家们"都构成国民中一个更为特殊的更加富有权势的部分。在这个国家里，轮流执政的两大政党中的每一个政党，又是由这样一些人操纵的，这些人把政治变成一种生意，拿联邦国会和各州议会的议席来投机牟利，或是以替本党鼓动为生，在本党胜利后取得职位作为报酬。大家知道，美国人在最近30年来千方百计地想要摆脱这种已难忍受的桎梏，可是却在这个腐败的泥沼中越陷越深。正是在美国，我们可以最清楚地看到，本来只应为社会充当工具的国家政权怎样脱离社会而独立化。那里没有王朝，没有贵族，除了监视印第安人的少数士兵之外没有常备军，不存在拥有固定职位或享有年金的官僚。然而我们在那里却看到两大帮政治投机家，他们轮流执掌政权，以最肮脏的手段来达到最肮脏的目的，而国民却无力对付这两大政客集团，这些人表面上是替国民服务，实际上却是对国民进行统治和掠夺。[①]

[①]　《马克思恩格斯选集》第三卷，人民出版社，2012，第54页。

对人民群众来讲，所谓优秀的制度不过是统治阶级进行更高效统治的制度。马克思告诫我们："人们以为，如果他们不再迷信世袭君主制而坚信民主共和制，那就已经是非常大胆地向前迈进了一步。实际上，国家无非是一个阶级镇压另一个阶级的机器，而且在这一点上民主共和国并不亚于君主国。"① 马克思还说过："美国人早就向欧洲世界证明，资产阶级共和国就是资本主义生意人的共和国；在那里，政治同其他任何事情一样，只不过是一种买卖。"②

所以说，民主本身并不具有价值。对一部分人而言，民主可能只是有效的手段。美国的民主输出论的鼓吹者不会理会马克思的论断。他们认为，民主本身是具有价值的，而且此事是不言而喻的。

按照美国主流的实用主义的逻辑，如果民主对美国适用，那对其他国家同样适用。既然民主普遍适用，输出民主就顺理成章。这种看似大公无私的做法从根本上是错误的。按照马克思主义的观点，民主作为一种上层建筑本身无所谓好坏。马克思主义历来认为，上层建筑无所谓好坏，只有适应和不适应。在马克思的著作里，经常使用的是"现存"、"过时"、"先进"的生产关系，而没有说"坏"的生产关系或上层建筑。社会意识和社会制度，永远是社会发展到一定阶段的产物。

马克思在《道德化的批判和批判化的道德》一文中有一段绝妙的论述。马克思模仿恩格斯的论战对手讲：

> 的确，恩格斯先生！难道您不认为"美国联邦制度"是"历来的治国艺术梦寐以求的最好的政治形式吗"？您摇头！什么？您根本否认"美国联邦制度"是"治国艺术"梦寐以求的吗？什么，"社会的最好的政治形式"只抽象地存在？真是奇怪！同时，您竟"厚颜无耻、昧着良心"硬要我们认为，想要利用北美宪法（而且是经过美化和改善的）来为亲爱的祖国谋福利的正直的德国人好比一个抄袭自己的富裕对手的

① 《马克思恩格斯选集》第三卷，人民出版社，2012，第55页。
② 《马克思恩格斯选集》第四卷，人民出版社，2012，第632页。

账簿的愚蠢商人，自以为有了这份抄本就占有了对方的令人眼红的财富！①

尽管马克思没有直接说明，但显而易见，马克思认为不存在什么"社会最好的政治形式"。实际上只有最适合的社会制度。例如，对封建社会来讲，民主制度就完全不适合，而等级世袭制度要"好"得多。而且，即使某种民主制度对某个国家可能很适合，比如上面提到的北美宪法，但正如马克思说的，德国对此绝对不能像抄袭账本一样复制。马克思主义的一个基本原理就是，政治意识和制度显然是不能"抄袭"的。在绝大多数情况下，它应该是自然产生的。

（三）马克思主义认为制度是经济基础发展到一定阶段自发产生的

一般来讲，如果一个制度本身有优良价值，那么理论上它是可以输出的，也是可以共享的。但民主不太一样。

首先要明确国家是哪里来的。恩格斯在《家庭、私有制和国家的起源》中说得很清楚："国家决不是从外部强加于社会的一种力量。国家也不像黑格尔所断言的是'伦理观念的现实'，'理性的形象和现实'。确切地说，国家是社会在一定发展阶段上的产物；国家是承认：这个社会陷入了不可解决的自我矛盾，分裂为不可调和的对立面而又无力摆脱这些对立面。而为了使这些对立面，这些经济利益互相冲突的阶级，不致在无谓的斗争中把自己和社会消灭，就需要有一种表面上凌驾于社会之上的力量，这种力量应当缓和冲突，把冲突保持在'秩序'的范围以内；这种从社会中产生但又自居于社会之上并且日益同社会相异化的力量，就是国家。"② 恩格斯关于"国家绝不是从外部强加于社会"这个提法非常重要。也就是说，恩格斯认为，国家意识和制度是怎么样的，主要是由一个国家内部的需要决定的，而不是某种外力介入的结果。这一点从意识和社会制度产生的时间顺序上可以清楚地展现出来。恩

---

① 《马克思恩格斯全集》第四卷，人民出版社，1958，第349页。
② 《马克思恩格斯选集》第四卷，人民出版社，2012，第186页。

格斯在《自然辩证法》中讲得很清楚："必须研究自然科学各个部门的循序发展。首先是天文学——游牧民族和农业民族为了定季节，就已经绝对需要它。天文学只有借助于数学才能发展。因此数学也开始发展。——后来，在农业的某一阶段上和在某些地区（埃及的提水灌溉），特别是随着城市和大型建筑物的出现以及手工业的发展，有了力学。不久，力学又成为航海和战争的需要。——力学也需要数学的帮助，因而它又推动了数学的发展。可见，科学的产生和发展一开始就是由生产决定的。"①

自然科学如此，社会科学也是同样。一种思想或制度的产生是人类发展到一定阶段的需要所驱使的。在等级制的奴隶社会和封建社会，人们或统治阶级没有民主的需要，也因此就没有民主的一系列理论和制度。从根本上讲，一个国家的政治制度的创立，首先是这个国家内部的事情。即使借鉴了别国的经验，或是被动地接受了别国的"输出"，那也一定是以本国的需要为前提。意识和社会制度绝对不能随心所欲。马克思说得非常清楚："人们能否自由选择某一社会形式呢？决不能。在人们的生产力发展的一定状况下，就会有一定的交换（Commerce）和消费形式。在生产、交换和消费发展的一定阶段上，就会有相应的社会制度形式、相应的家庭、等级或阶级组织，一句话，就会有相应的市民社会。有一定的市民社会，就会有不过是市民社会的正式表现的相应的政治国家。"②

在这个问题上，马克思主义有几层意思。第一，社会生产力发展到一定阶段，原有的上层建筑必然会对社会的发展产生阻力，此时也只有此时，新的上层建筑才会发生。第二，新的上层建筑必须是"正好"在此时发生，过早和过晚都不行。即使民主对一个发达资本主义国家来讲确实适用，那也并不意味着它对尚未发展到发达资本主义阶段的国家也同样适用。对一个尚未进入资本主义社会的国家来讲，实行资本主义政治制度就更加荒谬了。马

---

① 《马克思恩格斯选集》第三卷，人民出版社，2012，第 865 页。
② 《马克思恩格斯选集》第四卷，人民出版社，2012，第 408 页。

克思和恩格斯在《费尔巴哈》一文中明确指出："每个个人和每一代所遇到的现成的东西：生产力、资金和社会交往形式的总和，是哲学家们想象为'实体'和'人的本质'的东西的现实基础，是他们加以神化并与之斗争的东西的现实基础，这种基础尽管遭到以'自我意识'和'唯一者'的身份出现的哲学家们的反抗，但它对人们的发展所起的作用和影响却丝毫也不因此而受到干扰。各代所遇到的这些生活条件还决定着这样的情况：历史上周期性地重演的革命动荡是否强大到足以摧毁现存一切的基础；如果还没有具备这些实行全面变革的物质因素，就是说，一方面还没有一定的生产力，另一方面还没有形成不仅反抗旧社会的个别条件，而且反抗旧的'生活生产'本身、反抗旧社会所依据的'总和活动'的革命群众，那么，正如共产主义的历史所证明的，尽管这种变革的观念已经表述过千百次，但这对于实际发展没有任何意义。"① 在《政治经济学批判》序言中，马克思同样指出："我们判断一个人不能以他对自己的看法为根据，同样，我们判断这样一个变革时代也不能以它的意识为根据；相反，这个意识必须从物质生活的矛盾中，从社会生产力和生产关系之间的现存冲突中去解释。无论哪一个社会形态，在它所能容纳的全部生产力发挥出来以前，是决不会灭亡的；而新的更高的生产关系，在它的物质存在条件在旧社会的胎胞里成熟以前，是决不会出现的。所以人类始终只提出自己能够解决的任务，因为只要仔细考察就可以发现，任务本身，只有在解决它的物质条件已经存在或者至少是在生成过程中的时候，才会产生。"② 恩格斯在《反杜林论》中举过一个例子："火地岛的居民没有达到进行大规模生产和世界贸易的程度，也没有达到出现票据投机或交易所破产的程度。谁要想把火地岛的政治经济学和现代英国的政治经济学置于同一规律之下，那么，除了最陈腐的老生常谈以外，他显然不能揭示出任何

---

① 《马克思恩格斯选集》第一卷，人民出版社，2012，第173页。
② 《马克思恩格斯选集》第二卷，人民出版社，2012，第2页。

东西。"①

当然，根据马克思观点，民主输出不是绝对不可。前面提到的美国对德国和日本的民主输出就属于这类输出。其根据是："不同的文明国度中的不同的国家，不管它们的形式如何纷繁，却有一个共同点：它们都建立在现代资产阶级社会的基础上，所以，它们具有某些根本的共同特征。"② 但即使经济发展到需要进行上层建筑改革的阶段，照搬别国的上层建筑也很难行得通。必须根据自己国家的情况进行修正。马克思指出："所有其他那些当欧洲、特别是当完全处于封建割裂状态的德国发生某一民主革命的时候，不去争取统一而不可分割的共和国及其统一的中央集权，而企图去培植'美国联邦制度'的歌利亚们，也要得到同样的下场。"③

（四） 马克思主义关于阶级的论述与利他行为

民主输出论的鼓吹者认为，民主制度不仅仅对世界和平有利，对专制制度的国家也是有利的，而且对专制国家的人民更是有利。美国输出民主，似乎是在为全世界做善事。从事民主输出是一件高尚的事业。有人曾访问位于纽约的"人权观察"组织总部发现，在这个组织中工作的人有一种掩饰不住的优越感。他们在来访者面前，就好像使徒在受苦民众面前的感觉一样。从事民主事业的"斗士"们，在道德上比普通民众要高得多。但民主意识和制度真的有那么高尚吗？

其实，这种奇怪的、莫名其妙的优越感彻底回避了意识和政治制度的阶级性。马克思和恩格斯指出：

> 每一个企图取代旧统治阶级的新阶级，为了达到自己的目的不得不把自己的利益说成是社会全体成员的共同利益，就是说，这在观念上的表达就是：赋予自己的思想以普遍性

---

① 《马克思恩格斯选集》第三卷，人民出版社，2012，第525页。
② 《马克思恩格斯选集》第三卷，人民出版社，2012，第373页。
③ 《马克思恩格斯全集》第四卷，人民出版社，1958，第350页。

的形式，把它们描绘成唯一合乎理性的、有普遍意义的思想。进行革命的阶级，仅就它对抗另一个阶级而言，从一开始就不是作为一个阶级，而是作为全社会的代表出现的；它以社会全体群众的姿态反对唯一的统治阶级。它之所以能这样做，是因为它的利益在开始时的确同其余一切非统治阶级的共同利益还有更多的联系，在当时存在的那些关系的压力下还不能够发展为特殊阶级的特殊利益。因此，这一阶级的胜利对于其他未能争得统治地位的阶级中的许多个人来说也是有利的，但这只是就这种胜利使这些个人现在有可能升入统治阶级而言。当法国资产阶级推翻了贵族的统治之后，它使许多无产者有可能升到无产阶级之上，但是只有当他们变成资产者的时候才达到这一点。①

马克思上述论述清楚地表明，那些认为民主输出会让被输出国受益显得有些幼稚，甚至别有用心。如果说有人得利，首先得利的当然是该国的统治阶级。按马克思的说法，只要阶级依然存在，人民群众不过只是更换领导。

由于国家是从控制阶级对立的需要中产生的，由于它同时又是在这些阶级的冲突中产生的，所以，它照例是最强大的、在经济上占统治地位的阶级的国家，这个阶级借助于国家而在政治上也成为占统治地位的阶级，因而获得了镇压和剥削被压迫阶级的新手段。因此，古希腊罗马时代的国家首先是奴隶主用来镇压奴隶的国家，封建国家是贵族用来镇压农奴和依附农的机关，现代的代议制的国家是资本剥削雇佣劳动的工具。②

在阶级社会，一个国家的统治阶级不论是通过世袭、指定还

---

① 《马克思恩格斯选集》第一卷，人民出版社，2012，第 180~181 页。
② 《马克思恩格斯选集》第四卷，人民出版社，2012，第 188 页。

是选举产生，其最终目的都是一样的。产生的方式不会从本质上影响统治和被统治的结果。因此，不能说一种统治方式比另一种统治方式高尚。只能说，在一个特定的环境下，一种统治方式比另一种统治方式更高效。

把并非普世和高尚的东西当作绝对真理来输出只能给其他国家带来灾难，根本谈不上利他。前面举的一些民主输出失败的例子说明："的确，蔑视辩证法是不能不受惩罚的。无论对一切理论思维多么轻视，可是没有理论思维，就会连两件自然的事实也联系不起来，或者连二者之间所存在的联系都无法了解。……错误的思维一旦贯彻到底，就必然要走到和它的出发点恰恰相反的地方去。"①

民主输出的鼓吹者，最终也会成为历史的捣乱者。"那些自夸制造出革命的人，在革命的第二天就会看到，他们不知道他们做的是什么，制造出的革命根本不像他们原来打算的那个样子。这就是黑格尔所说的历史的讽刺，免遭这种讽刺的历史活动家为数甚少。"②

对那些真正出于善意进行民主输出的人，民主输出基本上不会达成他们想要的结果。恩格斯在《自然辩证法》中说道："我们不要过分陶醉于我们对自然界的胜利。对于每一次这样的胜利，自然界都报复了我们。每一次胜利，在第一步都确实取得了我们预期的结果，但是在第二步和第三步却有了完全不同的、出乎预料的影响，常常把第一个结果又取消了。"③

社会的发展和自然的发展是类似的。恩格斯写道：

> 资产阶级社会科学，即古典政治经济学，主要只研究人在生产和交换中的行为所产生的可以直接预期的社会影响。这完全适应于这样一种社会组织，这种社会组织的理论表现就是这种社会科学。当一个资本家为着直接的利润去进行生产和交换时，他只能首先注意到最近的最直接的结果。一个

---

① 《马克思恩格斯全集》第二十卷，人民出版社，1971，第399页。
② 《马克思恩格斯选集》第四卷，人民出版社，2012，第575页。
③ 《马克思恩格斯全集》第二十卷，人民出版社，1971，第519页。

厂主或商人在卖出他所制造的或买进的商品时，只要获得普通的利润，他就心满意足，不再去关心以后商品和买主的情形怎样了。……在今天的生产方式中，对自然界和社会，主要只注意到最初的最显著的结果，然后人们又感到惊奇的是：为达到上述结果而采取的行为所产生的比较远的影响，却完全是另外一回事，在大多数情形下甚至是完全相反的。①

"这种事情发生得愈多，人们愈会重新地不仅感觉到，而且也认识到自身和自然界的一致，而那种把精神和物质、人类和自然、灵魂和肉体对立起来的荒谬的、反自然的观点，也就愈不可能存在了。……如果我们需要经过几千年的劳动才稍微学会估计我们生产行动的比较远的自然影响，那末我们想学会预见这些行动的比较远的社会影响就困难得多了。"②

（五）马克思主义认为经济是决定因素

和平和民主到底是什么关系？战争和和平的原因到底应该到哪里去寻找？恩格斯在《社会主义从空想到科学的发展》一文中给出了答案："……一切社会变迁和政治变革的终极原因，不应当到人们的头脑中，到人们对永恒的真理和正义的日益增进的认识中去寻找，而应当到生产方式和交换方式的变更中去寻找；不应当到有关时代的哲学中去寻找，而应当到有关时代的经济中去寻找。"③

首先，人类历史上和平的出现远比民主的出现要早得多。其次，民主作为上层建筑的一个概念也有其经济基础。现代民主的产生与现代资本主义的产生密切相关。与其说民主导致和平，还不如说资本主义成熟导致和平。列宁指出："与黑格尔和其他黑格尔主义者相反，马克思和恩格斯是唯物主义者。他们用唯物主义观点观察世界和人类，看出一切自然现象都有物质原因作基础，同样，人类社会

---

① 《马克思恩格斯全集》第二十卷，人民出版社，1971，第521页。
② 《马克思恩格斯全集》第二十卷，人民出版社，1971，第519~520页。
③ 《马克思恩格斯选集》第三卷，人民出版社，2012，第797页。

的发展也是受物质力量即生产力的发展所制约的。生产力的发展决定人们在生产人类必需的产品时彼此所发生的关系。用这种关系才能解释社会生活中的一切现象，人的意向、观念和法律。"① 跨越这种关系，试图直接用上层建筑来解释和平，是一种唯心主义世界观。正如马克思所说："以前所有的历史观，都以下述观念为基础：一切历史变动的最终原因，应当到人们变动着的思想中去寻求，并且在一切历史变动中，最重要的、支配全部历史的是政治变动。可是，人的思想是从哪里来的，政治变动的动因又是什么——关于这一点，没有人发问过。"②

民主不是对和平毫无影响。马克思说过："政治、法、哲学、宗教、文学、艺术等等的发展是以经济发展为基础的。但是，它们又都互相作用并对经济基础发生作用。这并不是说，只有经济状况才是原因，才是积极的，其余一切都不过是消极的结果。"③ 可见民主制度和意识对战争和和平存在一定影响，但这种影响是间接的。脱离了经济发展而谈论上层建筑的影响本质上还是唯心主义思维方式的反映。它最大问题不是方法论，而是有可能完全忽视了事物的本质。

既然民主和平论和民主输出政策如此荒谬，为什么在美国政界和学术界有非常广阔的市场呢？一个重要的原因是，美国有95%的人都有宗教信仰，而所有有宗教信仰的人，在其内心深处，都有唯心主义的深刻烙印。

恩格斯在《反杜林论》中一针见血地指出：

> 把各种自然物和自然过程孤立起来，撇开宏大的总的联系去进行考察，因此，就不是从运动的状态，而是从静止的状态去考究；不是把它们看做本质上变化的东西，而是看做固定不变的东西；不是从活的状态，而是从死的状态去考察。

---

① 《列宁选集》第一卷，人民出版社，2012，第91页。
② 《马克思恩格斯选集》第三卷，人民出版社，2012，第722页。
③ 《马克思恩格斯选集》第四卷，人民出版社，2012，第649页。

这种考察方式被培根和洛克从自然科学中移植到哲学中以后，就造成了最近几个世纪所特有的局限性，即形而上学的思维方式。①

　　形而上学的考察方式，虽然在相当广泛的、各依对象性质而大小不同的领域中是合理的，甚至必要的，可是它每一次迟早都要达到一个界限，一超过这个界限，它就会变成片面的、狭隘的、抽象的，并且陷入无法解决的矛盾，因为它看到一个一个的事物，忘记它们互相间的联系；看到它们的存在，忘记它们的生成和消逝；看到它们的静止，忘记它们的运动；因为它只见树木，不见森林。②

　　美国的思想家和政治家鼓吹两论与他们的唯心主义形而上学世界观有密切关系。在他们看来，民主这个观念是独立于物质而先验地存在的。马克思指出："黑格尔是唯心主义者，就是说，在他看来，他头脑中的思想不是现实的事物和过程的或多或少抽象的反映（Abbilder，意即映象，恩格斯有时还称为'印象'），相反地，在他看来，事物及其发展是在世界出现以前已经在某个地方存在着的'观念'的现实化的反映。"③

　　这种唯心主义世界观必然导致唯心主义的经济观和社会政治观。在经济方面，马克思指出："蒲鲁东先生主要是由于缺乏历史知识而没有看到：人们在发展其生产力时，即在生活时，也发展着一定的相互关系；这些关系的形式必然随着这些生产力的改变和发展而改变。他没有看到：经济范畴只是这些现实关系的抽象，它们仅仅在这些关系存在的时候才是真实的。这样他就陷入了资产阶级经济学家的错误之中，这些经济学家把这些经济范畴看做永恒的规律，而不是看做历史性的规律——只是适用于一定的历史发展阶段、一定的生产力发展阶段的规律。"④ 在政治方面，唯

① 《马克思恩格斯选集》第三卷，人民出版社，2012，第791页。
② 《马克思恩格斯选集》第三卷，人民出版社，2012，第396页。
③ 《列宁选集》第二卷，人民出版社，2012，第419页。
④ 《马克思恩格斯选集》第四卷，人民出版社，2012，第413页。

心主义者犯的是同样的错误。在两论的鼓吹者看来，对民主是从哪里来的无须讨论。因为如果讨论这个问题，就必然会回到民主的本源，即经济基础问题。而经济基础关系着适应问题。我们看待民主是通过运动变化的方式，即"辩证法在考察事物及其在观念上的反映时，本质上是从它们的联系、它们的联结、它们的运动、它们的产生和消逝方面去考察的"。① 这是笔者和民主输出论鼓吹者本质上的不同。

用恩格斯的一段话做一个理论上的总结。

> 一切依次更替的历史状态都只是人类社会由低级到高级的无穷发展进程中的暂时阶段。每一个阶段都是必然的，因此，对它发生的那个时代和那些条件说来，都有它存在的理由；但是对它自己内部逐渐发展起来的新的、更高的条件来说，它就变成过时的和没有存在的理由了；它不得不让位于更高的阶段，而这个更高的阶段也要走向衰落和灭亡。②

民主意识和民主制度也不例外。结论是"无论美国人如何抗争和坚持，也不能把他们那个确实宏伟的未来像票据一样贴现"。③

---

① 《马克思恩格斯选集》第三卷，人民出版社，2012，第397页。
② 《马克思恩格斯选集》第四卷，人民出版社，2012，第223页。
③ 《马克思恩格斯选集》第四卷，人民出版社，2012，第631页。

结　语

在本书撰写过程中，笔者萌生了一些看法。

一　关于马克思主义的适用程度

马克思主义已经诞生一个多世纪了。过去150多年来无产阶级革命的理论和实践证明，马克思主义的有些观点由于时代的限制有其不合理性，例如对帝国主义阶段的论述、对暴力革命的论述、对社会主义计划经济的论述等，对这部分论述不能继续使用。

但是，除去这些已经被革命实践证明错误或当时有其必要性但已经过时的理论以外，马克思主义中还有相当大一部分即使在今天看来也依然有其正确性。因此，在我国党章和其他重要文献中依然把马克思主义视为我们的重要指导思想。西方国家的大学里也依然在教授马克思主义。

笔者系统地重温了马克思主义的一些基本原理。主要方法是把马恩四卷集重读了一遍。再次感到马克思主义思想的深奥。例如本书根据马克思主义基本原理对民主和平论和民主输出论进行了批判。笔者认为，马克思主义理论在这个特定的问题上实用性很强，值得肯定和借鉴。

改革开放以后，马克思主义在工作实践中直接应用的机会较少。本书应该是一种尝试，希望能在其他领域推广。

二　关于理论的学习、批判与创建

中国在崛起，我们的国际关系理论也在成长。中国国际关系理论建设和国家崛起的需要相比略显滞后。我们大体还是处于学习西方国际关系理论的阶段。学习西方国际关系理论非常必要，但学到一定程度就要有自己的创见或想法。所谓创见或想法：一是对西方国际关系理论要有批判的意识，二是要时刻想到要有自己的创新。本书仅仅是对西方国际关系理论进行批判的一个尝试，还不能进行整体理论创新，但这是笔者未来的方向或理想。

其实批判也是创立的重要组成部分。不破不立。指出民主和平论不对，就是说明了和平有其其他原因。笔者认为，资本主义和和平还是有一定关系的。资本主义出现早期，由于有资源和市场争夺的需要，资本主义国家之间确实发生过战争。"一战"和"二战"本质上都是资本主义社会市场和资源的再分配之争。但"二战"以后，特别是全球化开始以后，资本主义国家对市场和资源的争夺变换了形式。资本主义国家无须通过血淋淋的战争来夺取市场和资源，而只要利用自己掌握的先进的科学技术就可以通过和平的方式让第三世界国家自己把资源送上门来。因此，自由市场和平论可以成立。

建立有中国特色的国际关系理论体系不仅是纯学术问题，而且是中国目前发展的迫切需要。本书对民主和平论和民主输出论进行了批判，但笔者认为这类批判尽管有其必要性，但并不完全。民主不能导致和平，那什么因素能导致和平呢？笔者无法回答。民主输出有很多弊端，那应该怎样做？笔者无法回答。希望能有更多智库研究中国自己的国际关系理论问题。

三 关于对外关系的力度

本书对美国民主输出论进行了批判，但不得不对美国在对外推行自己的价值观的力度方面加以肯定。这方面我国还有相当的距离。

美国对缅甸的民主输出搞了近二十年。以美国国家民主基金会为首的美国半官方机构在缅甸的投入可以说是尽心尽力。从资金到人力，从执政党到草根，从理论到免费提供投票箱，美国可以说是面面俱到。一分耕耘，一分收获。美国坚持不懈的努力终于带来缅甸政界的改变。美国在缅甸的投入只是美国在全世界的投入的一个缩影。

我们经常谈论国内生产总值赶超美国这个话题。笔者认为，尽管国内生产总值赶超美国有一定重要性，但"中国价值观输出预算"何时能超过美国更值得深思。美国目前仅几大半官方机构的年预算就超过一亿美元。整个非政府组织的预算就无法准确计算了。相比之下，我们的预算又是多少？

美国有多少人参加了民主输出呢？这个也无法统计。至少有上万人。半官方机构的雇员当然都得算在内。一些非政府组织如纽约"人权观察"等也几乎是全员都在搞民主输出。这些人很多还是全职的。我国全职进行中国价值观输出的队伍有多大？美国的半官方机构的首脑可以是前国务卿。我国何种级别领导负责中国价值观输出呢？

美国半官方机构每年都集中开会，总结经验，交流体会，协调动作，制订下一步行动纲领和计划。国务院和国防部都派要员参加。我国什么时候召开"中国价值观输出全国会议"？我们已经成立了国家安全委员会。建议我们的国家安全委员会针对美国民主输出战略也进行一下讨论。

四 关于我国对外关系中的输出

美国非常明确要输出什么价值观。我国应该向外输出什么呢？目前我国的对外输出大体包括两部分。一部分是以文化为主，包括孔子学院，以及各种各样的中华文化输出，包括文艺演出、历史展览、风俗介绍、传统美食等。还有一部分是以经济援助为主。让当地人日子过得更好，更早地享受现代化带来的好处。

但这些援助的一个重要缺陷就是，没有提高当地生产力。批判民主输出论的一个重要观点就是，民主输出论没有考虑当地的生产力发展水平。因此向这些地区输出的上层价值与其经济基础不匹配。对一个地区，如果希望它发展，包括经济发展和政治发展，首先要提高其生产力发展水平，而不是越过前者直接进入其上层建筑的政治制度。

美国没有做，或美国做错了的，正是我们的机会。建议我国政府对对外援助进行重新规划。利用美国提供的绝好机会，通过援助受援国提高生产力而对抗美国向其民主输出的影响。我们的工作可能需要很长时间才能见效。但对此要有充分信心。如果坚持下去，总有一天会使当地人认识到中国的输出才是当地真正需要的，而不是美国做的表面文章。只有用马克思主义政治经济学基本原理指导对外援助才能抓住重点。

五 关于对美国民主输出政策的反制

美国对中国的民主输出力度非常大。我国也意识到这一点并从中央到地方做出了一系列反制。但总体上尚显力度不够，方法不多。

美国的战略是全方位、多层次的。从地域角度看，美国是从外向内，层层包围。美国民主输出的重点北起朝鲜，向下至中国台湾、菲律宾、印尼、越南、缅甸、泰国、巴基斯坦、伊拉克、阿富汗、中亚五国、蒙古国等。这已经是一个完整的包围圈。然后是中国香港和中国澳门。美国非政府组织近年来在香港投入庞大，有些年度甚至和对大陆的投入持平。进入边境以后，美国民主输出的重点是新疆、西藏、内蒙古等有分裂倾向的地区。美国大力支持"东突"分裂势力和达赖集团分裂势力。从人群上看，美国非常重视培养有领导气质的中国年轻人，包括年轻学者和基层年轻、有提升潜力的干部，此外就是妇女、普通年轻人、弱势群体等。从社会角度看，美国向中国的民主输出涉及意识形态、政治结构、政党、媒体、社会团体、工会、农会、法律体系、网络、文化、期刊等，可以说是无孔不入。

对此，我国的主要做法是强硬地反制。大体是防、抓、拦、压、堵，基本上采取的是现实主义做法。这很必要，但远远不够。我们可以正面回击美国的民主和平和民主输出攻势，理直气壮地从理论上击垮。建议我国也要通过法律，建立类似美国国家民主基金会之类的半官方机构，可以直接放在人大的管辖之下，由有关各部委参与。重点支持与我国友好的国外党派和团体。缅甸应该是重点进行非政府资助的目标地区之一。同时在朝鲜、越南、泰国、菲律宾、蒙古国等周边国家培养亲华势力。输出中国可以输出的一切观念，重点是文化、改革开放的经验、发展经验等。必要时也可以进行马克思主义理论交流。对不发达国家，则把重点放在协助这些国家生产力的发展方面。希望通过长期耕耘，最终抵消美国的不良影响。

参考书目和文献

（一）中文著作

［1］董小川：《20 世纪美国宗教与政治》，人民出版社，2002。

［2］高祖贵：《美国与伊斯兰世界》，时事出版社，2005。

［3］郭威：《美国在中东伊斯兰国家的文化外交》，社会科学文献出版社，2014。

［4］刘国平：《美国民主制度输出》，社会科学文献出版社，2006。

［5］刘建飞：《美国"民主联盟"战略研究》，当代世界出版社，2013。

［6］刘澎：《当代美国宗教》，社会科学文献出版社，2012。

［7］罗艳华等：《美国输出民主的历史与现实》，世界知识出版社，2009。

［8］秦亚青主编《当代西方国际思潮》，世界知识出版社，2012。

［9］沈志华等：《冷战时期美国重大外交政策案例研究》，经济科学出版社，2014。

［10］徐以骅：《宗教与美国社会（第九辑）：美国与伊斯兰世界》，时事出版社，2014。

［11］王缉思、徐辉、倪峰主编《冷战后的美国外交（1989—2000）》，时事出版社，2008。

［12］詹德雄：《冷眼向洋看世界——西方民主的反思》，辽宁人民出版社，2013。

［13］周琪主编《国会与美国外交政策》，上海社会科学院出

版社，2006。

[14] 周琪：《美国人权外交政策》，上海人民出版社，2001。

[15] 周琪主编《美国外交决策过程》，中国社会科学出版社，2011。

[16] 周琪主编《人权与外交：人权与外交国际研讨会论文集》，时事出版社，2002。

[17] 周琪主编《意识形态与美国外交》，上海人民出版社，2006。

[18] 周琪、李枏、沈鹏：《美国对外援助：目标、方法与决策》，中国社会科学出版社，2014。

[19] 张晓莉：《占领时期美国对日文化改革与民主输出》，社会科学文献出版社，2013。

[20] 资中筠：《战后美国外交史——从杜鲁门到里根》，世界知识出版社，1994。

（二）中文译著

[1] 〔法〕托克维尔：《论美国的民主》上下卷，董果良译，商务印书馆，2009。

[2] 〔美〕巴林顿·摩尔：《专制与民主的社会起源》，王茁、顾洁译，上海译文出版社，2013。

[3] 〔美〕丹尼尔·J. 布尔斯廷：《美国人：民主的历程》，谢延光译，上海译文出版社，2012。

[4] 〔英〕戴维·赫尔德：《民主的模式》，燕继荣等译，中央编译出版社，2008。

[5] 〔美〕弗朗西斯·福山：《历史的终结及最后之人》，黄胜强、许铭原译，中国社会科学出版，2003。

[6] 〔美〕弗朗西斯·福山：《美国处在十字路口：民主、权力与新保守主义的遗产》，周琪译，中国社会科学出版社，2008。

[7] 〔美〕亨利·基辛格：《大外交》，顾淑馨、林添贵译，海南出版社，1997。

[8] 〔美〕胡安·J. 林茨、阿尔弗莱德·斯泰潘：《民主转型与巩固的问题：南欧、南美和后共产主义欧洲》，孙龙等译，浙江

人民出版社，2008。

　　［9］〔美〕孔华润主编《剑桥美国对外关系史》，新华出版社，2004。

　　［10］〔美〕诺姆·乔姆斯基：《遏制民主》，汤大华译，商务印书馆，2013。

　　［11］〔美〕斯迪芬·海哥德、罗伯特·R. 考夫曼：《民主化转型的政治经济分析》，张大军译，社会科学文献出版社，2008。

　　［12］〔美〕托马斯·R. 戴伊、L. 哈蒙·奇格勒：《美国民主的讽刺》，张绍伦、金筑等译，河北人民出版社，1997。

　　［13］〔美〕詹姆斯·F. 霍利菲尔德、加尔文·吉尔森主编：《通往民主之路——民主转型的政治经济学》，何志平、马卫红译，社会科学文献出版社，2012。

　　［14］〔美〕兹比格纽·布热津斯基：《大棋局：美国的首要地位及其地缘战略》，上海世纪出版集团，2007。

　　［15］〔美〕兹比格纽·布热津斯基等：《大博弈：全球政治觉醒对美国的挑战》，姚芸竹译，新华出版社，2009。

（三）外文原著

　　［1］Archibugi, Daniele, Mathias Koenig-Archibugi and Raffaele Marchetti, *Global Democracy: Normative and Empirical Perspectives*, Cambridge University Press, 2012.

　　［2］Arnson, Cynthia J. , ed. , *In the Wake of War: Democratization and Internal Armed Conflict in Latin America*, Washington, D. C. : Woodrow Wilson Center Press/Stanford, California: Stanford University Press, 2012.

　　［3］Banseka, Cage, *Democratic Peace: In the Spectrum of Conflicts in Sub-Saharan Africa*, Dissertation Com, 2000.

　　［4］Barany, Zoltan and Robert G. Moser, eds. , *Is Democracy Exportable?* Cambridge University Press, 2009.

　　［5］Barkawi, Tarak and Mark Laffey, eds. , *Democracy, Liberalism, and War: Rethinking the Democratic Peace Debate*, Boulder Colo: Lynne Rienner Publishers, 2001.

［6］ Blum, William, *America's Deadliest Export Democracy*: *The Truth about US Foreign Policy and Everything Else*, Zed Books, 2013.

［7］ Bose, Meena and Rosanna Perotti eds. , *From Cold War to New World Order*: *The Foreign Policy of George Bush*, Greenwood Press, 2002.

［8］ Brown, Chris. *International Relations Theory*: *New Normative Approaches*. New York: Columbia University Press, 1992.

［9］ Brown, Michael E. , Sean M. Lynn-Jones and Steven E. Miller. eds. *Debating The Democratic Peace*. The MIT Press, 1996.

［10］ Brunner, Anja, *Democracy For Export*: *Strategies of the United States and the European Union in Transformation Countries*: *The Case of Ukraine*, LAP Lambert Academic Publishing, 2010.

［11］ Bueno de Mesquita, Bruce, and David Lalman, *War and Reason*: *Domestic and International Imperatives*, New Haven, Conn: Yale University Press, 1992.

［12］ Carey, Henry F. , *Privatizing the Democratic Peace*: *Policy Dilemmas of NGO Peacebuilding*, Palgrave Macmillan, 2010.

［13］ Coyen, Christopher J. , *After War*: *The Political Economy of Exporting Democracy*, Stanford: Stanford University Press, 2007.

［14］ Crozier, Michel J. Samuel P. Huntington and Joji Watanuki, *The Crisis of Democracy*, New York University Press, 1975.

［15］ Davenport, Christian, *State Repression and the Domestic Democratic Peace*, New York: Cambridge University Press, 2007.

［16］ Diamond, Larry, *The Spirit of Democracy*: *The Struggle to Build Free Societies Throughout the World*, Times Books, 2008.

［17］ Fukuyama,Francis, Larry Diamond and Marc F. Plattner, eds. , *Poverty, Inequality, and Democracy*, Baltimore: The John Hopkins University Press, 2012.

［18］ Fukuyama, Francis, *The End of History and the Last*

Man, New York: Free Press, 1992.

[19] Gallie, W. B. , *Philosophers of Peace and War: Kant, Clausewitz, Marx, Engels and Tolstoy*, Cambridge: Cambridge University Press, 1978, chap. 2.

[20] Geeraerts, Gustaaf and Patrick Stouthuysen, eds. , *Democratic Peace for Europe: Myth or Reality?* Belgium: VUB University Press, 1999.

[21] Gilbert, Alan, *Must Global Politics Constrain Democracy? Great-Power Realism, Democratic Peace, and Democratic Internationalism*, Princeton, New Jersey: Princeton University Press, 1999.

[22] Haas, Richard N. , *Intervention: The Use of American Military Force in the Post-Cold War World*, Carneige Endowment for International Peace, 1999.

[23] Harrison, Ewan and Sara McLaughlin Mitchell, *The Triumph of Democracy and the Eclipse of the West*, Palgrave Macmillan, 2014.

[24] Heder, Steven and Judy Ledgerwood, eds. , *Propaganda, Politics, and Violence in Cambodia: Democatic Transition under United Nations Peace-keeping*, An East Gate Book, 1996.

[25] Henderson, Errol A. , *Democracy and War: The End of an Illusion?* Boulder: Lynne Reiner, 2002.

[26] Hinsley, F. H. , *Power and the Pursuit of Peace: Theory and Practice in the History of Relations Between States*, Cambridge: Cambridge University Press, 1963, chap. 4.

[27] Ho Chun, Kwang, *Democratic Peace Building and Security in East Asia: A Post-Cold War Analysis*, LAP Lambert Academic Publishing, 2011.

[28] Hoffmann, Stanley, *The State of War: Essays on the Theory and Practice of International Politics*, New York: Praeger, 1965.

［29］ Hook, Steven W. and John Spainer, *American Foreign Policy Since WWII* 19*th Edition*, CQ Press, 2012.

［30］ Huntington, Samuel P. , *The Third Wave: Democratization in the Late Twentieth Century*, Norman: University of Oklahoma Press, 1991.

［31］ Huth, Paul K and Todd L. Allee, *The Democratic Peace and Territorial Conflict in the Twentieth Century*, New York: Cambridge University Press, 2003.

［32］ Kissinger, Henry, *World Order*, New York: The Penguin Press, 2014.

［33］ Ish-Shalom, Piki, *Democratic Peace: A Political Biography*, The University of Michigan Press, 2013.

［34］ Jentleson, Bruce W. , *American Foreign Policy (Fifth Edition)*, W. W. Norton&Company, Inc. , 2002.

［35］ Leatherman, Janie, *From Cold War to Democratic Peace: Third Parties, Peaceful Change, and the OSCE*, Syracuse University Press, 2003.

［36］ Lenhard, Johannes, *Kant and the Liberal Democratic Peace Theory-the Cases of Kosovo, Iraq and Afghanistan*, GRIN Verlag, 2013.

［37］ Lowenthal, Abraham F. , *Exporting Democracy: The United States and Latin America*, The John Hopkins University Press, 1991.

［38］ Mansfield, Edward D. , *Power, Trade and War*, Princeton, NJ: Princeton University Press, 1994.

［39］ McDonald,Patrick, *The Invisible Hand of Peace: Capitalism, the War Machine, and International Relations Theory*, Cambridge: Cambridge University Press, 2009.

［40］ McGinnis,John O. , *Accelerating Democracy: Transforming Governance through Technology*, Princeton University Press, 2012.

〔41〕 Moens, Alexander, *The Foreign Policy of George W. Bush: Values, Strategy and Loyalty*, Ashgate, 2004.

〔42〕 Moore, John Norton, *Solving the War Puzzle: Beyond the Democratic Peace*, Durham, NC: Carolina Academic Press, 2004.

〔43〕 Mueller, John, *Quiet Cataclysm: Reflections on the Recent Transformation of World Politics*, New York: Harper Collins, 1995, chap. 10.

〔44〕 Mueller, John, *Capitalism, Democracy & Ralph's Pretty Good Grocery*, Princeton, NJ: Princeton University Press, 1999;

〔45〕 Müllerson, Rein, *Regime Change: From Democratic Peace Theories to Forcible Regime Change*, Martinus Nijhoff Publishers, 2013.

〔46〕 Muravchik, Joshua, *Exporting Democracy: Fulfilling America's Destiny*, Washington, D. C. : AEI Press, 1991.

〔47〕 Parmar, Inderjeet, Linda B. Miller and Mark Ledwidge, *Obama and the World: New Directions in US Foreign Policy (second edition)*, Routledge, 2014.

〔48〕 Pee, Robert, *Democracy Promotion, National Security and Strategy: Foreign Policy under the Reagan Administration*, Routledge, 2015.

〔49〕 Petric, Boris, eds. , *Democracy at Large: NGOs, Political Foundations, Think Tanks, and International Organizations*, Palgrave Macmillan, 2012.

〔50〕 Rasler, Karen and William R. Thompson, *Puzzles of the Democratic Peace Theory, Geopolitics and the Transformation of World Politics*, Palgrave Macmillan, 2005.

〔51〕 Ray, James Lee, *Democracy and International Conflict: An Evaluation of the Democratic Peace Proposition*, Columbia: University of South Carolina Press, 1995.

〔52〕 Resnick, Danielle and Nicolas van de Walle, eds. , *Dem-*

ocratic Trajectories in Africa: *Unravelling the Impact of Foreign Aid*, Oxford University Press, 2013.

[53] Riley, Patrick, *Kant's Political Philosophy*, Totowa, N. J. : Rowman and Littlefield, 1983, chap. 6.

[54] Roussel, Stéphane, *The North American Democratic Peace*: *Absence of War and Security Institution-Building in Canada-US Relations*, 1867—1958, Montreal & Kingston: McGill-Queen's University Press, 2004.

[55] Rummel, R. J. , *Understanding Conflict and War*: *Vols. 1 – 5*, Los Angeles: Sage, 1975—1981.

[56] Russett, Bruce, *Grasping the Democratic Peace*: *Principles for a Post-Cold War World*, Princeton, NJ: Princeton University Press, 1993.

[57] Russett, Bruce, and Harvey Starr, *World Politics*: *The Menu for Choice*, 1st ed. , New York: W. H. Freeman, 1981.

[58] Schraeder, Peter J. , *Exporting Democracy*: *Rhetoric Vs, Reality*, Lynne Rienner Publishers, 2002.

[59] Schweizer, Peter, *Victory*: *The Reagan Administration's Secret Strategy That Hastened the Collapse of the Soviet Union*, New York: The Atlantic Monthly Press, 1996.

[60] Sharansky, Natan, Ron Dermer, *The Case for Democracy*: *The Power of Freedom to Overcome Tyranny and Terror*, New York: Public Affairs, 2004.

[61] Singer, Max, and Aaron Wildavsky, *The Real World Order*: *Zones of Peace/Zones of Turmoil*, Chatham, N. J. : Chatham House, 1993.

[62] Small, Melvin, *Democracy and Diplomacy*: *The Impact of Domestic Politics in U. S. Foreign Policy*, 1789—1994 (*The American Moment*) , Johns Hopkins University Press, 1995.

[63] Smith, Tony, *America's Mission*: *The United States and the Worldwide Struggle for Democracy in the Twentieth Century*, Prin-

ceton. N. J. : Princeton University Press, 1994.

[64] Veney, Cassandra R. and Dick Simpson, eds. , *African Democracy and Development*: *Challenges for Post-Conflict African Nations*, Lexington Books, 2013.

[65] Wallensteen, Peter, *Structure and War*: *On International Relations* 1820—1968, Stockholm: Raben and Sjogren, 1973.

[66] Woito, Robert S. , *Extending the Democratic Peace*: *An Introduction to the Ideas*, *Strategies and Actions That Can Help End War*, Chicago, IL: World Without War Publications, 2003.

[67] Keping, Yu, *Democracy is a Good Thing*: *Essays on Politics*, *Society*, *and Culture in Contemporary China*, Washington, D. C. : Brookings Institution Press, 2009.

[68] Zürcher, Christoph, Carrie Manning, Kristie D. Evenson, Rachel Hayman, Sarah Riese and Nora Roehner, *Costly Democracy*: *Peacebuilding and Democratization after War*, Stanford, California: Stanford University Press, 2013.

（四）中文文献资料

[1] 布庆荣:《冷战后美国的"价值观输出"》,《内蒙古民族大学学报》(社会科学版) 2005 年第 3 期, 第 13 ~ 16 页。

[2] 初阳:《关于"民主普适论"的四点认识》,《中国特色社会主义研究》2008 年第 5 期, 第 52 ~ 59 页。

[3] 恩格斯:《法兰西内战》,《马克思恩格斯选集》第三卷, 人民出版社, 2012。

[4] 恩格斯:《反杜林论》,《马克思恩格斯选集》第三卷, 人民出版社, 2009。

[5] 恩格斯:《家庭、私有制和国家的起源 就路易斯·亨·摩尔根的研究成果而作》,《马克思恩格斯选集》第四卷, 人民出版社, 2012。

[6] 恩格斯:《卡尔·马克思》,《马克思恩格斯选集》第三卷, 人民出版社, 2012。

[7] 恩格斯:《卡尔·马克思〈政治经济学批判〉》,《马克思

恩格斯选集》第二卷，人民出版社，1995。

[8] 恩格斯：《路德维希·费尔巴哈和德国古典哲学的终结》，《马克思恩格斯选集》第四卷，人民出版社，2012。

[9] 恩格斯：《社会主义从空想到科学的发展》，《马克思恩格斯选集》第三卷，人民出版社，2012。

[10] 恩格斯：《自然辩证法》，《马克思恩格斯选集》第三卷，人民出版社，2012。

[11] 恩格斯：《在马克思墓前的讲话》，《马克思恩格斯选集》第三卷，人民出版社，1995。

[12] 范明英、孙增超：《世界和平发展理念的中西对比分析——以"民主和平论"与"和谐世界"理念为例》，《华东理工大学学报》（社会科学版）2006年第3期，第65～70页。

[13] 耿协峰：《亨廷顿的〈第三波〉与"民主和平"思潮》，《欧洲》1999年第3期。

[14] 龚滟：《论美国文化输出战略》，《燕山大学学报》（哲学社会科学版）2003年第3期，第63～67页。

[15] 龚泽宣：《"民主国家"之间的利益冲突与战争——民主和平论存疑》，《政治学研究》2004年第1期，第78～85页。

[16] 龚泽宣：《论亨廷顿"民主扩展"理论与美国"新霸权主义"的内在关联性》，《东南亚研究》2000年第3期，第31～38页。

[17] 龚泽宣：《论"民主扩展论"的二律背反》，《东南亚研究》2001年第2期，第60～65页。

[18] 龚泽宣：《论"民主扩展论"对康德"民主和平论"思想的价值背离》，《世界经济与政治》2001年第12期，第64～69页。

[19] 刘军宁、刘北成、金灿荣等：《关于"民主和平论"问题讨论发言摘要》，《欧洲》1995年第4期，第9～14页。

[20] 郭纪：《美国为什么热衷于向世界输出民主》，《求是》2013年第1期，第55～56页。

[21] 何冠一：《从鳕鱼战争看"民主和平论"的疏漏》，《外

交评论》（外交学院学报）2009 年第 4 期，第 94～100 页。

　　[22] 贺建军、廖芳玲：《理想主义：难以超越的历史——康德与威尔逊"民主和平论"之比较》，《锦州师范学院学报》（哲学社会科学版）2002 年第 4 期，第 26～28 页。

　　[23] 胡国栋、陈文鑫：《对"民主和平论"的理论修补——评析约翰·M. 欧文的〈自由主义怎样造就民主和平〉》，《同济大学学报》（社会科学版），2004 年第 2 期，第 23～28 页。

　　[24] 霍淑红：《冷战后美国私人基金会对中东欧国家的民主援助解析》，《国际论坛》2013 年第 3 期，第 38～42 页。

　　[25] 阚道远：《网络时代政治输出的新途径——美国对发展中国家的信息技术援助及影响》，《学术探索》2012 年第 7 期，第 17～21 页。

　　[26] 李翠亭：《"阿拉伯之春"的历史后果——兼论美国对阿拉伯世界的民主输出》，《武汉大学学报》（人文科学版）2014 年第 1 期，第 115～120 页。

　　[27] 李凯：《跨国公司向发展中国家输出民主的交易成本分析》，《江南社会学院学报》2011 年第 1 期，第 19～22 页。

　　[28] 李丽君：《驳民主和平论》，《学理论》2011 年第 9 期，第 18～19 页。

　　[29] 廖胜刚：《后冷战时代美国输出民主、人权意识形态战略臆想病及其本质》，《学校党建与思想教育》2013 年第 12 期，第 82～84 页。

　　[30] 李少军：《评"民主和平论"》，《欧洲》1995 年第 4 期，第 4～8 页。

　　[31] 列宁：《卡尔·马克思》，《列宁选集》第二卷，人民出版社，2012。

　　[32] 林超：《美国对伊拉克民主输出困境与"利益集团耦合度"概念的提出》，《学理论》2010 年第 10 期，第 36～39 页。

　　[33] 林海红、〔韩〕金大洙：《试析美国的中东"民主改造战略"》，《国际论坛》2005 年第 3 期，第 6～11 页。

　　[34] 刘飞涛：《奥巴马"民主促进"新策略》，《国际问题研

究》2009 年第 6 期，第 44 ~ 60 页。

[35] 刘国平：《论美国民主制度输出》，《红旗文稿》2010 年第 19 期，第 4 ~ 9 页。

[36] 刘国柱：《当代美国"民主援助"解析》，《美国研究》2010 年第 3 期，第 24 ~ 38 页。

[37] 刘国柱：《全国民主基金会与美国民主援助》，《浙江大学学报》（人文社会科学版）2010 年第 4 期，第 40 ~ 48 页。

[38] 刘卫东：《美国民主输出的困境——以美国在海地推广民主的实践为例》，《江南社会学院学报》2007 年第 1 期，第 28 ~ 33 页。

[39] 罗艳华：《试论冷战后美国"输出民主"战略的新发展》，《国际政治研究》2005 年第 1 期，第 94 ~ 99 页。

[40] 马德宝：《从"民主和平论"看民主与和平的关系》，《南京师大学报》（社会科学版）2000 年 5 月，第 3 期，第 45 ~ 52 页。

[41] 马方方：《美国对华民主输出战略对中国经济主权安全的影响》，《国际关系学院学报》2012 年第 1 期，第 84 ~ 89 页。

[42] 马克思：《1848 年至 1850 年的法兰西阶级斗争》，中共中央马克思恩格斯列宁斯大林著作编译局编：《马克思恩格斯选集》第一卷，人民出版社，1972 年 5 月。

[43] 马克思：《道德化的批判和批判化的道德》，《马克思恩格斯全集》第四卷，人民出版社，1958。

[44] 马克思和恩格斯：《费尔巴哈》，《马克思恩格斯选集》第一卷，人民出版社，2012。

[45] 马克思：《哥达纲领批判》，《马克思恩格斯选集》第三卷，人民出版社，2012。

[46] 马克思和恩格斯：《共产党宣言》1890 年德文版序言，《马克思恩格斯选集》第一卷，人民出版社，2012。

[47] 马克思和恩格斯：《书信》，《马克思恩格斯选集》第四卷，人民出版社，2012。

[48] 马克思：《政治经济学的形而上学》，《马克思恩格斯选

集》第一卷，人民出版社，2012。

[49] 马克思：《〈政治经济学批判〉序言》，《马克思恩格斯选集》第二卷，人民出版社，2012。

[50] 马克思：《〈资本论〉第一卷第二版跋》，《马克思恩格斯全集》第 23 卷，人民出版社，1972。

[51] 门洪华：《美国的"输出民主"战略》，《武汉理工大学学报》（社会科学版）2001 年第 5 期，第 414～420 页。

[52] 门洪华：《美国"输出民主"战略浅析》，《国际政治研究》1999 年第 1 期，第 22～32 页。

[53] 倪春纳：《民主能产生和平吗？——对"民主和平论"的批判及其回应》，《外交评论》（外交学院学报）2013 年第 2 期。

[54] 倪春纳：《西方民主话语霸权的政治解读》，《河南大学学报》（社会科学版）2013 年第 3 期，第 40～48 页。

[55] 倪世雄、郭学堂：《"民主和平论"与冷战后美国外交战略》，《欧洲》1997 年第 5 期，第 13～20 页。

[56] 潘忠岐：《西方"民主和平论"剖析》，《国际政治研究》1997 年第 3 期，第 32～37 页。

[57] 潘忠岐：《"中国威胁"：现实抑或神话？——从"民主和平论"的缺失谈起》，《理论学习月刊》1997 年第 3 期，第 1～5 页。

[58] 庞中英：《对"民主和平论"的若干意见》，《欧洲》1995 年第 6 期，第 62～65 页。

[59] 邱建群：《从威尔逊的国际"新自由"到"民主和平论"——二十世纪西方国际政治思潮演进初探》，《辽宁大学学报》（哲学社会科学版）2000 年第 4 期，第 66～69 页。

[60] 施爱国：《"民主和平论"剖析》，《现代国际关系》2002 年第 9 期，第 1～6 页。

[61] 苏长和：《驳"民主和平论"》，《欧洲》1996 年第 2 期，第 27～31 页。

[62] 孙德立：《布什政府输出民主战略析论》，《求实》2007 年第 4 期，第 76～79 页。

［63］孙德立：《美国对外输出民主根源探析》，《求实》2008年第2期，第71~74页。

［64］孙晋忠：《试论布什政府的全球"民主"战略》，《国际问题研究》2006年第1期，第28~32页。

［65］孙士庆：《从美国"全球民主化"战略的推行看中美关系》，《美国问题研究》2007年第1期，第99~111页。

［66］王公龙：《美国对华民主输出与我国的意识形态安全体系建设》，《科学社会主义》2013年第5期，第83~85页。

［67］王荣英：《美国文化输出与我国文化外交战略》，《求索》2008年第3期，第79~81页。

［68］王晓德：《关于美国向拉美"输出民主"的历史思考》，《美国研究》1995年第2期，第134~138页。

［69］王晓德：《试论冷战后美国对外"输出民主"战略》，《世界经济与政治》1995年第12期，第48~53页。

［70］王晓德：《试论美国向拉美"输出民主"的实质》，《拉丁美洲研究》1995年第2期，第9~15页。

［71］王艳、郑易平：《民主与和平关系的思考——结合美国外交政策谈民主和平论》，《河北理工大学学报》（社会科学版）2008年第3期，第20~26页。

［72］王逸舟：《国际关系与国内体制——评"民主和平论"》，《欧洲》1995年第6期，第4~13页。

［73］吴冠军：《"民主和平"是如何"证成"的？》，华东师范大学中国现代思想文化研究所：《思想与文化》，2005年第1期。

［74］吴强、梅文革：《难以超越的历史——从康德到当代的民主和平论者》，《欧洲》1998年第5期，第13~19页。

［75］吴艳君：《试论民主和平论与冷战后的美国民主推进战略》，《理论月刊》2005年第7期，第136~139页。

［76］肖平：《"民主和平论"对布什政府对外政策的影响》，《西南民族大学学报》（人文社科版）2005年第8期，第276~279页。

［77］谢先泽：《美国"输出民主"的文化透视》，《贵州师范

大学学报》（社会科学版）2003 年第 3 期，第 47～51 页。

[78] 熊文驰：《民主和平与战争状态问题——再谈"民主和平论"与现实主义之争》，《外交评论》（外交学院学报）2009 年第 2 期，第 123～136 页。

[79] 许崇温：《布什的民主输出战略》，《红旗文稿》2005 年第 14 期，第 27～30 页。

[80] 许崇温：《中亚的颜色革命与布什的输出民主战略》，《社会科学管理与评论》2005 年第 3 期，第 47～52 页。

[81] 许晓春、葛昕：《从"民主"外交视角对"民主和平论"的再审视》，《太平洋学报》2012 年第 6 期，第 37～43 页。

[82] 闫文虎：《美国对中东"民主化"改造战略》，《西亚非洲》2005 年第 1 期，第 44～48 页。

[83] 岳汉景：《美国在中东的"输出民主"战略》，《阿拉伯世界研究》2007 年第 2 期，第 19～27 页。

[84] 张建成：《"美式民主"输出的普世价值质疑——兼论国际关系民主化的基本原则》，《陕西师范大学学报》（哲学社会科学版）2006 年第 6 期，第 116～121 页。

[85] 张健雄：《也评"民主和平论"》，《世界经济与政治》1997 年第 3 期，第 9～12 页。

[86] 张晓慧：《"民主和平"论》，《国际资料信息》2002 年第 9 期，第 30～32 页。

[87] 张玉春、董德：《"9.11"以来美国意识形态输出的动力因素探析》，《徐州师范大学学报》（哲学社会科学版）2012 年第 5 期，第 114～119 页。

[88] 张宇权：《论美国对华文化交流中的意识形态输出及我国的对策》，《华南理工大学学报》（社会科学版）2009 年第 4 期，第 11～27 页。

[89] 赵绪生：《试析民主援助》，《现代国际关系》2008 年第 3 期，第 27～33 页。

[90] 郑安光：《民主和平论及其对冷战后美国外交战略的影响》，《美国研究》1999 年第 2 期。

［91］侯惠勤、辛向阳、金民卿：《西方"民主人权输出"的背后》,《红旗文稿》2012 年第 10 期, 第 8 ~ 11 页。

［92］周琪：《新世纪以来的美国对外援助》,《世界经济与政治》2013 年第 9 期, 第 23 ~ 51 页。

［93］朱峰、朱宰佑：《"民主和平论"在西方的兴起与发展》,《欧洲》1998 年第 3 期。

［94］朱利群、王妙琴：《评"民主和平论"——民主和暴力关系的历史回顾》,《外交学院学报》1996 年第 1 期。

（五）英文文献资料

［1］Allison, Graham T. and Robert P. Beschel, "Can the United States Promote Democracy?" *Political Science Quarterly*, Vol. 107, No. 1, Spring 1992, pp. 81 – 98.

［2］Anderton, Charles H. and John R. Carter, "The Impact of War on Trade: An Interrupted Times-Series Study," *Journal of Peace Research*, Vol. 38, No. 4, 2001, pp. 445 – 457.

［3］Babst, Dean, "A Force for Peace," *Industrial Research*, April 1972, pp. 55 – 58. Originally published as "Elective Governments—A Force for Peace," *The Wisconsin Sociologist*, Vol. 3, No. 1, 1964, pp. 9 – 14.

［4］Babst, Dean, "Elective Government: A Force for Peace," *The Wisconsin Sociologist*, No. 3, 1964, pp. 9 – 14.

［5］Barbieri, Katherine and Gerald Schneider, "Globalization and Peace: Assessing New Directions in the Study of Trade and Conflict," *Journal of Peace Research*, Vol. 36, No. 4, 1999, pp. 387 – 404.

［6］Beck, Nathaniel, Gary King, and Langche Zeng, "Theory and Evidence in International Conflict: A Response to de Marchi, Gelpi, and Grynaviski," *American Political Science Review*, Vol. 98, No. 2, 2004, pp. 379 – 389.

［7］Beck, Nathaniel, Jonathan N. Katz, and Richard Tucker, "Taking Time Seriously: Time-Series-Cross-Section Analysis with a

Binary Dependent Variable," *American Journal of Political Science*, Vol. 42, No. 4, 1998, pp. 1260 - 1288.

[8] Bennett, Scott, "Toward a Continuous Specification of the Democracy-Autocracy Connection," *International Studies Quarterly*, Vol. 50, No. 2, 2006, pp. 313 - 338.

[9] Bourke, John, "Kant's Doctrine of 'Perpetual Peace,'" *Philosophy*, Vol. 17, No. 68, November 1942, pp. 324 - 333.

[10] Bremer, Stuart A. , "Dangerous Dyads: Conditions Affecting the Likelihood of Interstate War, 1816—1965," *Journal of Conflict Resolution*, Vol. 36, No. 2, June 1992, pp. 309 - 341.

[11] Bremer, Stuart A. , "Democracy and Militarized Interstate Conflict, 1816—1965," *International Interactions*, Vol. 18, No. 3, 1993, pp. 231 - 249.

[12] Burley, Anne Marie Slaughter, "Law among Liberal States: Liberal Internationalism and the Act of State Doctrine," *Columbia Law Review*, Vol. 92, No. 8, 1992, pp. 1907—1996.

[13] Carothers, Thomas, "Democracy," *Foreign Policy*, Summer 1997.

[14] Chan, Steve, "In Search of Democratic Peace: Problems and Promise," *Mershon International Studies Review*, May 1997, Vol. 44, Issue 1, pp. 59 - 91.

[15] Chan, Steve, "Mirror, Mirror on the Wall ⋯ Are the Freer Countries More Pacific?" *Journal of Conflict Resolution*, Vol. 28, No. 4, December 1984, pp. 617 - 648.

[16] Chan, Steve, "Democracy and War: Some Thoughts on Future Research Agenda," *International Interactions*, Vol. 18, No. 3, 1993, pp. 205 - 213.

[17] Choi, Seung-Whan, "Re-Evaluating Capitalist and Democratic Peace Models," *International Studies Quarterly*, Vol. 55, No. 3, 2011, pp. 759 - 769.

[18] Cohen, Raymond, "Pacific Unions: A Reappraisal of the

Theory that Democracies do not go to War with Each Other," *Review of International Studies*, Vol. 20, No. 3, July 1994, pp. 207 – 223.

[19] Diamond, Larry, "Promoting Democracy," *Foreign Policy*, No. 87, Summer 1992, pp. 25 – 46.

[20] Dixon, William J. , "Democracy and the Peaceful Settlement of International Conflict," *American Political Science Review*, Vol. 88, No. 1, March 1994, pp. 14 – 32.

[21] Doyle, Michael W. , "Liberalism and World Politics," *American Political Science Review*, Vol. 80, No. 4, December 1986, pp. 1151 – 1169.

[22] Doyle, Michael W. , "Kant, Liberal Legacies and Foreign Affairs," *Philosophy and Public Affairs*, Vol. 12, No. 3, 1983, pp. 205 – 235.

[23] Ember, Carol, Melvin Ember, and Bruce Russett, "Peace Between Participatory Polities: A Cross-Cultural Test of the 'Democracies Rarely Fight Each Other' Hypothesis," *World Politics*, Vol. 44, No. 4, July 1992, pp. 573 – 599.

[24] Farber, Henry S. and Joanne Gowa, "Polities and Peace," *International Security*, Vol. 20, No. 2, 1995, pp. 123 – 146.

[25] Fukuyama, Francis, "Why Is Democracy Performing So Poorly?" *Journal of Democracy*, Vol. 26, No. 2, January 2015, pp. 11 – 20.

[26] Gartzke, Erik, "The Capitalist Peace," *American Journal of Political Science*, Vol. 51, No. 1, 2007, pp. 166 – 191.

[27] Gartzke, Erik and J. Joseph Hewitt, "International Crises and the Capitalist Peace," *International Interactions*, Vol. 36, No. 2, 2010, pp. 115 – 145.

[28] Gartzke, Erik and Quan Li, "All's Well That Ends Well: A Reply to Oneal, Barbieri & Peters," *Journal of Peace Research*, Vol. 40, No. 6, 2003, pp. 727 – 732.

[29] Gartzke, Erik and Quan Li, "Measure for Measure: Concept Operationalization and the Trade Interdependence-Conflict Debate," *Journal of Peace Research*, Vol. 40, No. 5, 2003, pp. 553 – 571.

[30] Gelpi, Christopher F. and Michael Griesdorf, "Winners or Losers? Democracies in International Crisis, 1918—94," *American Political Science Review*, Vol. 95, No. 3, 2001, pp. 633 – 647.

[31] Gleditsch, Nils P. and Havard Hergre, "Peace and Democracy: Three Levels of Analysis," *Journal of Conflict Resolution*, Vol. 41, No. 2, 1997, pp. 283 – 310.

[32] Gowa, Joanne, "Democratic States and International Disputes," *International Organization*, Vol. 49, No. 3, Summer 1995, pp. 511 – 522.

[33] Gowa, Joanne, "The Democratic Peace after the Cold War," *Economics & Politics*, Vol. 23, No. 2, 2011, pp. 153 – 170.

[34] Hermann, Margaret and Charles Kegley, "Rethinking Democracy and International Peace: Perspective from Political Psychology," *International Studies Quarterly*, Vol. 39, No. 4, 1995, pp. 511 – 533.

[35] Hobson, Christopher, "Between the Theory and Practice of Democratic Peace: Introduction," *International Relations*, Vol. 25, No. 2, 2011, pp. 147 – 150.

[36] James, Patrick, Eric Solberg and Murray Wolfson, "An Identified Systemic Model of the Democracy-Peace Nexus," *Defense and Peace Economics*, Vol. 10, No. 1, 1999, pp. 1 – 37.

[37] Kacowicz, Arie M., "Explaining Zones of Peace: Democracies as Satisfied Powers?" *Journal of Peace Research*, Vol. 32, No. 3, August 1995, pp. 265 – 276.

[38] Kant, Immanuel, "Perpetual Peace," in *Kant's Political Writings*, 2nd ed. Ed. Hans.

[39] Kant, Immanuel, "Perpetual Peace," in *The Philosophy*

of Kant. Ed. Carl J. Friedrich. New York: Modern Library, 1949.

[40] Kant, Immanuel, "To Perpetual Peace: A Philosophical Sketch," in *Perpetual Peace and Other Essays*, trans. Ted Humphrey, Indianapolis: Hackett, 1983, pp. 107 – 143.

[41] Kinsella, David, "No Rest for the Democratic Peace," *American Political Science Review*, Vol. 99, No. 3, 2005, pp. 453 – 457.

[42] Lai, Brian and Dan Reiter, "Democracy, Political Similarity, and International Alliances, 1816—1992," *Journal of Conflict Resolution*, Vol. 44, No. 2, 2000, pp. 203 – 227.

[43] Lake, David A., "Powerful Pacifists: Democratic States and War," *American Political Science Review*, Vol. 86, No. 1, March 1992, pp. 24 – 37.

[44] Layne, Christopher, "Kant or Cant: The Myth of Democratic Peace," *International Security*, Vol. 19, No. 2, Autumn, 1994, pp. 5 – 49.

[45] Leblang, David and Steve Chan, "Explaining Wars Fought by Established Democracies: Do Institutional Constrains Matter?" *Political Research Quarterly*, Vol. 56, No. 4, 2003, pp. 385 – 400.

[46] Macmillan, John, "Liberalism and the Democratic Peace," *Review of International Studies*, Vol. 30, No. 2, 2004, pp. 179 – 200.

[47] Mansfield, Edward D. and Jack Synder, "Democratization and the Danger of War," *International Security*, Vol. 20, No. 1, Summer, 1995, pp. 5 – 38.

[48] Maoz, Zeev, and Bruce Russett, "Alliance, Contiguity, Wealth, and Political Stability: Is the Lack of Conflict among Democracies a Statistical Artifact?" *International Interactions*, Vol. 17, No. 3, 1992, pp. 245 – 267.

[49] Maoz, Zeev and Bruce Russett, "Normative and Structur-

al Causes of Democratic Peace, 1946—1986," *American Political Science Review*, Vol. 87, No. 3, 1993, pp. 623 – 638.

[50] Maoz, Zeev and Nasrin Abdolali, "Regime Type and International Conflict," *Journal of Conflict Resolution*, Vol. 33, No. 1, March 1989, pp. 3 – 35.

[51] McDonald, Patrick J. , "Capitalism, Commitment, and Peace," *International Interactions*, Vol. 36, No. 2, 2010, pp. 146 – 168.

[52] Mearsheimer, John J. , "Back to the Future: Instability in Europe After the Cold War," *International Security*, Vol. 15, No. 1, Summer 1990, pp. 5 – 56 at 48 – 51.

[53] Miller, Paul D. , "American Grand Strategy and the Democratic Peace," *Survival*, Vol. 54, No. 2, April-May 2012, pp. 49 – 76.

[54] Mintz, Alex and Nehemia Geva, "Why Don' t Democracies Fight Each Other? An Experimental Assessment of the 'Political Incentive' Explanation," *Journal of Conflict Resolution*, Vol. 37, No. 3, September 1992, pp. 484 – 503.

[55] Moravcsik, Andrew, "Liberalism and International Relations Theory," Working Paper 92 – 6, Center for International Affairs, Harvard University, 1992.

[56] Morgan, T. Clifton, "Democracy and War: Reflections on the Literature," *International Interactions*, Vol. 18, No. 3, 1993, pp. 197 – 203.

[57] Morgan, T. Clifton, and Sally H. Campbell, "Domestic Structure, Decisional Constraints and War: So Why Kant Democracies Fight?" *Journal of Conflict Resolution*, Vol. 35, No. 2, June 1991, pp. 187 – 211.

[58] Morgan, T. Clifton, and Valerie L. Schwebach, "Take Two Democracies and Call Me in the Morning: A Prescription for Peace?" *International Interactions*, Vol. 17, No. 4, Summer 1992,

pp. 305 – 320.

[59] Mousseau, Michael, "Democracy and Militarized Inter-state Collaboration," *Journal of Peace Research*, Vol. 34, No. 1, 1997, pp. 73 – 87.

[60] Mousseau, Michael, "Market Prosperity, Democratic Consolidation, and Democratic Peace," *Journal of Conflict Resolution*, Vol. 44, No. 4, 2000, pp. 472 – 507.

[61] Mousseau, Michael, "The Social Market Roots of Democratic Peace," *International Security*, Vol. 33, No. 4, 2009, pp. 52 – 86.

[62] Mueller, John, "Capitalism, Peace, and the Historical Movement of Ideas," *International Interactions*, Vol. 36, No. 2, 2010, pp. 169 – 184.

[63] Owen, John M., "How Liberalism Produces Democratic Peace," *International Security*, Vol. 19, No. 2, 1994, pp. 87 – 125.

[64] Owen, John M., "Democratic Peace Research: Whence and Whither?" *International Politics*, Vol. 41, 2004, pp. 605 – 617.

[65] Oneal, John R., "Measuring Interdependence and Its Pacific Benefits: A Reply to Gartzke & Li," *Journal of Peace Research*, Vol. 40, No. 6, 2003, pp. 721 – 725.

[66] Oneal, John R. and Bruce M. Russett, "The Classical Liberals Were Right: Democracy, Interdependence, and Conflict, 1950—1985," *International Studies Quarterly*, Vol. 41, No. 2, 1997, pp. 267 – 293.

[67] Peceny, Mark and Caroline C. Beer, "Peaceful Parties and Puzzling Personalists," *American Political Science Review*, Vol. 97, No. 2, 2003, pp. 339 – 342.

[68] Peceny, Mark, Caroline C. Beer and Shannon Sanchez-Terry, "Dictatorial Peace?" *American Political Science Review*, Vol. 96, No. 1, 2002, pp. 15 – 26.

[69] Petersen, Karen, "Reexamining Transnational Ethnic Al-

liances and Foreign Policy Behavior," *International Interactions*, Vol. 30, No. 1, 2004, pp. 25 – 42.

[70] Porter, Bruce D., "Is the Zone of Peace Stable? Sources of Stress and Conflict in Industrial Democracies of Post-Cold War Europe," *Security Studies*, Vol. 4, No. 3, Spring 1995, pp. 520 – 551.

[71] Raknerud, Arvid and Havard Hegre, "The Hazard of War: Reassessing the Evidence of the Democratic Peace," *Journal of Peace Research*, Vol. 34, No. 4, 1997, pp. 385 – 404.

[72] Ray, James Lee, "Wars Between Democracies: Rare or Nonexistent?" *International Interactions*, Vol. 18, No. 3, 1993, pp. 251 – 276.

[73] Ray, James Lee, "Constructing Multivariate Analyses (of Dangerous Dyads)," *Conflict Management and Peace Science*, Vol. 22, 2005, pp. 277 – 292.

[74] Ray, James Lee, "Does Democracy Cause Peace?" *Annual Review of Political Science*, Vol. 1, 1998, pp. 27 – 46.

[75] Raymond, Gregory, "Democracies, Disputes, and Third-Party Intermediaries," *Journal of Conflict Resolution*, Vol. 38, No. 1, March 1994, pp. 24 – 42.

[76] Rosato, Sebastian, "Explaining the Democratic Peace," *American Political Science Review*, Vol. 99, No. 3, 2005, pp. 467 – 472.

[77] Rosato, Sebastian, "The Flawed Logic of Democratic Peace Theory," *American Political Science Review*, Vol. 97, No. 4, 2003, pp. 585 – 602.

[78] Rummel, R. J., "Libertarianism and International Violence," *Journal of Conflict Resolution*, Vol. 27, No. 1, March 1983, pp. 27 – 71.

[79] Russett, Bruce, "Can a Democratic Peace be Built?" *International Interaction*, Vol. 18, No. 3, pp. 277 – 282.

［80］ Russett, Bruce, "Capitalism or Democracy? Not So Fast," *International Interactions*, Vol. 36, No. 2, 2010, pp. 198 – 205.

［81］ Russett, Bruce et al. , "The Democratic Peace," *International Security*, Vol. 19, No. 4, 1995, pp. 164 – 184.

［82］ Russett, Bruce and Zeev Maoz, "Normative and Structural Causes of Democratic Peace," *American Political Science Review*, Vol. 87, No. 3, September 1993, pp. 642 – 638.

［83］ Schneider, Gerald and Nils Petter Gleditsch, "The Capitalist Peace: The Origins and Prospects of a Liberal Idea," *International Relations*, Vol. 36, No. 2, 2010, pp. 107 – 114.

［84］ Schweller, Randall L. , "Domestic Structure and Preventive War: Are Democracies More Pacific?" *World Politics*, Vol. 44, No. 2, January 1992, pp. 235 – 269.

［85］ Slantchev, Branislav L. , Anna Alexandrova and Erik Gartzke, "Probabilistic Causality, Selection Bias, and the Logic of the Democratic Peace," *American Political Science Review*, Vol. 99, No. 3, 2005, pp. 459 – 462.

［86］ Shin, Doh Chull, "On the Third Wave of Democratization: A Synthesis and Evaluation of Recent Theory and Research," *World Politics*, Vol. 47, No. 1, October 1994, pp. 135 – 170.

［87］ Small, Melvin and J. David Singer, "The War-proneness of Democratic Regimes, 1816—1965," *The Jerusalem Journal of International Relations*, Vol. 1, No. 4, Summer 1976, pp. 50 – 69.

［88］ Smith, Tony, "Making the World Safe for Democracy," *The Washington Quarterly*, Vol. 16, No. 4, Autumn 1993, pp. 197 – 214.

［89］ Sorenson, Georg, "Kant and Processes of Democratization: Consequences of Neorealist Thought," *Journal of Peace Research*, Vol. 29, No. 4, November 1992, pp. 397 – 414.

［90］ Souva, Mark, "Institutional Similarity and Interstate Conflict," *International Interactions*, Vol. 30, No. 3, 2004, pp. 263 – 280.

[91] Spiro, David E., "The Insignificance of the Liberal Peace," *International Security*, Vol. 19, No. 2, 1994, pp. 50 – 86.

[92] Spiro, David E., "The Liberal Peace- 'And Yet It Squirms'," *International Security*, Vol. 19, No. 4, 1995, pp. 177 – 180.

[93] Starr, Harvey, "Democracy and War: Choice, Learning and Security Communities," *Journal of Peace Research*, Vol. 29, No. 2, May 1992, pp. 207 – 213.

[94] Starr, Harvey, "Why Don't Democracies Fight One Another? Evaluating the Theory-Findings Feedback Loop," *Jerusalem Journal of International Relations*, Vol. 14, No. 4, December 1992, pp. 41 – 59.

[95] Vincent, Jack, "Freedom and International Conflict: Another Look," *International Studies Quarterly*, Vol. 31, No. 1, March 1987, pp. 102 – 112.

[96] Waltz, Kenneth N., "America as Model for the World? A Foreign Policy Perspective," *PS: Political Science and Politics*, Vol. 24, No. 4, December 1991, pp. 667 – 670.

[97] Waltz, Kenneth N., "Kant, Liberalism, and War," *American Political Science Review*, Vol. 56, No. 2, June 1962, pp. 331 – 340.

[98] Weart, Spencer, "Peace Among Democratic and Oligarchic Republics," *Journal of Peace Research*, Vol. 31, No. 3, August 1994, pp. 299 – 316.

[99] Weede, Erich, "Democracy and War Involvement," *Journal of Conflict Resolution*, Vol. 28, No. 4, December 1984, pp. 649 – 664.

[100] Weede, Erich, "Globalization: Creative Destruction and the Prospect of a Capitalist Peace," in Gerald Schnei-der, Katherine

Barbieri, and Nils Petter Gleditsch, eds. , *Globalization and Armed Conflict*, Lanham, MD: Rowman & Littlefield, 2003, pp. 311 – 323.

[101] Weede, Erich, "Some Simple Calculations on Democracy and War Involvement," *Journal of Peace Research*, Vol. 29, No. 4, November 1992, pp. 377 – 383.

[102] Werner, Suzanne, "Choosing Demands Strategically: The Distribution of Power, the Distribution of Benefits, and the Risk of Conflict," *Journal of Conflict Resolution*, Vol. 43, No. 6, 1999, pp. 705 – 726.

[103] Werner, Suzanne, "The Effects of Political Similarity on the Onset of Militarized Disputes, 1816—1985," *Political Research Quarterly*, Vol. 53, No. 2, 2000, pp. 343 – 374.

索　引

后　记

　　我第一次接触西方国际关系理论是在读研时上的"国际关系理论"这门课程。那时候还同时选修了"马克思主义哲学政治经济学原理"。记得当时这两门课都是高分通过。不过，说实在的，我对这两门课程并没有太深的理解，能通过主要是靠背功。因为当时我觉今后工作这两门课程也未必用得上。不过，西方国际关系理论的广泛性和复杂性还是给我留下了深刻的印象，特别是一些相对比较抽象的理论，如沃尔兹的结构现实主义、温特的建构主义等，可谓高山仰止。我从来也没想到国际关系还可以这样思考。马哲这门课更是全靠背，许多题做对了，但完全不知道是怎么回事儿。

　　我记得小时候书桌上摆着一个妈妈给我买的地球仪，没事我就转转它。许多事往往出人意料。我参加工作以后每天工作的内容恰恰涉及全世界、涉及国际关系。其中大部分是国际关系中的一些实践和政策问题，但偶尔也涉及各类国际关系理论。工作中的这些问题光靠背当然是不行的。你必须得真正搞清楚。于是，我闲暇时就把过去国际关系理论课的笔记拿出来重新浏览了一遍，结果连自己都有些吃惊。我发现过去奉为圭臬的一些西方国际关系理论其中有些部分其实是冲着我们来的。美国对华战略和政策中的许多概念如"遏制""围堵""接触""同盟包围""和平演变"等背后都有国际关系理论的影子。

　　这一发现使西方国际关系理论在我心中一下子失去了光环。原有的那种"高大上"退去以后，许多理论中的问题也暴露出来。

我甚至有些奇怪，因为过去这些问题丝毫不曾出现在脑海里。认识到这个问题，我就萌生了对民主输出论和其背后的民主和平论进行深入研究的想法。

本书的写作应该说还是有一定理论和现实意义的。霍夫曼说过，国际关系理论是一门美国的学科。民主和平论和民主输出论可以说是这一说法的典型例证。世界上民主国家很多，但很少有国家像美国这样对民主输出如此热心。尽管美国一些学者、政治家对两论津津乐道，但许多相关问题没有解决，或者原本就没打算解决。这些问题既有本体论问题，也有认识论问题，甚至还有更重要的实践问题。和平的本质是什么？和平真的是由民主制度带来的吗？作为和平对立面的战争是由制度引起的吗？民主作为思想似乎可以输出，但作为制度能够自由地、随心所欲地输出吗？更广义地讲，任何社会制度可以不顾生产力发展阶段性而随意输出吗？民主是因其固有价值从而值得输出吗？美国民主输出本意究竟是为了被输出国家更好地发展，人民过上更好的日子，还是另有目的？民主输出的结果客观上真的如美国所说给被输出国家带来福音了吗？针对中国的民主输出，即对民运分子、"东突"分裂势力、达赖集团分裂势力分子大力支持是为了增进中国的自由、法制和人权吗？

对上述问题的回答本身固然涉及理论问题，但绝不仅是理论问题了。它已经涉及世界各国的安全问题、政权稳定问题甚至具体的民生问题。特别对中国来讲，两论涉及中国和平崛起能否实现、中国共产党政权能否稳固、中国主权能否保持完整、中国整个社会思想能否稳定、中国政治经济资源在未来一段时间如何分配、如何维护中国国际形象、中国的"和谐世界"主张、中国梦是否会实现等一系列问题。

习近平总书记不久前曾发表讲话希望中国的社科工作者能与时俱进，创建有中国特色的哲学和社会科学理论。这是时代的需要。随着中国的崛起和参与世界事务程度加深，我国迫切需要建立自己的国际关系理论。打破美国对国际关系理论的垄断是中国建立有中国特色国际关系理论的必经之路和必然结果。本书对民主和平论和民主输出论的批判即是这种尝试。

经过一年多的耕耘，本书终于得以完成。本书能够成型出版，首先要感谢我的导师刘力平老师。他是我到现代院工作认识的第一位老师。他既是我的领导，也是我的导师。刘力平老师在国际关系理论方面造诣颇深。多年相处过程中，老师严谨的治学精神、善于独立思考的学术品德、对国际关系科学的敬业态度，对我产生了深深的影响。在本书写作的各个不同阶段，面临诸多疑惑和困难，刘老师总能一语点醒我。从框架、难点，到文字斟酌，刘老师倾注了大量心血。在此对刘老师表示由衷感谢。其次，感谢美国乔治华盛顿大学的 Charles Glazer 教授，卡内基研究院的 Richard Rush 研究员等，他们在我 2012 年在华盛顿做访学期间，对我研究课题主旨及内容都提出了独到且深入的见解，让我获益匪浅。在美期间，在他们指导下，我在国会图书馆、乔治华盛顿大学、乔治城大学等图书馆中查阅了大量资料，也为本书的成型打下了坚实的基础。再次，感谢现代院的崔立如、王鸿刚等专家，他们对本书都提出了宝贵建议。感谢现代院博士课程的每一位授课老师，他们的智慧让我视野更加宽广。感谢现代院图书部的同事，每次有关于我研究课题的书，都会热心提醒我。作为国内美国研究的领军人物，金灿荣老师、周琪老师、林宏宇老师对本书观点、细节的耳提面授给笔者无限激励和帮助。

社会科学文献出版社的高明秀编辑和刘娟编辑为本书能尽快出版做了很多工作，小到核实词句，大到布局谋篇都给我很多建设性的意见。他们专业化的编辑处理和严谨的工作态度，为本书锦上添花。在此，我对她们表示敬意，对她们给予的帮助表示深深的谢意。

最后也是最重要的，我想感谢我的父母。他们给予我最大的支持和帮助，让我最终顺利完成写作。在写作过程中，我经历了一些挫折，也从中学会了很多。谨以此文献给所有帮助过我成长的人。

由于本人对西方国际关系的理解尚不深刻全面，对马克思主义哲学和政治经济学更是涉猎肤浅，书中不足乃至错误之处恐属难免，恳请各位同行和其他感兴趣读了此书的读者斧正。欢迎并期待广大专家、读者提出宝贵的批评意见。

2016 年 8 月

于万寿山庄

图书在版编目（CIP）数据

美国民主输出政策批判／张一萌著. ‒‒ 北京：社
会科学文献出版社，2016.11
ISBN 978 ‒ 7 ‒ 5097 ‒ 9510 ‒ 1

Ⅰ.①美…　Ⅱ.①张…　Ⅲ.①美国对外政策‒研究
Ⅳ.①D871.20

中国版本图书馆 CIP 数据核字（2016）第 176225 号

美国民主输出政策批判

著　　者／张一萌

出 版 人／谢寿光
项目统筹／高明秀
责任编辑／刘　娟　张玉平

出　　版／社会科学文献出版社·当代世界出版分社（010）59367004
　　　　　　地址：北京市北三环中路甲 29 号院华龙大厦　邮编：100029
　　　　　　网址：www.ssap.com.cn
发　　行／市场营销中心（010）59367081　59367018
印　　装／三河市尚艺印装有限公司

规　　格／开　本：787mm×1092mm　1/16
　　　　　　印　张：16　字　数：229 千字
版　　次／2016 年 11 月第 1 版　2016 年 11 月第 1 次印刷
书　　号／ISBN 978 ‒ 7 ‒ 5097 ‒ 9510 ‒ 1
定　　价／68.00 元